자폐 범주성 장애

중재와 치료

Autism Spectrum Disorders

자폐 범주성 장애

중재와 치료

Richard L. Simpson 외 지음 | 이소현 옮김

Σ시그마프레스

자폐 범주성 장애 : 중재와 치료

2007년 4월 2일 초판 2쇄 발행

저자 | Richard L. Simpsom 외 공저
역자 | 이소현
발행인 | 강학경
발행처 | (주)시그마프레스
편집 | 김세아
교정 · 교열 | 이은희

등록번호 | 제10-2642호
주소 | 서울특별시 마포구 성산동 210-13 한성빌딩 5층
전자우편 | sigma@spress.co.kr
홈페이지 | http://www.sigmapress.co.kr
전화 | (02)323-4845~7(영업부), (02)323-0658~9(편집부)
팩시밀리 | (02)323-4197

인쇄 | 성신인쇄   제본 | 동신제책

ISBN | 89-5832-163-6   가격 | 18,000원

Autism Spectrum Disorders

역자 서문

이 책을 번역하는 내내 한 가지 떨쳐버릴 수 없는 생각에 몹시도 많이 고민하곤 했다. 지금 생각하니 그것은 단순한 고민이라기보다는 점점 증가하고 있는 그 수많은 자폐 범주성 장애를 지닌 아이들에게 우리는 무엇을 해주고 있는가 하는 자책과 회한이 어린 반성이 아니었나 싶다. 사실 지난해 여름, 2005년도에 출간될 예정이라 설레는 마음으로 기다렸던 이 책이 일정을 앞당겨 출간되었을 때에는 이러한 책을 접하여 읽을 수 있다는 생각만으로 그저 기쁘기만 하였다. 책의 구체적인 내용을 확인하고 다양한 중재와 치료들을 한 가지씩 읽어나가면서 우리나라 현장에도 꼭 소개하여 자폐 범주성 장애를 지닌 아동들에게 아낌없는 노력을 퍼붓고 있는 많은 교사와 부모들에게 알려주고 싶다는 생각에 서둘러 번역 작업을 시작하게 되었다. 그러나 번역 과정 내내 벗어날 수 없었던 그 자책의 마음은 이 책의 내용이 소개하고 있는 중재와 치료들에 대한 실증적인 연구자료들이 너무나 방대하다는 사실과 이러한 다양한 중재와 치료들이 우리나라에서는 얼마나 과학적인 기반 위에서 적용되고 있는가 하는 반성 때문이었던 것 같다.

☆

다른 나라에서 출간된 책을 번역하는 일이 때로는 그 노력에 비하여 유용성이 떨어진다는 생각을 많이 해왔다. 10여 년 전 어렵게 번역한 책이 문화의 차이나 현장 현실의 상이함으로 인하여 우리나라에 그대로 적용하기에는 적절하지 못한 부분들을 상당히 많이 포함하고 있다는 사실을 깨달으면서 동일한 노력이 요구된다면 번역보다는 집필에 투자해야 하는 것이 아닌가 하는 생각을 하게 되었다. 그러나 또한 세월이 흘러 몇 권의 책을 집필하는 과정을 거치면서 번역이라는 작업이 가지고 있는 몇 가지 장점을 발견하게 되었다. 특히 특수교육과 같이 학문적 인력이 충분하지 못한 영역에서는 잘 집필된 저서들을 신속하게 번역함으로써 현장의 전문가나 부모들이 최신 정보를 접할 수 있게 한다는 가장 큰 장점을 생각해 볼 수 있다. 그러므로 이 책을 번역하는 과정 내내 저서의 출간년도와 동일한 해에 번역판이 출간될 수 있도록 일정을 앞당기기 위하여 최선의 노력을 기울였다.

☆

20여 년 전 서울의 한 특수학교에서 만났던 미홍이…… 동그란 물건만 보면 빙글빙글 돌리던, 운동장에만 나가면 정신없이 빙글빙글 돌던, 하루 종일 조그만 목소리로 의미도 없는 말을 중얼거리던, 눈만 마주치면 몸을 돌려서라도 시선을 피하고야 말던, 아무에게도 말도 걸지 않고 반응도 보이지 않던, 며칠이 지나서야 내가 불러준 노래를 흥얼거리며 반복하던 그 미홍이…… 놀라울 정도로 수수께끼와 같았던 그 행동들은 지금 우리가 알고 있는 전형적인 자폐 범주성 장애를 지닌 아동들이 보이는 행동들이었다. 아직도 가끔씩 미홍이 얼굴이 떠오른다. 자폐 유아들을 도와 줄 수 있는 사람이 되어야지 하는 원대하고도 당찬 계획으로 유학길에 오르며 떠올렸던 얼굴이라 그럴까, 아니면 그런 계획이 20여 년이 지나서도 별로 이루어지지 않은 것 같아 안타까운 마음에서일까, 미홍이 얼굴이 떠오르면 늘 마음 한 편에 뭔가 씻어버릴 수 없는 찡한 감정이 솟아오르곤 한다.

이 책의 출간으로 내 마음에 앙금같이 남아 있는 찡한 마음의 한 조각을 덜어낼 수 있었으면 하는 바람이 있다. 책 한 권 번역해서 출간하는 일이 그다지 큰일도 아닌데 너무 크게 바라는 것이 아닌가 하는 조심스러운 마음이 드는 것도 사실이지만, 그래도 특수교육과 관련 서비스 현장에서 일하고 있는 수많은 전문가와 부모들에게 조금이라도 도움이 된다면 꼭 해야 할 숙제를 하지 못해 종종거리던 마음을 씻어버리듯 어느 정도나마 그러한 부담감에서 벗어날 수도 있지 않을까 생각해본다.

☆

자폐 범주성 장애를 지닌 아동들을 교육하고 치료하는 현장을 들여다보면 수많은 중재와 치료의 방법들이 적용되고 있다. 그러나 우리나라에서는 아직까지도 이 수많은 중재와 치료들이 얼마나 타당하고 활용 가능한지에 대한 체계적이고 과학적인 분석 없이 적용되는 경우가 허다하다. 자폐 관련 장애를 진단하고 교육하는 전문가들이나 전문적인 프로그램들이 급증하고 있는 현 시점에서 이제는 우리가 사용하고 있는 교수방법들에 대하여 좀 더 심각하게 고민해볼 필요가 있지 않을까 생각된다. 특히 그 효율성을 이미 인정받고 있는 중재와 치료들이 우리나라에서는 소개조차도 되지 않고 있는 것은 아닌지, 아직 효율성을 입증했다고 말하기 힘든 중재와 치료들에 너무 많은 비용과 노력을 투자하고 있지는 않은지, 또한 아동에게 부정적인 영향을 미칠 수도 있기 때문에 적용에 주의를 기울여야 하는 중재와 치료들이 별다른 제재도 없이 사용되고 있는 것은 아닌지 등의 진지한 고민이 이루어졌으면 하는 마음이다. 이와 더불어 현장에서 이루어지고 있는 수많은 중재와 치료들 중에서 개별 아동에게 필요하고 적절한 방법을 선택하기 위한 방법들도 심각하게 고민해야 할 것이다.

이러한 점에서 이 책을 집필한 저자들에게 진심으로 감사의 마음을 전하고 싶다. 가장 적절한 시기에 이렇게 좋은 정보를 접할 수 있게 된 것이 얼마나 다행스러운지 모르겠다. 그러나 번역하고 소개하는 것만으로, 또는 읽고 사용하는 것만으로 우리의 진지한 고민이 종결되어서는 안 될 것이다. 특히 이 책은 각각의 중재와 치료의 방법들을 상세하게 설명하기보다는 소개해주고 관련 자료를 찾을 수 있는 통로를 알려주고 있다. 그러므로 이 책에 나와 있는 특정 중재나 치료를 현장에 적용하기 위해서는 좀 더 많은 자료들을 찾아보고 연구하면서 준비하는 과정이 선행되어야 한다. 우리나라 문화와 현장의 현실 등을 고려하여 적용될 수 있는 바람직한 지침들이 개발되어야 할 것이며, 각 방법들이 우리나라 교육 현장에서도 동일한 효율성 평가를 받을 수 있는지에 대한 끊임없는 연구의 노력이 있어야 할 것이다.

이 책을 번역하는 과정 내내 생겨나던 전문가로서의 자책과 회한은 아마도 이러한 해야 할 일들을 하지 못하고 있는 부담감 때문에 더 컸었던 것이 아닌지 모르겠다. 번역본을 탈고하면서 가장 먼저 떠오르는 생각은 이제는 전문가, 현장 교사, 치료사, 부모 등등의 자폐 범주성 장애를 지닌 수많은 사람들을 아끼고 사랑하는 우리 모두가 다음 단계를 향하여 한 걸음 내디딜 차례라는 것이다. 좀 더 연구하고, 좀 더 열심히 가르치고, 좀 더 열심히 치료하고, 좀 더 열심히 양육하면서 우리가 걸어가는 발자국이 연구의 성과로, 교육의 성과로, 치료의 성과로, 그리고 양육의 성과로 중요한 정보들을 쌓아갔으면 하는 바람이다. 이러한 우리 모두의 발걸음에 이 책의 출간이 작아도 꼭 필요한 역할을 할 수 있기를 진심으로 기대해 본다.

☆

세상에는 수십 억이나 되는 많은 사람들이 있다. 그러나 한 명도 같은 사람은 없다. 모습도 다르고 성격도 다르고 모든 것이 정말 너무나도 다르다. 모두 다르지만 한 명 한 명이 귀하고 가치 있는 존재들이다. 왜냐하면 우리의 다름은 하나님의 선하신 창조 계획의 한 부분이기 때문이다. 그래서 우리는 우리의 서로 다름을 인정하고 존중한다. 그 수많은 다른 사람들 중에는 자폐 범주성 장애로 인한 다름도 있다. 친구를 잘 사귀지 못하고 대화하지 못하고 별 의미 없는 행동에 집착하곤 하는 다른 모습 때문에 더불어 배우고 살아가기 힘들어하기도 한다. 그래도 우리는 우리의 서로 다름을 인정하고 존중한다. 그리고 서로 사랑한다……

사랑하는 자들아 우리가 서로 사랑하자
사랑은 하나님께 속한 것이니
사랑하는 자마다 하나님께로 나서 하나님을 알고
사랑하지 아니하는 자는 하나님을 알지 못하나니
이는 하나님은 사랑이심이라
요한1서 4장 7~8절

저자 서문

이 책을 집필한 저자들이 여러 명이라는 사실은 『자폐 범주성 장애(Autism Spectrum Disorder)』를 저술하는 과정이 협력적인 노력을 통하여 이루어졌음을 반영한다. 실제로 이와 같은 책은 공동의 종합적인 노력을 통해서만 결실을 이룰 수 있다. 이러한 관점에서 볼 때 우리 집필진 모두는 각자의 노력을 지원해준 많은 사람들에게 감사의 빚을 졌다고 할 수 있다. 또한 우리 모두는 자폐 범주성 장애를 지닌 사람들의 부모와 가족들 및 이들을 지원하기 위하여 애쓰고 있는 전문가들에게 특별한 감사의 마음을 표한다. 효과적인 중재와 치료를 선정하고 정확하게 실행하고자 하는 전문가들의 노력은 특히 주목할 만하다. 그러므로 우리 저자들은 이 책이 자폐관련 장애를 지닌 아동들의 삶을 향상시키기 위한 어려운 노력에 도움이 되었으면 한다.

우리 저자들은 이 책의 출간을 지원하고 열심히 일해 준 코윈 출판사(Corwin Press)의 편집진과 직원들에게 진심으로 감사한다. 또한 이 책이 출간되기까지 아낌없는 노력을 기울여 준 Kimberly Woodard의 소중한 도움에도 진심으로 감사한다.

더불어 코윈 출판사에서는 이 책의 원고를 읽고 검토해준 아래의 사람들에게도 진심으로 감사하는 바이다.

Laura Cumbee

Special Education Teacher

South Central Middle school

Emerson, GA

Gayle A. Hosek

Educational Diagnostician

Exceptional Programs Office

Farmington Municipal Schools

Farmington, NM

Christina Schindler

Vice President

Chippewa Valley Autism Society

Colfax, WI

Mary Jane Weiss

Director, Division of Research and Training

Douglass Developmental Disabilities

Rutgers University

New Brunswick, NJ

Cynthia A. Peters

President

The Mariposa School for Children with Autism

Cary, NC

Carole Sanville Smith

Assistant Director of Special Education

Bucks County Intermediate Unit #22

Doylestown, PA

Phyllis Williamson

Clinical Administrator

Applied Behavior Consultants

Sacramento, CA

Gloria Wolpert

Project Director ASD Programs

Manhattan College

Riverdale, NY

Contents

차례

서론

1943년 Leo Kanner는 처음으로 자폐에 대하여 설명하였다. 이 수수께끼와 같고 정체를 알 수 없는 장애는 다른 사람들과 정상적으로 상호작용하는데 있어서의 어려움과 말, 언어, 의사소통의 결함(예: 말의 지연, 반향어), 환경의 동일성에 대한 고집, 상동행동이나 기타 자기-자극 행동, 감각자극에 대한 다양한 이상 행동 등의 특성을 보인다(American Psychiatric Association: APA, 2000; Klin, Volkmar, & Sparrow, 2000; Simpson & Myles, 1998). 그러나 동시에 자폐를 지닌 사람들은 정상적인 신체적 성장과 발달을 보이는 경우가 많으며, 자폐 범주성 장애(autism spectrum disorders: ASD)를 지닌 아동과 청소년들 중에는 특이한 기술이나 지식 및 능력을 보이는 경우도 있다(Berkell Zager, 1999). 또한 자폐 범주성 장애를 지닌 사람들은 평균적이거나 평균을 능가하는 지적 능력과 의사소통 능력에서부터 중도 정신지체나 구어의 완전한 결손과도 같은 심각한 장애에 이르기까지 다양한 범위의 능력을 보이곤 한다(Myles & Simpson, 2003).

최근에는 자폐-관련 장애를 지닌 아동을 설명하기 위하여 자폐 범주성 장애 (autism spectrum disorders: ASD)라는 용어가 선호되고 있다. 이 용어는 자폐의 범주에 해당되는 폭넓은 범위의 하위 유형들과 심각한 정도를 모두 지칭하는 용어이다. 이 범주에 속하는 특정 주요 진단상의 집단은 자폐성 장애(autistic disorder), 소아기 붕괴성 장애(childhood disintegrative disorder), 레트 장애(Rett disorder), 아스퍼거 증후군(Asperger syndrome), 비전형성 전반적 발달장애(pervasive developmental

disorders not otherwise specified), 비전형적인 자폐(atypical autism) 등이다. 범주 내
에는 기타 형태의 자폐와 전반적 발달장애도 있지만 앞에서 설명한 이상의 유형들이
자폐의 주요 하위 집단에 속한다.

자폐 및 관련장애의 정의

현재 보편적으로 사용되는 자폐의 정의에는 정신장애 진단 및 통계 편람 IV
(Diagnostic and Statistical Manual of Mental Disorders, Fourth Edition-Text Revision)
(DSM-IV-TR; American Psychiatric Association, 2000)의 정의, 미국자폐협회(Autism
Society of America)(2004)의 정의, 국제 질병 분류학(International Classification of
Diseases)(World Health Organization: WHO, 1993)의 정의, 장애인 교육법
(Individuals With Disabilities Education Act: IDEA)의 1997년 개정 법률에서 채택한
정의 등이 있다. 여기서는 자폐의 정의를 간단하게 설명하고 자폐 범주성 장애에 속
한 주요 진단 분류상의 집단들에 대한 정의를 제시하고자 한다.

DSM-IV 정의

자폐의 정의로 폭넓게 사용되고 있는 정의는 DSM-IV-TR(APA, 2000)의 정의로 자
폐를 전반적 발달장애로 분류하고 있다. 전반적 발달장애를 지닌 것으로 진단되는 아
동들은 "다음과 같은 몇 가지 발달 영역에서 심각하고 전반적인 손상을 보이는 것으
로 특징지워진다: 상호 호혜적인 사회적 상호작용 기술, 의사소통 기술, 또는 상동적
인 행동이나 관심, 활동"(p. 69). 이러한 행동 특성은 생후 초기 수년 내에 나타나며
아동의 정신 연령이나 발달 수준에 비추어 볼 때 심각하게 비전형적이다.

미국자폐협회의 정의

미국자폐협회(2004)는 Ritvo와 Freeman(1978)이 처음 개발한 개념과 정의를 근거
로 다음과 같은 정의를 제시하였으며, 이 정의는 DSM-IV-TR(APA, 2000)의 정의에서
사용되는 진단 기준과 Kanner(1943)의 초기 관찰에서 나타난 내용과 매우 유사하다.

자폐는 복잡한 발달장애로 생후 초기 3년 내에 나타난다. 두뇌의 기능에 영향을 미치는 신경학적 손상의 결과로 나타나며, 자폐와 그 관련된 행동들은 1,000명 중 2~6명 정도에서 발견된다(Centers for Disease Control and Prevention, 2001). 자폐는 여아보다 남아에게서 4배 정도 높게 나타나며, 인종이나 민족, 사회적 지위와 관계없이 나타난다. 가족의 수입이나 삶의 형태, 교육 수준 등은 자폐의 출현에 영향을 미치지 않는다(Autism Society of America, 2004).

미국자폐협회에 따르면 자폐는 사회적 상호작용과 의사소통 기술 영역을 관장하는 두뇌의 정상적인 발달에 영향을 미친다. 자폐를 지닌 아동이나 성인들은 구어 또는 비구어 의사소통과 사회적 상호작용, 여가 활동이나 놀이 활동에 있어서 전형적으로 어려움을 보인다. 이러한 장애는 이들이 다른 사람들과 의사소통하거나 외부 세상과 관계를 형성하기 어렵게 만든다. 때로는 공격적이거나 자해적인 행동을 보이기도 하며, 반복적인 신체 움직임(예: 손 흔들기, 상체 흔들기), 사람에 대한 비정상적인 반응이나 사물에 대한 애착, 일과 변화에 대한 저항 등의 행동적 특성을 보이기도 한다. 이들은 또한 오감(시각, 청각, 촉각, 후각, 미각)에 대한 예민한 반응을 보이기도 한다.

미국 자폐 협회는 현재 미국 내에 50만 명에서 150만 명에 이르는 사람들이 자폐나 기타 형태의 전반적 발달장애를 지닌 것으로 추정하고 있다. 이러한 출현율은 자폐가 발달장애 중 가장 보편적인 유형의 장애임을 보여주는 것이다. 그러나 의학이나 교육학 또는 직업재활 영역 등의 많은 전문가들을 포함한 대다수의 사람들은 아직까지 자폐가 사람들에게 얼마나 큰 영향을 미치는 장애이며 이들을 위하여 어떻게 효과적으로 일할 수 있는지에 대하여 인식하지 못하고 있는 실정이다.

국제 질병 분류학의 정의

국제 질병 분류표(ICD-10)(World Health Organization, 1993)는 자폐 범주성 장애(ASD)를 지칭하는 용어로 전반적 발달장애(pervasive developmental disorders: PDD)를 사용한다. ICD-10의 분류 체계는 DSM-IV-TR(APA, 2000)과 거의 유사하게 자폐를

개념화하고 정의하고 있다. 그러므로 ICD-10 분류 체계는 다음과 같은 자폐 범주성 장애를 포함하며, 그 각각에 대하여 정의하고 있다: 소아기 자폐(childhood autism), 레트 증후군(Rett syndrome), 기타 소아기 붕괴성 장애(other childhood disintegrative disorder), 아스퍼거 증후군(Asperger syndrome), 기타 전반적 발달장애(other pervasive developmental disorders), 비전형성 전반적 발달장애(pervasive developmental disorders-unspecified), 상동행동과 정신지체를 동반한 과잉행동장애(overactive disorder with mental retardation with stereotyped movements), 비전형적 자폐(atypical autism). 비전형적 자폐는 연령, 증상, 또는 자기-자극적 행동 및 기타 비기능적인 행동과 같은 과도한 행동적 표출과 정신지체가 동반되는 기타 자폐의 특성을 지칭하기 위해서 사용되는 용어이다.

연방 정부의 정의

1997년의 미국 장애인 교육법(IDEA)은 자폐의 교육적인 조작적 정의를 제시하였는데, 이 정의는 앞에서 설명한 자폐 범주성 장애(ASD)의 정의와 유사하면서도 독특한 내용을 지닌다.

자폐는 일반적으로 3세 이전에 나타나며, 구어 및 비구어 의사소통과 사회적 상호작용에 심각한 영향을 미침으로써 아동의 교육적 성취에 부정적인 영향을 미치는 발달장애를 의미한다. 자폐와 자주 관련되는 기타 특성들은 반복적인 활동 및 상동적인 움직임, 환경적인 변화나 일과의 변화에 대한 저항, 감각적 경험에 대한 비전형적인 반응 등이 있다. 이 용어는 아동이 정서장애로 인하여 교육적 성취에 주요한 부정적인 영향을 받게 되는 경우에는 적용되지 않는다. 3세 이후에 자폐의 특성을 보이는 아동들도 앞에서 서술한 진단 기준에 해당된다면 "자폐"를 지닌 것으로 진단될 수 있다. (20U.S.C.§1400)

자폐성 장애

DSM-IV-TR(APA, 2000)의 지침과 일치하는 용어인 자폐성 장애(autistic disorder)는

생후 36개월 이내에 사회적 상호작용의 결함, 의사소통의 결함, 반복적이고 상동적이고 제한된 관심과 활동을 보이는 아동들에게 적용된다. 자폐성 장애를 지닌 것으로 진단되는 대부분의 아동들은 지능지수가 중등도 및 중도 정신지체의 범위에 속하는 중등도에서 중도에 이르는 장애를 보인다. 자폐성 장애에 대한 DSM-IV-TR의 상세한 진단 기준은 다음과 같다.

1. 다음의 특성 중 최소한 두 가지 이상으로 나타나는 사회적 상호작용에 있어서의 질적 결함:
   - 눈 맞춤, 얼굴 표정, 자세, 사회적 상호작용 몸짓을 포함하는 비구어적 행동의 사용에 있어서의 심각한 손상
   - 발달상 적합한 또래 관계를 형성하지 못함
   - 자발적으로 다른 사람들과 상호작용하기 위한 기회를 갖지 못함(예: 관심 있는 물건을 찾지 못함)
   - 빈약한 사회적 또는 감정적 상호성

2. 다음의 특성 중 최소한 한 가지 이상으로 나타나는 의사소통에 있어서의 질적 결함:
   - 구어 발달의 지체 또는 결여(몸짓과 같은 대안적인 의사소통 방법을 사용하려는 시도가 없음)
   - 상동적이고 반복적인 언어 사용이나 특이한 언어
   - 다양하면서도 발달에 적합한 자발적인 가상놀이나 사회적 모방놀이의 결여

3. 다음 중 최소한 한 가지 이상으로 나타나는 반복적이고 제한적인 상동적 행동, 활동, 관심:
   - 내용이나 강도 면에서 비정상적인 한 가지 이상의 상동적이고 제한적인 관심 영역에 지나치게 몰두
   - 비기능적인 일과나 의례적 행동에 융통성 없이 집착
   - 손이나 손가락을 흔들고 상체를 비틀거나 복잡하게 움직이는 등의 상동적이고 반복적인 신체 움직임

● 사물이나 특정 요소에 대한 지속적인 집착

소아기 붕괴성 장애

DSM-IV-TR(APA, 2000)에 의하면 소아기 붕괴성 장애(childhood disintegrative disorder)를 지닌 것으로 진단되는 아동들은 자폐성 장애를 지닌 아동들과 유사한 행동 특성을 보인다. 소아기 붕괴성 장애와 자폐성 장애의 차이는 장애가 발생하는 시기와 관련된다. 자폐성 장애를 지닌 것으로 진단된 아동들은 3세 이전에 전반적 발달장애의 특성을 보인다. 반면에 소아기 붕괴성 장애를 지닌 아동들은 사회적 상호작용, 의사소통, 행동에 있어서의 결함을 보이기 전에 정상적인 성장과 발달의 시기를 보인다. 이것은 소아기 붕괴성 장애를 지닌 것으로 진단되는 아동들이 10세 이전에 적어도 2년 이상의 분명한 정상적인 발달을 보인 후에 증세를 보이며, "이전에 습득한 사회적 기술이나 적응행동, 배설훈련, 놀이 및 운동기술에 있어서 임상적으로 심각한 상실"(APA, 2000, p. 77)을 나타냄을 의미한다.

레트 장애

DSM-IV-TR(APA, 2000)에 의하면 레트 장애(Rett disorder)는 여아에게서만 나타나는 비교적 희귀한 장애이다. 레트 장애는 일반적으로 한 살과 두 살 사이에 나타나며, 머리 성장의 감소, 이전에 습득한 손의 움직임과 기타 운동 기술의 상실, 손을 꼬거나 씻는 모양의 상동적인 움직임, 다양한 운동기능의 손상, 사회성 및 의사소통의 결함 등의 특성을 보인다. 이전에 습득한 기술의 상실은 지속적으로 진행되고 영구적이며, 레트 장애의 예후(장애의 진행과정 및 결과에 대한 예측)는 좋지 않다.

아스퍼거 증후군

사회적 상호작용에 있어서의 결함은 아스퍼거 증후군(Asperger syndrome)을 지닌 아동들의 주요 특성이다. 아스퍼거 증후군은 1944년에 자폐와 관련된 증상을 보이는 고기능 아동들 집단을 진단한 독일 의사 Asperger의 이름을 따라 명명되었다. 아스퍼거 증후군은 1990년대에 이를 때까지 미국에서는 일반적으로 무시되었다. 그러나 현재는 아스퍼거의 업적과 아스퍼거 증후군에 대한 관심이 매우 증가하고 있다. 이와 같은 새로운 관심은 비교적 높은 수준으로 기능하는 자폐 형태의 증상을 보이는 아동들을 자폐 범주에 포함시킴으로써 자폐 범주의 확장에 최소한의 기여를 하였다.

Frith(1991)는 그의 관찰을 통하여 아스퍼거 증후군을 지닌 아동들이 "언어발달의 시작이 느리거나 언어 자체가 의사소통에 사용하기에는 명백하게 이상한 경우조차도 5세가 될 때까지는 유창하게 말하게 되는 경향이 있다"(p. 3)고 하였다. Frith는 또한 "이들이 성장함에 따라 다른 사람들에 대하여 종종 많은 관심을 갖게 되기 때문에 고립적이거나 위축된 자폐성 아동의 전형적인 모습을 보이지는 않는다. 그러나 그럼에도 불구하고 이들은 접근하는 방법과 상호작용에 있어서 사회적으로 적합하지 못한 특성을 보인다"(pp. 3~4)고 관찰하였다. 아스퍼거 증후군은 그 정확한 출현율이 알려지지 않았으나 비교적 흔한 형태의 자폐 범주성 장애(ASD)이다. 상당히 많은 수의 학생들이 아스퍼거 증후군 진단을 받은 것으로 많은 학교들이 보고하고 있다(Klin et al., 2000; Myles & Simpson, 2003). DSM-IV-TR(APA, 2000)의 아스퍼거 증후군에 대한 진단 기준은 다음과 같이 요약된다.

1. 다음의 특성 중 최소한 두 가지 이상으로 나타나는 사회적 상호작용에 있어서의 질적 결함:
   ● 눈 맞춤, 얼굴 표정, 자세, 사회적 상호작용 몸짓을 포함하는 비구어적 행동의 사용에 있어서의 분명한 손상
   ● 자발적으로 다른 사람들과 상호작용하기 위한 기회를 갖지 못함(예: 관심 있는 물건을 찾지 못함)
   ● 빈약한 사회적 또는 감정적 상호성
2. 다음 중 최소한 한 가지 이상으로 나타나는 반복적이고 제한적인 상동적 행동, 활동, 관심:
   ● 내용이나 강도 면에서 비정상적인 한 가지 이상의 상동적이고 제한적인 관심 영역에 지나치게 몰두
   ● 비기능적인 일과나 의례적인 행동에 융통성 없이 집착

● 손이나 손가락을 흔들고 상체를 비틀거나 복잡하게 움직이는 등의 상동적이고 반복적인 신체 움직임

비전형성 전반적 발달장애

비전형성 전반적 발달장애(pervasive development disorder-not otherwise specified: PDD-NOS)는 "상호 호혜적인 사회적 상호작용이나 구어 및 비구어 의사소통 기술의 발달에 있어서 심각하고 전반적인 결함"(APA, 1994, p. 77)을 보이는 아동들을 지칭하기 위한 약간 모호하게 정의되는 진단 분류이다. 이 진단 기준은 다른 형태의 전반적 발달장애나 기타 장애를 위한 진단 기준을 충족시키지 못하는 경우에 적용되며, PDD-NOS를 지닌 아동들은 일반적으로 자폐 범주 내에서 가장 높게 기능하는 것으로 나타난다.

자폐 범주성 장애 아동을 위한 중재와 치료

자폐 범주성 장애(ASD)와 관련해서 이 책에서는 현재 자폐 범주성 장애를 지닌 아동, 청소년, 성인들을 위하여 사용되고 있는 중재와 치료들을 소개하고 분석하고자 한다. 그러므로 이 책은 자폐와 관련된 장애를 지닌 사람들을 위하여 많이 사용되고 있으며, 권장되고 있는 중재와 치료들에 대하여 그 유용성과 효율성을 간단하게 평가하였다.

이 책은 많은 전문가들과 부모 및 가족 구성원들이 자폐 범주성 장애를 지닌 아동들에게 적절하고 효율적인 중재와 치료를 선택하여 적용하는데 큰 어려움을 겪고 있다는 점을 고려하여 집필되기 시작하였다. 실제로, 자폐 범주성 장애를 지닌 아동들에게 적절하다고 주장되는 수없이 많은 중재와 치료의 방법들이 존재하며, 이들 중 많은 방법들은 과학적인 타당성이 입증되지 못하였거나 거의 가치가 없는 것으로 나타나기도 한다. 자폐 범주성 장애가 수수께끼와도 같고 정체를 알 수 없는 장애라는 사실이 가장 효과적인 치료와 중재를 선택하고 적용하는데 더 큰 어려움이 되고 있다.

부모와 전문가들은 자폐 범주성 장애 아동들에게 사용하도록 고안된 중재나 치료의 과학적인 타당성을 인식하거나 판단하는데 어려움을 지니곤 한다. 이러한 점을 고

려하여 이 책에서는 정밀한 조사나 과학적 타당성 입증의 대상이 되어 온 교수방법들과 기타 중재 및 치료방법들을 언급하기 위하여 과학적 기반의 실제(scientifically based practices)라는 용어를 사용하였다.

과학적으로 타당한 방법을 찾아내는 작업은 매우 중요하면서도 시기적으로 필요한 일임이 분명하다. 실제로, 2001년에 통과된 No Child Left Behind Act의 초석은 교육의 실제와 과학적 기반의 연구를 연계하도록 강조하는 것이다. No Child Left Behind Act에서 "과학적 기반의 연구(scientifically based research)"라는 용어를 111번이나 사용했다는 사실은 주목할 만하다. 마찬가지로 국립연구협회(National Research Council)의 행동 및 사회과학 및 교육분과(Division of Behavioral and Social Sciences and Education)의 자폐 아동을 위한 교육중재위원회(Committee on Educational Interventions for Children with Autism)(2001)에서는 자폐 범주성 장애를 지닌 아동들에게 효과적인 교육적 중재 프로그램의 특성들을 제시하였다. 그 요소들은 다음과 같다.

중재 프로그램에의 조기 입학, 다양한 현장에서 제공되고 최소한 주 5일씩 1년 내내 제공되는 등의 학교 시간과 동등한 집중적인 교수 프로그램에의 적극적인 참여, 가장 어린 아동들을 위해서는 비교적 짧은 시간(예: 15~20분 간격)으로 조직화되고 계획된 교수 기회, 개별화 목표를 달성하기 위한 1:1 또는 소집단 교수에서의 성인의 충분한 관심(p. 6).

위원회는 또한 자폐 범주성 장애를 지닌 아동들을 위한 효과적인 교육적 중재의 다음과 같은 요소들과 강조점을 분명하게 설명하였다: "기능적이고 자발적인 의사소통, 다양한 상황에서 하루 전반에 걸쳐 제공되는 사회적 교수, 인지 발달 및 놀이 기술, 행동 문제에 대한 긍정적인 접근"(National Research Council, 2001, p. 61).

효과적인 교육의 실제를 선택하기 위한 논리와 증가하고 있는 관심을 고려하여 이 책의 자료는 부모와 전문가들이 자폐 범주성 장애를 지닌 것으로 진단된 아동들에게 혜택을 줄 수 있는 가장 큰 가능성을 지닌 방법들을 비판적으로 평가하고 선택할 수 있도록 돕기 위하여 계획되었다. 물론 모든 경우에 예외 없이 적용되는 효과적인 방법이 존재하지 않는다는 것은 사실이다. 그러나 특정 방법이 다른 방법들보다 좀 더 나은 결과를 보이고 있는 것 또한 사실이며, 이러한 정보는 정확하고 간단한 형태로 제시될 수 있어야 한다.

자폐 범주성 장애는 생애 초기에 나타나며, 장애의 예후가 일반적으로 좋지 않음에도 불구하고 지속적인 연구 결과에 의하면 장애 진단 즉시 제공되는 조기 개입(early intervention)이 예후를 향상시키는 것으로 알려져 있다. 앞에서도 언급하였듯이, 선택할 수 있는 중재와 치료들은 많이 있으며 이들 중에는 회복이 가능하다고 주장하는 것들도 있다. 실제로 자폐 범주성 장애를 위한 어떤 중재와 치료가 가장 좋은 방법인지에 대한 심각한 논쟁이 계속되고 있다. 실증적인 근거를 지닌 것으로 밝혀진 중재 방법들조차도 모든 경우에 예외 없이 적합한 것은 아니며, 개별화된 사용, 성과 주장, 배타적이거나 광범위한 사용 등과 관련해서 논쟁의 대상이 되곤 한다. 자폐 범주성 장애를 지닌 아동들을 위한 중재 방법들은 점점 더 증가하고 있으며, 이러한 사실은 가장 효율적이고 효과적인 치료와 중재 방법을 선택하기 위한 전문가와 부모들의 능력에 더 큰 문제를 가져다주곤 한다. 이 책에서는 현존하는 중재 방법들을 정리하도록 돕기 위하여 자폐 범주성 장애를 지닌 아동들을 위한 다양한 치료 방법들을 설명하였으며, 각 방법과 관련된 문헌들을 분석하고 의견을 제시하였다. 각각에 대한 문헌 검토는 다음과 같은 보편적인 형태에 따라 정리되었다: (1) 연령, 능력, 중재의 발달 수준에 대한 적합성, (2) 중재나 치료에 대한 설명, (3) 중재나 치료와 관련하여 보고된 혜택 및 효과, (4) 중재나 치료의 사용과 연관된 성과가 자폐 범주성 장애를 지닌 아동과 어떻게 관련되는지에 대한 종합적 정리, (5) 중재나 치료를 효과적으로 실행하기 위한 자격을 갖춘 사람은 누구이며 언제, 어디서, 어떻게 가장 잘 실행될 수 있는지에 대한 논의, (6) 중재나 치료의 사용과 관련된 잠재적인 위험, (7) 중재나 치료에 드는 비용, (8) 자폐 범주성 장애를 지닌 아동에 대한 중재나 치료의 효과를 평가하는 방법, (9) 앞으로의 사용에 대한 권장 여부를 포함하는 검토한 내용의 결론, (10) 참고문헌, 자료, 관련된 읽기 목록.

이 책의 구성을 위하여 중재와 치료들은 다음과 같은 다섯 가지 범주로 분류되었

다: (1) 인간관계 중심의 중재 및 치료, (2) 기술-중심의 중재 및 치료, (3) 인지적 중재 및 치료, (4) 생리학적·생물학적·신경학적 중재 및 치료, (5) 기타 중재 및 치료. 또한 중재와 치료들은 다음의 네 가지 유형으로 분류되었다: (1) 과학적 기반의 실제, (2) 성과가 기대되는 실제, (3) 지원 정보가 부족한 실제, (4) 권장되지 않는 중재 및 치료. 과학적 기반의 실제(scientifically based practices)는 임상적인 효율성과 지원이 확인된 방법들로 정의되며, 성과가 기대되는 실제(promising practices)는 과학적 기반의 실제로 고려되기에는 추가적인 과학적 자료가 더 필요한 것이 사실이지만, 자폐 범주성 장애 아동들에 대한 효율성과 유용성을 지닌 것으로 판단되는 방법을 의미한다. 지원 정보가 부족한 실제(practices with limited supporting information)는 과학적 근거가 거의 없거나 아주 없는 중재 및 치료 방법들을 설명하는데 사용되었다. 이러한 방법들은 유용성이나 효율성을 지니고 있는지에 대해서는 분명하게 밝혀지지 않은 방법들이지만 자폐 범주성 장애 아동들에게 사용될 수는 있다. 그러므로 특정 중재나 치료가 지원 자료가 부족한 것으로 평가되었다고 해서 장점이 전혀 없는 것을 의미하지는 않는다. 그보다는 객관적이고 과학적인 판단을 위한 증거 자료가 부족하다는 사실을 의미하는 것이다. 마지막으로 권장되지 않는 실제(not recommended practices)는 효율성이 없고 해를 끼칠 잠재적인 가능성이 있는 중재나 치료의 방법들을 언급하는데 사용되었다.

다음의 표는 각각의 중재들이 어떻게 평가되었는지를 보여주고 있다. 각각의 평가에 대한 상세한 설명은 표 다음 부분에 제시하였다.

	1장: 인간관계 중심의 중재 및 치료	2장: 기술—중심의 중재 및 치료
과학적 기반의 실제 (Scientifically Based Practices)		● 응용행동분석 (Applied Behavior Analysis: ABA) ● 비연속 개별시도 교수 (Discrete Trial Teaching: DTT) ● 중심축 반응 훈련 (Pivotal Response Training: PRT)
성과가 기대되는 실제 (Promising Practices)	● 놀이-중심의 전략 (Play-oriented Strategies)	● 보조공학 (Assistive Technology) ● 보완대체 의사소통 (Augmentative Alternative Communication: AAC) ● 우발 교수 (Incidental Teaching) ● 공동 행동 일과 (Joint Action Routines: JARs) ● 그림 교환 의사소통 체계 (Picture Exchange Communication System: PECS) ● 구조화된 교수 (Structured Teaching; TEACCH)
지원 정보가 부족한 실제 (Limited Supporting Information for Practices)	● 온화한 교수 (Gentle Teaching) ● 선택 방법(썬라이즈 프로그램) (Option Method[Son-Rise Program]) ● 마루놀이(Floor Time) ● 애완동물 치료 (Pet/Animal Therapy) ● 관계 개발 중재 (Relationship Development Intervention: RDI)	● 단어 훈련 게임 (Fast ForWord) ● 밴다이크 교육과정 (Van Dijk Approach)
권장되지 않는 실제 (Not Recommended)	● 안아주기 (Holding Therapy)	● 촉진적 의사소통 (Facilitated Communication: FC)

	3장: 인지 중재 및 치료	4장: 생리학적/생물학적/신경학적 중재 및 치료	5장: 기타 중재, 치료 및 관련 인자
과학적 기반의 실제 (Scientifically Based Practices)	● 유아와 부모들을 위한 대안적 프로그램 (Learning Experiences: An Alternative Program for Preschoolers and Parents: LEAP)		
성과가 기대되는 실제 (Promising Practices)	● 인지행동교정 (Cognitive Behavior Modification) ● 인지 학습 전략 (Cognitive Learning Strategies) ● 사회적 의사결정 전략 (Social Dicision-making Strategies) ● 상황 이야기 (Social Stories)	● 약물치료 (Pharmacology) ● 감각통합 (Sensory Integration: SI)	
지원 정보가 부족한 실제 (Limited Supporting Information for Practices)	● 만화 그리기 (Cartooning) ● 인지 스크립트 (Cognitive Scripts) ● 파워 카드 (Power Cards)	● 청각 통합 훈련 (Auditory Integration Training: AIT) ● 대용량비타민치료(Megavitamin Therapy) ● 광과민성 증후군: 얼렌 렌즈 (Scotopic Sensitivity Syndrome(SSS): Irlen lenses)	● 미술치료 (Art Therapy) ● 칸디다: 자폐와의 관련성 (Candida: Autism Connection) ● 글루텐-카세인 저항 (Gluten-Casein Intolerance) ● 수은: 백신과 자폐 (Mercury: Vaccination and Autism) ● 음악치료 (Music Therapy)
권장되지 않는 실제 (Not Recommended)			

평가 범주의 정의:

과학적 기반의 실제(Scientifically Based Practices): 이 평가를 받은 중재와 치료들은 상당한 양의 엄격한 연구를 거친 방법들이다. 자폐 범주성 장애를 지닌 아동들이 중재의 결과로 기술 습득에 있어서의 상당한 향상을 보인다는 사실을 입증하는 유사한 결과들이 반복적이고 일관성 있게 제공되고 있다.

성과가 기대되는 실제(Promising Practice): 이 범주의 중재와 치료들은 (1) 부정적인 결과가 거의 없거나 전혀 없이 수년 동안 폭넓게 사용되고 있으며 (2) 중재의 결과로 자폐 범주성 장애 아동들이 기술 습득을 보인다고 제안하는 연구 결과들이 발표되고 있는 방법들이다. 그러나 이 방법들은 진정한 의미에서의 과학적 기반의 실제가 되기 위해서는 앞으로 더 많은 과학적 증거 자료들을 필요로 한다.

지원 정보가 부족한 실제(Limited Supporting Information for Practice): 이 범주의 중재 및 치료들은 자폐 범주성 장애 아동들을 대상으로 하는 제한된 연구가 수행되었으며, 폭넓게 사용되지도 않고 있을 뿐만 아니라 이들에게 사용했을 때 다양한 결과(나쁜 것부터 좋은 것까지)가 제시되고 있는 방법들이다.

권장되지 않는 실제(Not Recommended): 이 범주의 중재 및 치료들은 (1) 상당한 양의 엄격한 연구가 진행되었으나 그 결과 자폐 범주성 장애를 지닌 아동들의 기술 습득을 향상시키지 못하였거나 긍정적인 결과를 나타내지 못한 방법들이거나 (2) 중재나 치료를 사용함으로써 자폐 범주성 장애를 지닌 아동들에게 심각하고 치명적인 영향을 미치거나 부정적인 결과를 초래한 방법들이다.

이 책에서는 자폐 범주성 장애를 지닌 아동들에게 사용되는 현존하는 모든 방법들을 다 포함하지 못한 것이 사실이다. 더욱이 이 책에서 제시한 검토와 결론은 문헌 및 이 책의 저자들의 전문적인 견해를 근거로 이루어졌다. 그럼에도 불구하고, 이 책의 자료는 자폐 범주성 장애를 지닌 아동들을 위한 가장 효과적인 방법을 선택하고 실행하는데 있어서 부모와 전문가들에게 도움이 될 수 있으리라 기대한다. 마지막으로 이 책은 자폐 범주성 장애를 지닌 모든 개별 아동과 그 가족들의 다양한 욕구를 충족시키기 위해서 예외 없이 사용될 수 있는 단일한 방법이 없다는 사실에 대한 인

식과 견해를 반영하고 있다. 실제로, 가장 효과적인 프로그램은 다양한 최상의 실제적인 방법들을 병합한 것이라고 할 수 있다. 다만 이 책을 통하여 자폐 범주성 장애를 지닌 아동들과 직접적으로 관련되는 사람들이 효과적인 중재와 치료를 잘 선택할 수 있도록 유용한 자료를 제공할 수 있게 되기를 기대한다.

이 책은 많은 사람들의 노력의 결과로 완성되었다. 11명의 저자들과 함께 중재 한 가지를 검토해 준 Katherine Keeling에게 감사의 뜻을 표한다. 또한 이 책의 구성과 편집을 담당한 Kimberly Woodard의 노력이 없었다면 이 책은 완성되지 못했을 것임을 밝히는 바이다.

참고문헌

American Psychiatric Association. (1994). *Diagnostic and statistical manual of mental disorders* (4th ed.). Washington, DC: Author.

American Psychiatric Association. (2000). *Diagnostic and statistical manual of mental disorders* (4th ed., text rev.). Washington, DC: Author.

Asperger, H. (1944). Die 'Austistischen Psychopathen' im Kindesalter. *Archiv fur Psychiatrie und Nervenkrankheiten, 117*, 76-136.

Autism Society of America. (2004). *What is autism?* Retrieved February 1, 2004, from http://autism-society.org

Berkell Zager, D. (1999). *Autism: Identification, education and treatment.* Mahwah, NJ: Erlbaum.

Frith, U. (Ed.). (1991). *Autism and Asperger syndrome.* Cambridge, UK: Cambridge University Press.

Individuals With Disabilities Education Act Amendments of 1997, 20 U.S.C. § 1400 et seq.

Kanner, L. (1943). Autistic disturbances of affective content. *Nervous Child, 2,* 217-250.

Klin, A., Volkmar, F., & Sparrow, S. (2000). *Asperger syndrome.* New York: Guilford Press.

Myles, B. S., & Simpson, R. L. (2003). *Asperger syndrome: A guide for educators and parents.* Austin, TX: PRO-ED.

National Research Council. (2001). *Educating children with autism.* Committee on Educational Interventions for Children With Autism, Division of Behavioral and Social Sciences and Education. Washington, DC: National Academy Press.

No Child Left Behind Act of 2001, 20 U.S.C. § 6301 et seq.

Ritvo, E. R., & Freeman, B. J. (1978). National Society for Autistic Children: Definition of the syndrome of autism. *Journal of Autism and Childhood Schizophrenia, 8,* 162-169.

Simpson, R. L., & Myles, B. S. (1998). *Educating children and youth with autism: Strategies for effective practice.* Austin, TX: PRO-ED.

World Health Organization. (1993). *International classification of diseases-Tenth revision.* Geneva, Switzerland: Author.

제 1 장

Interpersonal Relationship
Interventionsand Treatments

인간관계 중심의 중재 및 치료

인간관계 중심의 교수전략과 중재 방법들은 자폐 범주성 장애를 지닌 사람들이 부모의 온정 및 양육 결핍과 관련된 정서적 반응을 표출함으로써 장애를 가지게 되었다는 개념을 기초로 한다(Kanner, 1949). 따라서 이러한 치료 방법들 중에는 심리치료의 요소들을 기본으로 하는 것들도 있다. 그러나 많은 경우에 있어서 자폐 범주성 장애를 지닌 사람들은 전통적인 치료를 통하여 혜택을 받기에는 언어·인지·사회적 기술이 부족하기 때문에 심리치료의 적용이 제한되어 왔다. 그럼에도 불구하고, 관계-중심의 중재(relationship-based intervention)는 자폐를 위한 중재의 한 요소로 계속 포함되어 왔다. 이와 관련해서 Hobson(1990)은 다음과 같이 서술하였다.

다른 사람과의 애정관계에 있어서 상당히 이른 시기에 주어지는 심각한 방해는 상징 능력의 분명한 결함을 일으키며, 이러한 결함은 인지·언어·사회성에 있어서의 특징적인 "자폐적(autistic)" 결함을 설명해 줄 뿐만 아니라 아동의 제한되고 상동적인 행동까지도 설명해 준다.(p. 327)

이와 같은 견해는 자폐 범주성 장애를 사회적·정서적으로 해석하며 자폐 관련 장애를 지닌 사람들이 적절한 방법으로 다른 사람들에게 애착을 표현할 수 있게 해야 한다고 주장한다. 따라서 관계중심의 접근들은 애정, 애착, 결속, 소속감 등을 촉진하려고 시도한다. 연구자들과 현장 전문가들은 인간관계 강화 방법들의 진실성을 지지할만한 과학적 증거가 부족하다는 이유로 이러한 방법들에 대하여 부정적으로 인식하기도 한다. 그러나 이 책에서는 이러한 방법들이 자폐 역사의 중요한 한 부분을 차지하고 있을 뿐만 아니라 실증적 자료가 부족함에도 불구하고 앞으로도 계속 사용될 것이기 때문에 검토 대상으로 포함시켰다.

참고문헌

Hobson, R. P. (1990). On psychoanalytical approaches to autism. *American Journal of Orthopsychiatry, 60*, 324-336.

Kanner, L. (1949). Problems of nosology and psychodynamics in early childhood autism. *American Journal of Orthopsychiatry, 19*, 416-426.

안아주기 치료 HOLDING THERAPY

연령/능력 수준

- 대상 연령: 출생부터 10세까지
- 대상 진단명 및 관련 특성: 경도에서 중등도까지의 자폐 범주성 장애(ASD), 아스퍼거 증후군, 기타 장애
- 대상 능력 수준: 평균부터 평균 이상의 지능

중재 내용

안아주기 치료 중 자폐와 관련해서 가장 많이 알려진 방법은 안아주기 시간(Holding Time)으로 소아정신과 의사인 Martha Welch(1988b)에 의해서 개발되었다. Welch의 접근은 『안아주기 시간(Holding Time)』이라는 자신의 저서에서 설명한 바와

같이 1980년대에 독일에서 개발되고 연구된 유사한 치료들을 근거로 한다(Stades-Veth, 1988). 안아주기 치료를 강조하는 가설은 자폐 범주성 장애 및 기타 관련 장애를 지닌 아동들이 어머니와의 잘못된 애착 관계를 보인다는 것이다. 따라서 이러한 잘못된 결속에 대한 주장에 의하면 위축 현상이 방어 기제로 나타나게 된다. 안아주기 치료는 "모아 안아주기"를 통한 집중적인 신체적 · 정서적 접촉이 이러한 잘못된 결속 관계를 치료하고 정상적인 발달을 위한 기초를 형성한다는 개념을 기초로 한다.

안아주기 시간(Holding Therapy)은 세 부분의 연속된 요소들을 지닌다: (1) 대면(confrontation), (2) 거부(rejection), (3) 해결(solution). 대면 단계에서는 어머니와 아동이 쉽게 서로의 눈을 마주치고 "안아주기" 위하여 마주한다. 어머니는 계속 아동의 눈을 맞추어야 하며, 필요한 경우에는 신체적으로 강요할 수도 있다. 이렇게 함으로써 어머니는 감정에 대한 의사소통을 유도하고 표현하게 된다. 이러한 방법은 아동의 거부를 일으키게 되는데, 이것이 거부 단계이다. 이 단계에서는 아동이 아무리 심하게 거부하더라도 아동을 계속해서 안아주어야 하는데, 이때 "어떠한 것도 우리 사이에는 들어올 수 없다―너의 분노와 나의 분노조차도 우리 사이를 갈라놓을 수 없다"(Welch, 1988a, p. 52)라는 메시지를 전달하려고 노력해야 한다. 거부 단계는 회피 행동이 사라지고 강력하고 깊은 애정의 영속적인 결속 관계와 함께 신체적 · 언어적 근접성(해결 단계)이 나타날 때까지 계속된다.

보고된 혜택 및 효과

Welch(1988b)는 자신이 개발한 모아 안아주기 치료를 받은 자폐 범주성 장애를 지닌 아동들 중 몇몇 아동들이 자신의 장애로부터 완전히 회복되어 정상적인 발달을 성취했으며, 나머지 아동들은 인지적 · 정서적 · 생리학적 향상을 보였다고 주장하였다. 또한 반항장애(oppositional defiant disorder), 품행장애(conduct disorder), 주의력 결핍 과잉행동장애(ADHD), 언어장애, 애착장애, 우울증, 발달장애, 및 기타 감정장애를 지닌 아동들에게서도 유사한 결과를 보고하였다. 그러나 이러한 주장은 대부분 이러한 결과를 지지할만한 실증적 연구 자료가 없는 사례 연구에 의존하고 있다.

저자	N	장소	연령/성별	진단	결과	비고
Welch (1988b)	10	치료실 또는 아동의 가정	3~13세/ 남자 및 여자	자폐	모든 대상자들은 자폐 및 기타 비전형적 아동을 위한 행동 평가도구(Behavior Rating Instrument for Autistic and Other Atypical Children; BRIAAC)의 측정을 제외한 모든 영역에서 향상을 보임	비교 집단이 없음

자폐 범주성 장애 아동에 대한 활용 결과

안아주기 치료는 적어도 부분적으로는 주 양육자와의 충분한 결속 관계를 발달시키지 못함으로써 발생한 장애를 지닌 사람들을 치료하기 위하여 개발되었다. Welch는 자폐 범주성 장애를 지닌 많은 사람들이 이러한 이유로 인해서 장애를 갖게 되었다고 믿었으며, 그러므로 이들에게 안아주기 치료를 제안하였다.

중재 실행 자격 및 조건

안아주기 치료는 미국 내에서 훈련받은 치료사의 감독과 촉진 하에 아버지나 기타 가족 구성원들의 지지를 받으면서 어머니가 수행하게 된다. 치료기관은 New York City; Greenwich, Connecticut; Chautauqua, New York에 위치한다. 안아주기 치료는 훈련만 받으면 모든 적절한 장소에서 언제라도 실행될 수 있다.

중재의 잠재적 위험

행동의 강요를 포함하는 중재는 신체적·심리적으로 해를 끼칠 가능성을 지니고 있다. 안아주기 시간(Holding Time)에 대한 수많은 비판들이 그 사용에 대한 많은 논쟁을 제시해 왔다. 이러한 논쟁들은 다음과 같은 점들을 포함한다: (1) 안아주기 치료를 받은 아동들은 거짓 애착 행동을 학습할 수 있다; (2) 촉각 방어성(tactile defensiveness), 과민증(hypersensitivity), 또는 눈 맞춤을 하거나 유지하는데 어려움을 보이는 아동들에게 강요된 안아주기를 사용하게 되면 극도의 불쾌감을 초래할 수 있다; (3) 아동이 사랑하고 신뢰하는 성인에 의한 강요된 안아주기는 혜택을 주기보다는 심리적으로 해가 될 수 있다; (4) 안아주기 치료를 사용하는 부모들은 자신의 자녀가 자폐나 기타 장애로부터 치료될 것이라는 비현실적인 희망을 갖게 되며, 자신들의 노력이 효과가 없다는 것을 알게 되면 그 가정에 파괴적인 영향을 미칠 수도 있다.

중재 비용

치료 계획은 각각의 환자들을 위하여 개별적으로 개발된다. 그러므로 각 사례의 정도와 치료 계획의 성격이 그 비용을 결정하게 된다.

자폐 범주성 장애 아동에 대한 효율성 평가 방법

모든 철학이나 치료 방법은 아동의 개별적인 필요를 근거로 해야 하며, 그 방법은 중재의 효율성을 증명하기 위하여 감독되어야 한다. 현재까지 안아주기 치료는 엄격한 과학적 평가를 수행하지 않고 있다.

결론

안아주기 치료나 안아주기 시간은 아동과 어머니 또는 주 양육자 간의 결속 관계를 회복시키고 강화함으로써 자폐 범주성 장애 및 관련 장애를 지닌 사람들의 기능을 향상시키기 위하여 개발되었다. 그러나 자폐 범주성 장애가 잘못된 모아 결속 관계로 인하여 발생한다는 가설은 임상적인 증거에 의해서 지지되지 못하고 있다. 안아주기 시간의 효과를 지지하는 임상적인 자료를 제공하는 과학적인 연구가 거의 수행되지 않았다는 사실과 중재 방법의 잠재적인 위험 가능성을 고려한다면 이 방법은 자폐 범주성 장애를 지닌 아동들에게 권장될 수 없다.

평가 결과: 권장되지 않는 실제(Not Recommended)

참고문헌 및 기타 참고자료

● 참고문헌

Stades-Veth, J. (1988). *Autism broken symbiosis: Persistent avoidance of eye contact with mother. Causes, consequences, prevention and cure for autistiform behavior in babies through "mother-child holding."* (ERIC Document Reproduction Service No. ED 294-344)

Welch, M. G. (1988a). *Holding time.* New York: Simon and Schuster.

Welch, M. G. (1988b). Mother-child holding therapy and autism. *Pennsylvania Medicine, 91(10),* 33-38.

● 기타 참고자료

Heflin, L. I., & Simpson, R. L. (1998). Interventions for children and youth with autism: Prudent choices in a world of exaggerated claims and empty promises. Part I: Intervention and treatment option review. *Focus on Autism and Other Developmental Disabilities, 13*(4), 194-211.

Martha G. Welch Center for Family Treatment: www.marthawelch.com/autism.shtml

Sainsbury, C. (2002). *Holding therapy: An autistic perspective.* National Autistic Society. Retrieved January 18, 2004, from http://w02-0211.web.dircon.net/pubs/archive/hold.html

Tinbergen, E. A., & Tinbergen, N. (1983). *Autistic children-new hope for a cure.* London: George Allen and Unwin.

Waterhouse, S. (2000). *A positive approach to autism.* London: Jessica Kingsley.

Welch, M. G. (1987). Toward prevention of developmental disorders. *Pennsylvania Medicine, 90*(3), 47-52.

온화한 교수 GENTLE TEACHING

연령/능력 수준

- 대상 연령: 모든 연령
- 대상 진단명 및 관련 특성: 경도에서 중도까지의 자폐 범주성 장애(ASD), 아스퍼거 증후군, 기타 장애
- 대상 능력 수준: 중도 인지장애부터 평균 이상의 지적 기능

중재 내용

온화한 교수(Gentle Teaching)는 자폐 범주성 장애를 지닌 사람과 그 양육자와의 안전하고 서로 돌보는 관계를 강조하는 철학적인 접근이다. 온화한 교수는 원래 문제가 있는 행동을 감소시키고 부적응적인 행동을 보이는 사람들의 삶의 질을 향상시키기 위한 비혐오적인 방법으로 고안되었다. 온화한 교수의 목적은 환경적이고 인간관계적인 면에 초점을 맞춤으로써 장애인과 그 양육자 간의 결속된 관계를 형성하는 것이다. 자폐 범주성 장애를 지닌 사람들과 관련해서 온화한 교수는 통합교육, 지역사회 참여, 또래 상호작용 등에 방해가 되는 다양한 문제행동을 감소시키는데 사용될 수 있다고 주장되고 있다(Fox, Dunlap, & Buschbaker, 2000; McGee, 1990).

온화한 교수의 기초를 형성하는 네 가지 기본적인 가정은 다음과 같다(McGee, 1990): (1) 빈번하고 무조건적인 가치 부여는 상호작용적인 교환의 핵심이다; (2) 모든 사람은 애정과 온정에 대한 타고난 소망을 지니고 있다; (3) 제제나 체벌과 같은 통제적인 행동은 감소되어야 하며 가치–중심적인 행동으로 대체되어야 한다; (4) 양육자와 부적응 행동을 보이는 사람 모두의 변화가 중요하다.

McGee(1990)에 의하면 온화한 교수에 의하여 강화된 관계 안에서는 다음과 같은 다양한 기술들이 사용될 수 있다.

- 실수 없는 교수전략

- 과제 분석
- 환경 조절
- 정확하고 조심스럽게 촉진하기
- 공동으로 활동 참여하기
- 목표 행동의 전조 확인하기
- 언어적 지시 줄이기
- 언어적 · 신체적 요구 줄이기
- 선택하기
- 보조 소거하기
- 다른 양육자 및 또래들과의 관계 형성하기
- 무조건적인 가치 부여를 표현하는 방법으로 대화 사용하기

양육자는 학습자의 행동에서 나타나는 순간적인 변화를 스스로 판단하여 앞에서 설명한 기술들을 다양하게 조합하여 사용할 수 있다(Jones & McCaughey, 1992; McGee, 1985b). 온화한 교수의 주요 목표는 단순하게 행동을 조절하는 것이 아니라 안전 및 안정감, 참여, 가치 부여를 기본으로 하는 상호 혜택을 주는 관계를 형성하는 것이다(McGee, 1990).

보고된 혜택 및 효과

온화한 교수의 주 개발자 중의 한 사람인 McGee(1985a)는 600명 이상의 사람들의 문제행동을 감소시키기 위해서 이 방법이 사용되었다고 보고하였다. 그러나 McGee 의 연구는 심각한 방법론적인 한계를 지님으로써 긍정적인 행동 변화가 다른 외적인 요소가 아닌 온화한 교수로 인하여 나타난 것이라고 결론짓기 어려운 것으로 비판받 고 있다. 온화한 교수의 사용과 관련된 긍정적인 성과에 대한 다른 주장들도 사례 보 고에 근거하고 있다.

저자	N	장소	연령/성별	진단	결과	비고
Welch (1988b)	600명 이상	지역사회 프로그램, 병원, 그룹홈, 주정부 시설	16~44세/ 남자와 여자	경도-중도 정신장애, 정신분열증, 조울증	모든 부적응 행동이 감소함	모두 1:1 교수 상황이었음. 기초선 자료가 없음
Jordan, Singh, & Repp (1989)	3	시설	7, 21, 28세/ 남자	최중도 정신장애	상동행동이 감소함. 시각적 가리기보다 덜 효과적임	짧은 시간 단위 (small time frame)로 인하여 충분한 결속(bonding)이 발생하지 못하였을 수도 있음. 특별히 식별되거나 조작적으로 정의되지 않은 온화한 교수 전략이 사용되었음.
Paisey, Whitney, & Moore (1989)	2	주간 프로그램	30, 32세/ 남자	최중도 정신장애	머리 때리기 행동이 감소함. 상반행동 차별 강화와 함께 행동 제제 및 점진적인 인내가 사용되었을 때보다 덜 효과적임	대상자 수가 적음. 짧은 시간 단위로 인하여 충분한 결속(bonding)이 발생하지 못하였을 수도 있음. 특별히 식별되거나 조작적으로 정의되지 않은 온화한 교수 전략이 사용되었음.
Kelly & Stone (1989)	1	교실	12세/여자	밝히지 않았음	사회적 상호작용이 증가함. 공격행동의 지속 시간과 강도가 감소하였으나 그 비율은 감소하지 않았음	대상자 수가 적음. 특별히 식별되거나 조작적으로 정의되지 않은 온화한 교수 전략이 사용되었음. 기초선 또는 비교 조건이 제시되지 않았음.
Jones, Singh & Kendall (1991)	1	시설	44세/여자	최중도 정신장애	온화한 교수를 사용하여 처음에는 일시적으로 자해행동이 감소함. 자해행동을 감소시키는데 시각적 가리기 방법이 온화한 교수보다 더 효과적임.	대상자 수가 적음. 짧은 시간 단위로 인하여 충분한 결속(bonding)이 발생하지 못하였을 수도 있음. 특별히 식별되거나 조작적으로 정의되지 않은 온화한 교수 전략이 사용되었음.

자폐 범주성 장애 아동에 대한 활용 결과

온화한 교수는 행동 조절 철학이다. 이 방법은 자폐 범주성 장애를 지닌 사람들을 포함하여 문제가 있는 행동을 보이는 모든 사람들에게 사용될 수 있다. 온화한 교수의 한 부분으로 포함된 기술들은 기술의 습득과 유지를 촉진하기 위해서도 사용될 수 있다(예: 촉진, 소거).

중재 실행 자격 및 조건

적절하게 훈련받은 모든 사람들과 장애인과 일하는 모든 사람들은 어떤 환경에서도 온화한 교수를 사용할 수 있다. 온화한 교수의 공식적인 훈련을 위한 자료는 별로 제공되지 않고 있다.

중재의 잠재적 위험

온화한 교수 방법과 관련된 직접적인 부작용은 알려지지 않고 있다. 그러나 이 방법은 신체적인 제제를 포함하는 모든 형태의 혐오적인 방법의 사용을 반대하기 때문에 온화한 교수 철학을 완고하게 적용하는 양육자들은 심각한 공격행동을 보이는 사람들과 함께 있을 때 위험한 상황에 처할 수 있다.

중재 비용

온화한 교수의 실행을 위한 비용은 그 철학과 기술을 훈련하기 위한 재정적인 지원만을 필요로 한다. 공식적인 훈련이 제공되지 않고 있는 것으로 알려져 있기 때문에 이 방법을 적절하게 실행하는데 필요한 시간의 양을 결정하기는 어렵다. 훈련에 이어 양육자와 대상자 간의 결속된 관계를 형성하기 위하여 상당한 시간이 필요하다. 이러한 결속된 관계는 긍정적인 변화를 일으키기 위하여 기본적으로 필요하다.

자폐 범주성 장애 아동에 대한 효율성 평가 방법

모든 철학이나 치료 방법은 아동의 개별적인 필요를 근거로 해야 하며, 그 방법은 중재의 효율성을 증명하기 위하여 감독되어야 한다. 현재까지 온화한 교수는 엄격한 과학적 평가를 수행하지 않고 있다.

결론

온화한 교수는 기본적으로 장애를 지닌, 특히 부적응적인 행동을 보이는 사람들과 상호작용 하도록 양육자를 안내해 주는 철학이다. 현재까지 임상적으로 타당한 연구를 기초로 한 온화한 교수를 지지하는 자료는 제시되지 않고 있다. 그러나 철학의 기본적인 전제(무조건적인 가치 부여, 체벌과 제제의 감소된 사용, 대상자와 양육자 모두의 행동에 대한 관심)는 자폐 범주성 장애인과 함께 일하는 사람들에게 중요한 가치를 제공해 준다. 또한 온화한 교수의 한 부분으로 사용되는 다양한 응용행동분석 기술들은 연구에 의하여 이미 지지되고 있는 방법들이다.

평가 결과: 지원 정보가 부족한 실제(Limited Supporting Information for Practice)

참고문헌 및 기타 참고자료

● 참고문헌

Fox, L., Dunlap, G., & Buschbaker, P. (2000). Understanding and intervening with children's challenging behavior: A comprehensive approach. In A. M. Wetherby & B. M. Prizant (Eds.), *Autism spectrum disorders: A transactional developmental perspective* (pp. 307-332). Baltimore, MD: Paul H. Brookes.

Jones, L. I., Singh, N. N., & Kendall, K. A. (1991). Comparative effects of gentle teaching and visual screening on self-injurious behavior. *Journal of Mental Deficiency Research, 35,* 37-47.

Jones, R. S. P., & McCaughey, R. E. (1992). Gentle teaching and applied behavior analysis: A critical review. *Journal of Applied Behavioral Analysis, 25*(4), 853-867.

Jordan, J., Singh, N. N., & Repp, A. C. (1989). An evaluation of gentle teaching and visual screening in the reduction of stereotypy. *Journal of Applied*

Behavioral Analysis, 22(1), 9-22.

Kelley, B., & Stone, J. (1989). Gentle teaching in the classroom. *Entourage, 4*(3), 15-19.

McGee, J. J. (1985a). Examples of the use of gentle teaching. *Mental Handicap in New Zealand, 9(4),* 11-20.

McGee, J. J. (1985b). Gentle teaching. *Mental Handicap in New Zealand, 9(3),* 13-24.

McGee, J. J. (1990). Gentle teaching: The basic tenet. *Mental Handicap Nursing, 86*(32), 68-72.

Paisey, T. J., Whitney, R. B., & Moore, J. (1989). Person-treatment interactions across nonaversive response-deceleration procedures for self-injury: A case study of effects and side effects. *Behavioral Residential Treatment, 4*(2), 69-88.

● 기타 참고자료

Gentle Teaching: www.gentleteaching.nl

Jones, R. S. P., McCaughey, R. E., & Connell, E. M. (1991). The philosophy and practice of gentle teaching: Implications for mental handicap services. *The Irish Journal of Psychology, 12*(1), 1-16.

McCaughey, R. E., & Jones, R. S. P. (1992). The effectiveness of gentle teaching. *Mental Handicap, 20,* 7-14.

McGee, J. J. (1990). Gentle teaching: The basic tenet. *Mental Handicap Nursing, 86*(32), 68-72.

McGee, J. J. (1992). Gentle teaching's assumptions and paradigm. *Journal of Applied Behavioral Analysis, 25*(4), 869-872.

Mudford, O. C. (1995). Review of gentle teaching data. *American Journal on Mental Retardation, 99*(4), 345-355.

선택하기 방법(썬라이즈 프로그램) OPTION METHOD(SON-RISE PROGRAM)

연령/능력 수준

- 대상 연령: 모든 연령
- 대상 진단명 및 관련 특성: 경도에서 중도까지의 자폐
- 대상 능력 수준: 중도 인지장애부터 평균 이상의 지적 기능, 언어 및 사회적 관계가 부족하거나 전혀 없음

중재 내용

1970년대 중반에 Barry Neil Kaufman과 그의 아내 Samahria는 자폐를 지닌 것으로 진단받은 아들 Raun에게 사용한 선택하기 방법(Option Method)을 기초로 썬라이즈 프로그램(Son-Rise program)을 개발하였다(B. Kaufman, 1976). 이들은 그 당시 이루어지고 있던 전통적인 방법의 중재를 대신하기 위하여 아들을 위한 가정에서의 아동 —중심 프로그램을 고안하였다. Barry는 자신이 다니던 학급에서 선택하기 방법("신뢰를 나타내고 선택하도록 추구함")을 발견하였으며 선택하기 태도(Option Attitude) ("사랑한다는 것은 함께 있어 행복한 것이다")를 채택하였다(B. Kaufman, 1976, p. 23). 이 방법의 근본적인 주제는 교사가 아동의 행동과 관련해서 어떤 판단도 하지 않으며 좋고 나쁨을 결정하지 않는 대신 자폐를 지닌 아동이 자신을 주도하고 스스로 학습하도록 허용함으로써 아동을 위한 촉진자가 되어 주는 것이다. 이러한 철학은 Kaufman의 삶의 기초가 되었으며 아들에게 사용한 교수방법과 중재의 기본이 되었다. Barry Kaufman은 자신의 아들과 그 형제를 도와주기 위하여 가족들의 질문에 대한 답을 『썬라이즈(Son-Rise)』(1976)라는 책으로 출간하였다.

1983년에 Barry와 Samahria Kaufman은 메사츄세츠 주에 선택하기협회(Option Institute and Fellowship)에 근거를 둔 미국자폐치료센터(Autism Treatment Center of America)를 설립하였다(Autism Treatment Center of America, 1998~2003). 이들은 전문가와 부모들이 자폐 범주성 장애를 지닌 아동들을 위하여 가정에서의 아동-중심 프로그램을 고안하고 실행함으로써 아동의 학습, 발달, 의사소통 및 기술 습득을 향

상시킬 수 있도록 훈련하였다.

*Breaking Through Autism*이라는 논문을 통하여 Raun Kaufman은 "아동들은 우리가 들어갈 수 있는 길을 보여 주었고 우리는 이들이 나올 수 있는 길을 보여주었다"고 서술함으로써 썬라이즈 프로그램의 기본적인 원리를 설명하였다(R. Kaufman, 1998~2003). 또한 이러한 기본적인 원리를 근거로 썬라이즈 프로그램에서 치료사들이 활용하는 몇 가지 중요한 방법들을 설명하였다. 기본적인 원리들 중의 하나는 동참하기(joining)인데, 이것은 자폐 범주성 장애를 지닌 아동이 하고 있는 반복적이거나 고착적인 행동을 성인이 함께 하는 것이다. 그렇게 함으로써 아동이 보이는 집착적이고 과도한 행동은 "부적절하거나", "나쁘거나", "잘못되었거나", "결함 있는" 행동이 아니라는 것을 보여주고, 동참하기 행동을 통하여 아동으로 하여금 자신이 어떠한 판단도 없이 수용되고 있음을 보여주게 된다. 또 다른 방법 중의 하나는 아동의 흥미에 따른 교재와 교육과정을 사용함으로써 기술 습득을 촉진할 수 있는 동기를 유발하는 것이다. 결론적으로 썬라이즈 프로그램의 목표는 교육과 발달의 장으로써 자폐를 지닌 아동과의 상호 연계와 관계를 형성하는 것이다.

보고된 혜택 및 효과

썬라이즈 프로그램 웹사이트에는("What is Son-Rise?"와 "More Info"에 연결된 "Statistics"를 클릭하면) 미국자폐치료센터(Autism Treatment Center of America)에서 자폐 범주성 장애를 지닌 아동들에게 썬라이즈 프로그램을 실시한 부모 580명을 대상으로 조사한 만족도 결과가 보고되어 있다. 결과에 따르면 응답자의 92%가 아동의 언어 사용이 증가하였다고 보고하였으며, 90%는 아동의 주의집중 시간이 길어진 것으로 보고하였고, 92%는 아동의 눈 맞춤이 향상되었다고 보고하였다(Autism Treatment Center of America, 1998~2003). 또한 웹사이트에는 몇몇 가정과 교사들의 프로그램 실행 사례담도 게시되어 있다. 그 외에도 사례에 대한 보고들이 신문 기사(Option Institute and Fellowship, 2004의 정보지에서 찾을 수 있음)를 통하여 제공되고 있으며, Kaufman의 최신 저서 『썬라이즈: 기적은 계속된다(Son-Rise: The Miracle Continues)』(1994)에는 자폐 범주성 장애를 지닌 아동에게 썬라이즈 프로그램을 성공적으로 사용한 몇몇 가정에 대한 사례가 소개되어 있다. 1979년에는 NBC에서 Kaufman의 1976년 저서의 내용을 기초로『썬라이즈: 사랑의 기적(Son-Rise: A Miracle of Love)』이라는 텔레비전 영화를 제작하였다(Jordan, 1979). 이러한 사실들은 선택하기 연구소(Option Institute)와 썬라이즈 프로그램의 중재 방법들에 대한 커다란 관심을 불러 일으켰다.

많은 가정들이 썬라이즈 프로그램에 대한 만족스러움을 보고하고 있는 것은 사실이지만 지금까지 이 프로그램의 효율성과 혜택의 타당성을 입증할 수 있는 과학적인 연구가 이루어지지 않고 있는 실정이다. 그러므로 이러한 방법을 사용하고자 하는 가족들은 연구 및 자료에 기초한 증거와 실제가 부족하다는 사실을 잘 고려해야 할 것이다.

중재 실행 자격 및 조건

자폐 범주성 장애를 지닌 아동들에게 썬라이즈 중재 방법을 사용하기를 원하는 사람들은 선택하기협회(Option Institute and Fellowship)로부터 훈련과 정보를 제공받을 수 있다. 미국자폐치료센터(Autism Treatment Center of America)에서는 부모와 전문가들을 위하여 3단계 훈련 프로그램을 제공하고 있다. 1단계는 시작 프로그램(Start-up program)으로 자폐 범주성 장애를 지닌 아동을 위하여 가정에서의 프로그램을 계획하기 위한 기본 기술을 학습하도록 5일간 교실에 출석하는 집단훈련 프로그램이다. 2단계는 최대한의 영향력 프로그램(Maximum Impact program)으로 시작 프로그램을 마친 사람들을 위한 고급 집단훈련 프로그램이다. 3단계는 집중적인 썬라이즈 프로그램(Son-Rise Program Intensive)으로 자폐 범주성 장애를 지닌 아동과 그 가족을 위하여 개별적으로 훈련이 이루어지는 1주일간 제공되는 집중적인 프로그램이다. 이때 가족들은 1주일 동안 선택하기협회(Option Institute and Fellowship)에 있는 집에 머물면서 썬라이즈 프로그램의 촉진자와 함께 40시간 동안 직접 참여하게 된다. 가족 구성원들은 아동을 위한 아동-중심 중재 프로그램의 1:1 촉진 상황에서 훈련받고 감독받는다.

또한 썬라이즈 프로그램의 촉진자나 가족 훈련자가 되기를 원하는 사람들을 위한 특별 훈련 프로그램이 있다. 아동 촉진자는 직접 아동을 대상으로 일하는 반면에 가족 훈련자는 가족과 아동에게 썬라이즈 프로그램의 구성요소들을 가르치고 시범을 보임으로써 가족 및 아동 모두와 함께 일한다.

미국자폐치료센터(Autism Treatment Center of America)에서는 또한 가정에서 썬라이즈 프로그램을 실시하는 부모와 전문가들에게 지원 서비스를 제공한다. 제공되고 있는 서비스로는 상담, 비디오 피드백 훈련, 그룹 발표 및 훈련 프로그램 등이 있다. 처음 시작하는 사람들을 위해서는 첫 30분간의 무료 상담이 제공된다.

일반적으로 가족들은 아동-중심의 썬라이즈 프로그램을 자신의 가정에서 개발하고 실시하며 중재를 보조하기 위한 자원봉사자의 지원에 의존한다. 미국자폐치료센터는 가족들이 썬라이즈 프로그램을 자녀에게 실시할 때 시간의 양(하루 또는 일주일 단위로)을 정해서 실시하도록 권장하지는 않는다. 다만 하루 2~3시간 정도가 "놀라울 정도로 효과적"일 수 있다고 강조하고 있다(Autism Treatment Center of America, 1998~2003).

중재의 잠재적 위험

Kaufman 부부는 다른 교육적 중재 및 행동 중재 방법들을 모두 배제하고 썬라이즈 프로그램만을 사용하고 있는 것으로 알려져 있다. 이들은 또한 썬라이즈 프로그램의 구성요소는 아니지만 아들인 Raun에게 특별한 식이요법도 함께 사용하는 것으로 알려져 있다.

자폐 범주성 장애를 지닌 아동들에게 썬라이즈 프로그램을 사용하는데 따르는 위험 가능성을 설명해주는 정보는 없다. 미국자폐치료센터에서는 가족들에게 자원봉사자를 아동과 함께 일하도록 허락하기 전에 먼저 훈련시킬 것을 권장하고 있다. 그러나 이 센터는 자폐 범주성 장애를 지닌 아동들에게 썬라이즈 프로그램을 사용하는 것과 관련된 혜택을 보장하지는 못하고 있다.

중재 비용

다양한 썬라이즈 프로그램 비용과 관련된 정보는 미국자폐치료센터에 문의함으로써 얻을 수 있다. 자원봉사자를 사용하여 가정에서 프로그램을 실행한다면 중재의 사용과 관련된 비용은 적절한 것으로 보인다.

자폐 범주성 장애 아동에 대한 효율성 평가 방법

미국자폐치료센터는 썬라이즈 프로그램에 참여한 아동들이 진보를 보이는지 그렇지 않은지와 관련된 자료 및 기록을 보존하는 어떤 방법도 제시하지 않고 있다. Barry Kaufman은 자신의 저서 『썬라이즈(Son-Rise)』에서 아내와 함께 아들의 진도에 대하여 매일 의논한 내용을 설명하고 있다. 이러한 의논은 프로그램 수정 및 기타 중재 방법과 관련된 결정의 근거가 되었다.

썬라이즈 프로그램을 사용하는 사람들은 대상 아동에게서 나타나는 반응의 형태(눈 맞춤, 집중, 근접성, 만지기 등)와 양의 변화를 진단함으로써 방법의 효율성을 판단하곤 한다.

결론

썬라이즈 프로그램은 직접 아동에게 초점을 맞추며 중재 전반에 걸쳐 아동의 주도에 따른다. 따라서 아동에 대한 완전한 수용과 사랑을 통한 밀접한 결속은 이 프로그램의 기본이다. 이러한 철학은 아동의 삶에서 거부되고 제외된 느낌을 받고 있는 부모와 가족들에게 아동의 "다른 세상"으로 들어가 이들과 함께 할 수 있는 길을 제공해준다는 측면에서 매우 매력적이라고 할 수 있다. 자폐 범주성 장애를 지닌 아동과의 결속(bonding), 또는 제휴(paring)는 임상적 성과에 기초한 많은 교육적·행동적 중재 프로그램들의 기본이다. 썬라이즈 프로그램에서 사용되고 있는 많은 방법과 기술들이 다른 과학적으로 입증된 프로그램에서도 사용되고 있다. 썬라이즈 프로그램은 긍정적인 성과를 보이는 것으로 여겨지는 것이 사실이지만 이러한 방법의 효과가 임상적으로 조사되지는 않았다는 사실을 중요하게 기억해야 할 것이다.

평가 결과: 지원 정보가 부족한 실제(Limited Supporting Information for Practice)

참고문헌

Autism Treatment Center of America. (1998~2003). *Son-Rise Program*. Retrieved January 18, 2004, from www.son-rise.org

Jordan, G. (Director). (1979). *Son-Rise: A miracle of love* [Televised docudrama]. New York: National Broadcasting Company (NBC).

Kaufman, B. (1976). *Son-Rise*. New York: Harper & Row.

Kaufman, B. (1994). *Son-Rise: The miracle continues*. Tiburon, CA: H. J. Kramer.

Kaufman, R. (1998-2003). *Breaking through autism*. Retrieved February 20, 2004, from www.son-rise.org/a-breakingthruautism.html

Option Institute and Fellowship. (2004). *The Son-Rise Program: For families with special children* (brochure). Sheffield, MA: The Option Institute and Fellowship. [Free brochure available for order at www.option.org/i_lit.html]

발달/개인차/관계-중심 모델(마루놀이)
DEVELOPMENTAL, INDIVIDUAL-DIFFERENCE, RELATIONSHIP-BASED MODEL(FLOOR TIME)

연령/능력 수준

- 대상 연령: 모든 연령
- 대상 진단명 및 관련 특성: 경도에서 중도까지의 자폐 범주성 장애(ASD), 아스퍼거 증후군, 기타 발달장애
- 대상 능력 수준: 중도 인지장애부터 평균 이상의 지적 기능

중재 내용

Stanley I. Greenspan은 발달/개인차/관계-중심 모델 중재 프로그램(Developmental, Individual-Difference, Relationship-Based Model Intervention Program: DIR)을 개발하였다. 이 방법의 핵심은 마루놀이(floor time)로 알려진 중재이다(Greenspan, Wieder, & Simons, 1998). 마루놀이는 개인차, 아동-중심의 선호도, 아동과 양육자

간의 애정적인 상호작용을 강조하는 놀이-중심의 상호작용적 중재 방법이다. 중재의 이름은 아동을 포함하는 학습과 놀이 활동이 주로 마루에서 이루어짐을 나타낸다 (Heflin & Simpson, 1998). 마루놀이는 Greenspan의 발달 이론을 근거로 하고 있는데, 이 이론은 한 번 놓친 발달상의 또는 기능상의 기술들은 집중적인 아동-중심의 놀이와 따뜻하고 잘 돌봐주는 사람과의 긍정적인 상호작용을 통하여 체계적으로 습득될 수 있다는 것이다. Greenspan의 발달이론의 기초는 치료의 목표가 되는 다음과 같은 여섯 가지 기본적인 발달 기술들이다(Greenspan et al., 1998).

- 세상을 보고, 듣고, 느끼고자 하는 관심을 가지고 자신을 진정시키는 이중적인 능력
- 다른 사람과의 관계에 참여하는 능력
- 양방향 의사소통에 참여하는 능력
- 복잡한 몸짓을 만들어내고 일련의 행동으로 연결해서 정교하고 신중한 문제해결로 연계시키는 능력
- 생각하는 능력
- 생각을 현실적이고 논리적인 것으로 연계시키는 능력

마루놀이 방법과 관련된 네 가지 기본적인 목표는 "(1) 관심과 친밀함을 격려하기, (2) 양방향의 의사소통, (3) 감정과 생각의 표현 및 사용을 격려하기, (4) 논리적인 사고"(Greenspan et al., 1998, p. 125)이다. 마루놀이 또는 DIR 모델의 기본적인 목표는 궁극적으로 "아동으로 하여금 자기 자신을 의도적이고 상호작용적인 사람으로 느끼게 하고 이러한 기본적인 의도성을 스스로 지각함으로써 인지적 언어와 사회적 능력을 개발하게 하는 것이다"(Greenspan & Bieder, 2000, p. 289). 좀 더 상세하게 설명하자면, 이 방법은 아동이 (1) 민첩성, 자기주도력, 좌절 인내력, 확장된 행동을 계획하고 실행하는 것과 관련된 연계하기 능력을 증가시키고, (2) 융통성을 촉진하고, (3) 문제해결력을 향상시키고, (4) 몸짓과 말을 통하여 의사소통 하고, (5) 학습을 즐기도록 도와주는 것에 목표를 둔다(Messina, 1999~2004).

마루놀이는 신생아 및 영아와 유아들에게 사용하기 위하여 고안되었다. 그러나 나이가 많은 아동들에게도 사용될 수 있다. 이 중재 방법은 양육자나 놀이 대상자가 아동의 관심과 행동에 의해서 주도되는 자발적이고 재미있는 활동 중에 적극적이고 발달적인 역할을 하도록 요구한다. 마루놀이 진행을 위한 다섯 단계는 다음과 같다: (1) 관찰, (2) 접근-의사소통 순환의 시작, (3) 아동의 주도 따르기, (4) 놀이 연장 및 확장, (5) 아동의 의사소통 순환 완성(Messina, 1999~2004). 각 단계에 대해서는 다음에서 간단하게 설명하였다.

1단계: 관찰

첫 단계인 관찰(observation)에서는 관찰자가 아동에게 어떻게 접근하는 것이 가장 좋은지를 결정하기 위하여 아동을 보고 듣는다. 얼굴·신체·말 표현과 함께 목소리의 높낮이는 이러한 과정을 위한 단서로 역할한다(Messina, 1999~2004).

2단계: 접근-의사소통 순환의 시작

두 번째 단계인 접근-의사소통 순환의 시작(approach-open circles of communication)에서는 1단계에서 진단한 아동의 기분, 의사소통/행동 스타일 등을 기초로 적당한 말과 몸짓을 사용하여 아동에게 접근한다. 아동의 정서적인 상태를 잘 인식하고 아동의 순간적인 관심을 확장함으로써 의사소통의 순환이 시작된다(Messina, 1999~2004). 이 단계에서는 놀이 대상자가 아동의 관심을 최대화 하기 위하여 "창의적인 방해(creative obstruction)"(예: 아동이 좋아하는 장난감을 손이 닿지 않는 곳으로 치움)를 사용할 수도 있다.

3단계: 아동의 주도 따르기

3단계에서는 아동이 분위기를 형성하고 활동을 주도하고 "개인적인 이야기 만들기(create personal dramas)"를 하게 되며(Messina, 1999~2004), 관찰자나 놀이 대상자는 지원을 제공한다. 놀이 대상자의 이와 같은 지원적 상호작용을 통하여 아동은 "따뜻함과 소속되어 있으며 이해되고 있다"(Messina, 1999~2004) 느낌을 경험하게 되며, 세상에 대한 개인적인 영향력을 알게 되면서 자존감과 자기를 주장하는 능력을 향상시키게 된다(Messina, 1999~2004).

4단계: 놀이 연장 및 확장

놀이 연장 및 확장(extend and expand play) 단계에서는 놀이 대상자가 아동의 놀이와 관련된 격려하는 말을 하게 된다. 이 단계의 가장 중요한 목적은 "창의적인 사고를 자극하고", "정서적인 주제를 분명하게 하도록" 계획된 질문들을 통하여 아동의 생각의 표현을 도와주는 것이다(Messina, 1999~2004).

5단계 : 아동의 의사소통 순환 완성

마지막으로 아동이 자신의 말과 몸짓으로 놀이 대상자의 말과 몸짓을 확장할 때 아동은 의사소통 순환을 완성하게 된다. 아동과의 상호작용은 몇 개의 의사소통 순환이 시작되고 완성되는 과정을 빠른 속도로 진행시킴으로써 아동으로 하여금 양방향 의사소통의 의미를 인식하고 이해하게 만든다(Messina, 1999~2004).

Greenspan 등(1998, pp. 127~129)은 마루놀이 실행을 위한 다음과 같은 몇 가지 지침을 제시하였다.

- 20~30분 동안 아동을 방해하지 않고 할애할 수 있는 시간을 정한다.
- 인내심을 가지고 편안하게 있도록 노력한다.
- 아동의 정서적인 분위기에 감정을 이입한다.
- 자신의 감정을 의식한다(왜냐하면 아동과의 관계에 영향을 미칠 수 있기 때문이다).
- 음성의 높낮이와 몸짓을 조절한다.
- 아동의 주도를 따르며 상호작용한다.
- 아동의 복합적인 발달 수준에 맞춘다.
- 때리거나 방해하거나 해를 입히지 않는다.

보고된 혜택 및 효과

DIR의 철학과 방법을 설명하는 공식적인 문서는 인터넷에서 얻을 수 있다(다음의

저자	N	장소	연령/성별	진단	결과	비고
Greenspan & Wieder(1997)	200	밝히지 않았음	22개월~ 4세, 남자와 여자	ASD	발달 수준과 애정적인 상호작용을 강조하는 개별적인 치료 접근은 ASD 아동을 위하여 특별히 성과를 기대할 수 있음을 포함하는 몇 개의 결과가 제시됨.	연구의 궁극적인 목적이 추후 연구를 위한 가설을 확인하는 것이었음. 연구 접근/방법론적으로 명백한 제한점이 발견됨.

표 참조). 그러나 마루놀이가 효율적인 중재라는 것을 임상적으로 타당화 하는 객관적인 과학적 연구는 거의 없다. 이러한 임상적인 지원 자료가 부족함에도 불구하고 마루놀이는 부모와 전문가들이 제공하는 효율성에 대한 사례적인 증거를 통하여 그 인기를 더하고 있다.

자폐 범주성 장애 아동에 대한 활용 결과

Greenspan 이론의 필수적인 요소는 정서가 행동을 위한 목적을 제공하고 행동을 안내하는 주요 역할을 한다는 개념이다. 이러한 측면에서 볼 때 DIR 관계–중심 치료 접근은 "의도(intent)나 감정(affect)을 동작을 계획하고 연결시키는 능력으로 연계하는 능력"이 부족할 수 있는 자폐 범주성 장애를 지닌 아동들에게 특별하게 중요한 의미를 지닐 수도 있다(Greenspan et al., 1998, p. 117).

마루놀이는 모든 아동과 관련된 접근으로 알려져 있지만 특히 자폐 범주성 장애를 지닌 아동들에게 적합한 것으로 보인다. 그러나 Siegel(1999)은 자폐 범주성 장애를 지닌 아동들은 마루놀이가 의존하는 기본적인 "수용적인 비구어 의사소통, 언어, 및 모방" 기술이 부족할 수 있다고 지적하고 있다. 또한 Siegel(1999)은 마루놀이는 선택을 통하여 효과적인 동기 유발이 가능한 아동들에게 더 큰 혜택을 줄 수 있다고 보고하였다.

중재 실행 자격 및 조건

마루놀이를 사용하는데 요구되는 특별한 자격은 없다. 교사, 치료사, 가족 구성원, 친구 또는 기타 관심 있는 모든 사람들이 이 방법을 실행할 수 있다. Stanley Greenspan, M.D.와 Serena Wieder, Ph.D.의 시범을 포함하는 훈련 비디오(Interdisciplinary Council of Developmental and Learning Disorders, n.d.)가 판매되고 있다.

마루놀이는 언제 어디에서나 사용될 수 있다. 학교에서, 가정에서, 또는 기타 종합적인 치료 프로그램의 한 구성요소로 적절하게 사용될 수 있다. Greenspan 등(1998)은 이 방법과 연관된 여섯 가지 기능적인 발달기술을 습득할 수 있도록 마루놀이를 작업치료, 언어치료, 물리치료와 함께 통합적으로 사용하도록 권장하였다. Greenspan 등(1998)은 특별한 욕구를 지녔거나 특히 심각한 도전을 보이는 많은 아동들을 위해서는 "깨어있는 모든 시간에 마루놀이의 철학을 적용하도록"(p. 129) 주장한다. 이러한 관점에서, Messina(1999~2004)는 아동이 자연적인 상황에서 발생하는 문제들을 해결하도록 도와주기 위하여 마루놀이를 사용할 수 있는 수많은 기회들을 제안하였다. 예를 들어, 일상생활의 일과와 과제들(예: 식사 시간, 목욕 시간, 잠자리에 드는 시간, 이동 시간)은 마루놀이를 위한 기회들을 제공한다(Messina, 1999~2004). 더 나아가서 Greenspan 등(1998)은 특히 심각한 도전을 보이는 아동들을 위해서는 구조화된 마루놀이를 한 번에 20~30분씩 하루 6~10회 실시할 것을 제안하였다.

중재의 잠재적 위험

이 중재와 관련된 분명한 위험이나 알려진 부작용은 없다. 그러나 이 중재의 적절한 실행이 (1) 가족 구성원들이 모두 참여할 것을 권장하고 있으며, (2) 가족의 일상생활의 모든 측면을 포함시키도록 하고 있고, (3) 때로는 학교, 치료실, 사회적 모임에서의 아동과 관련된 다른 사람들을 포함하기 때문에 마루놀이의 실행과 관련된 모든 사람들에게 지원을 제공할 수 있도록 협력적인 노력이 필요하다. 이러한 "팀 접근(team approach)"의 목적은 가족의 정신적 부담을 최소화하고 아동을 중심으로 하는 지원망을 형성하며 관련된 사람들의 노력을 줄이는 것이다(Greenspan et al., 1998).

중재 비용

훈련 비디오와 "물건들"(아동의 흥미를 유발하는 다양한 주제의 자료들과 건설적인 방해를 위한 물건들)을 제외하고는 이 중재를 사용하는데 드는 비용은 없다. 이러한 점에서 마루놀이는 비용-효과적인 중재로 여겨진다. 또한 마루놀이의 철학과 실제는 아동의 일상생활 경험의 모든 측면과 얽혀 있기 때문에 효율적인 중재로 고려된다. 그러나 마루놀이 철학의 실행과 구조화된 회기들은 상당한 정서적인 투자와 시간을 요구한다. 그러므로 마루놀이를 위한 비용은 각 아동과 가족들의 욕구에 따라 달라진다고 할 수 있다. 훈련 비디오인 DIR 모델과 마루놀이 기술들에 대한 ICDL 훈련 비디오테이프(ICDL Training Videotapes on the DIR Model and Floor Time Techniques)(Interdisciplinary Council on Developmental and Learning Disorders, n.d.)의 가격은 585달러이다.

자폐 범주성 장애 아동에 대한 효율성 평가 방법

마루놀이가 지니고 있는 비교적 비개입적이고 온화한 속성으로 인하여 DIR 방법은 다른 교수/행동 방법론을 진단하기 위하여 사용되는 전략들을 포함하는 다양한 방법과 성과 목표에 의하여 평가될 수 있다. 이 책에서는 앞에서 설명한 여섯 가지 발달상의 기술들의 습득과 유지에 대한 자료를 수집하고 분석할 것을 권장한다. 또한 이 중재의 사용과 관련된 아동의 진도를 진단하고 평가하기 위해서는 기능적인 정서 진단 척도(Functional Emotional Assessment Scale: FEAS)와 같은 척도들이 적절한 도구로 사용될 수 있을 것이다.

결론

마루놀이는 방해된 발달이 지속되도록 아동을 도와주기 위하여 고안되었다. Greenspan(1992)에 의하면 헌신적인 양육자의 참여와 즐거움과 의도적인 놀이는 아동으로 하여금 자아감을 발달시키도록 도와준다. 실증적인 자료로 입증되지는 않았지만 부모와 실행자들이 제시하는 증거는 마루놀이가 자폐 범주성 장애를 지닌 어떤 아동들에게는 사용할만한 장점을 지닌 방법임을 보여주고 있다. 중재 방법을 타당화하고 사용자들에게 확신을 주기 위하여 좀 더 많은 연구들이 이루어져야 할 것이다.

평가 결과: 지원 정보가 부족한 실제(Limited Supporting Information for Practice)

참고문헌 및 기타 참고자료

● 참고문헌

Greenspan, S. I. (1992). Reconsidering the diagnosis and treatment of very young children with autistic spectrum or pervasive developmental disorder. *Zero to Three, 13*(2), 1-9.

Greenspan, S. I., & Wieder, S. (1997). Developmental patterns and outcomes in infants and children with disorders in relating and communicating: A chart review of 200 cases of children with autism spectrum diagnoses. *The Journal of Developmental and Learning Disorders, 1*, 87-141.

Greenspan, S. I., & Wieder, S. (2000). A developmental approach to difficulties in relating and communicating in autism spectrum disorders and related syndromes. In A. M. Wetherby & B. M. Prizant (Eds.), *Autism spectrum disorders: A transactional developmental perspective* (pp. 279-303). Baltimore, MD: Paul H. Brookes.

Greenspan, S. I., Wieder, S., & Simons, R. (1998). *The child with special needs: Encouraging intellectual and emotional growth.* Reading, MA: Addison Wesley.

Heflin, L. J., & Simpson, R. L. (1998). Interventions for children and youth with autism: Prudent choices in a world of exaggerated claims and empty promises. Part I: Intervention and treatment option review. *Focus on Autism and Other Developmental Disabilities, 13*(4), 194-211.

Interdisciplinary Council on Developmental and Learning Disorders. (n.d.). *ICDL training videotapes on the DIR model and floor time techniques* [videotape]. Available for order from http://icdl.com/icdlpubs.htm

Messina, J. J. (1999~2004). *Tools for early identification and intervention—0~5 years: The "Greenspan" floor time model.* Retrieved January 21, 2004, from www.coping.org/earlyin/floortm.htm

Siegel, B. (1999). Autistic learning disabilities and individualizing treatment for autistic spectrum disorders. *Infants and Young Children, 12*(2), 27-36.

● 기타 참고자료

Greenspan, S. I., DeGangi, G., & Wieder, S. (n.d.). *The Functional Emotional Assessment Scale (FEAS) for Infancy and Early Childhood: Clinical and Research Applications.* Available for order from http://icdl.com/icdlpubs.htm

Greenspan, S. I., & Wieder, S. (1999). A functional developmental approach to autism spectrum disorders. *Journal of the Association for Persons with Severe Handicaps JASH), 24*(3), 147-161.

Interdisciplinary Council on Developmental and Learning Disorders (ICDL): http://icdl.com

Nelson, D. G. (2003). *Autism and developmental disorders: A developmental approach.* Retrieved January 18, 2004, from www.mindspring.com/~dgn/index.htm

Greenspan, S.I. (4938 Hampden Lane, Suite 229, Bethesda, MD, 20814; 301- 657- 2348) website: www.stanleygreenspan.com

Teaching Children With Autism: www.polyxo.com/floortime/

Tools for Coping with Life's Stressors. (1999-2004). Retrieved January 18, 2004, from www.coping.org

놀이-중심의 전략 PLAY-ORIENTED STRATEGIES

연령/능력 수준

- 대상 연령: 모든 연령
- 대상 진단명 및 관련 특성: 경도에서 중등도까지의 자폐 범주성 장애(ASD), 아스퍼거 증후군, 기타 발달장애

● 대상 능력 수준: 중등도 인지장애부터 평균 이상의 지적 기능

중재 내용

놀이는 모든 문화와 민족과 사회·경제적 지위를 막론하고 보편적이다(Wolfberg, 1999). 실제로 아동들은 폭탄이 떨어져 폐허가 된 사라예보의 거리나 유태인 대학살이 일어나던 시기와 같은 끔찍한 상황에서도 놀이를 통하여 유익을 얻는 것을 볼 수 있다. 따라서 놀이는 아동기의 필수적인 요소로 간주되며 추상적인 성인의 세계를 이해하고 학습할 수 있도록 상상에 참여할 수 있는 기회를 제공한다(Landreth, 1982). 또한 점진적으로 발전하는 놀이 행동은 인지적·언어적·사회적 기술의 발달과 연계된다(Wolfberg, 1999). 그러므로 자폐 범주성 장애를 지닌 아동들에게 나타나는 빈약한 놀이 행동은 중재의 목표가 되어 왔다.

놀이-중심의 중재와 놀이치료는 서로 다르다. 놀이치료(play therapy)는 전통적인 놀이치료방법에 대한 전문적인 훈련을 받은 전문가와 아동 간의 전문화된 치료적 관계를 의미한다(Landreth, 1982). 아동은 자신의 감정과 세상에 대한 지각을 표출할 수 있는 통로로써 자신의 외부 세계의 상징이 되어주는 성인과의 관계 속으로 들어가게 된다(Landreth, 1982).

놀이-중심의 중재(play-based intervention)에서는 치료사가 각 아동에게 맞는 특정 치료 목표를 세우게 된다. 자폐 범주성 장애를 지닌 많은 아동들은 놀이 경험을 상징적 놀이 수준으로 확장하는데 어려움을 지니기 때문에 치료 환경에서 수행되는 전통적인 치료 목표는 이들에게 적절하지 않다(Wolfberg, 1999). 그러므로 놀이-중심의 전략들은 전통적인 놀이치료와는 달리 자폐 범주성 장애를 지닌 아동들에게 사용된다.

많은 놀이-중심 중재들이 가지고 있는 문제를 해결하기 위하여 Wolfberg(1999)는 통합된 놀이 집단(Integrated Play Group)을 개발하였다. 이 모델은 아동이 유능한 또래들의 지원과 격려를 통하여 문화적으로 가치있는 활동에 참여하는 과정인 안내된 참여(guided participation)의 개념을 근거로 한다.

통합된 놀이 집단에서는 자폐를 지닌 아동(미숙한 놀이자)이 사회적으로 유능한 또래(능숙한 놀이자)와 함께 성인(놀이 집단 안내자)의 지원에 따라 놀이 활동에 참여

한다. 이때 목표는 미숙한 놀이자의 사회적 · 상징적 놀이 목록을 확장하는 동안 아동들 사이의 상호 즐거움과 상호작용적인 놀이를 촉진하는 것이다.

Wolfberg(1999)는 놀이의 상징적이고 사회적인 측면, 의사소통적 기능과 수단, 놀이 선호도 평가를 포함하는 놀이 관찰 및 해석을 위한 세부적인 지침을 제시하였다. 통합된 놀이 집단 모델은 어떻게 놀이 환경을 계획해야 하는지에 대한 설명도 제시하고 있다.

보고된 혜택 및 효과

Wolfberg(1999)는 통합된 놀이 집단에 참여한 세 명의 아동들 중 두 명이 진보된 가장놀이에 참여했을 뿐만 아니라 놀이에서 다양한 역할을 수행하는 능력을 습득하였다고 보고하였다. 그녀는 또한 세 아동 모두 각자의 그림에서 어느 정도의 상징적인 표상에 대한 최소한의 습득을 보인 것으로 보고하였다. 더욱이 유지 기간 동안 한 아동은 지원된 또래 관계를 보인 반면에 두 아동은 우정을 갖게 되었으며, 세 아동 중 두 명이 전통적인 게임과 운동에 참여하였다(Wolfberg, 1999). 이와 같은 성과가 보고되었음에도 불구하고 놀이–중심의 접근에 대한 효율성을 지원하는 문헌은 극도로 부족하다는 사실을 인지해야 할 것이다.

자폐 범주성 장애 아동에 대한 활용 결과

자폐 범주성 장애를 지닌 아동들에게 매우 흔한 특성 중 하나는 놀이 및 기타 사회적 교환 활동에 자연스럽게 참여할 수 없다는 것이다. 그러므로 놀이 및 관련 사회적 기술의 발달을 촉진하는 중재는 자폐 범주성 장애를 지닌 학생들에게 반드시 필요하다. 그러나 자폐 범주성 장애를 지닌 아동들에 대한 놀이–중심 전략에 대한 효율성은 밝혀지지 않고 있다.

중재 실행 자격 및 조건

놀이–중심 중재는 가정, 학교, 병원, 및 기타 시설들을 포함하는 다양한 환경에서 실행될 수 있다. 또한 자폐 범주성 장애를 지닌 아동들을 대상으로 하는 기본적인 능

저자	N	장소	연령/성별	진단	결과	비고
Worfberg (1999)	3	자연적인 놀이 상황	9~11세/ 남2, 여1	자폐의 독립적인 진단	지원된 또래 놀이를 통하여 사회적 관계 및 상징 활동이 나타남	질적 조사의 형태와 관련된 문화기술적 사례 연구로 수행되었음

력과 경험이 있으면 다양한 분야의 전문가들이 놀이-중심 전략을 사용할 수 있을 것으로 기대된다.

중재의 잠재적 위험

다른 중재들과 마찬가지로 놀이-중심 중재가 아동의 개별적인 욕구를 다루고 있는지를 확인하기 위하여 중재의 특정 측면의 적절함을 체계적으로 분석해야 한다. 놀이-중심 전략에 대한 효율성이 아직 밝혀지지 않고 있기 때문에 방법에 대한 잦은 점검이 반드시 필요하다.

중재 비용

놀이-중심 전략을 위한 비용은 문헌 구입, 가능한 워크숍, 및 인력 투자 시간으로 제한된다.

자폐 범주성 장애 아동에 대한 효율성 평가 방법

자폐 범주성 장애를 지닌 아동들에게 실행되는 중재들은 교육적 · 행동적 · 사회적 · 정서적 목표와 관련된 개별적인 욕구를 기초로 해야 한다. 이러한 목표를 성취해 나가는 진도는 놀이-중심 전략의 효과를 평가하기 위한 직접적인 관찰을 통하여 점검되어야 한다.

결론

놀이-중심 중재들은 적절한 놀이 행동의 발달이 지체되거나 결함을 보이는 자폐 범주성 장애 분야에서 오랜 역사를 지니고 있다. 그러므로 자폐 범주성 장애를 지닌 아동들에 대한 놀이-중심 전략의 논리적인 역할을 기대해볼 수 있다. 그러나 현재까지는 이러한 방법의 효율성을 지지하는 임상적인 증거 자료가 거의 없는 실정이다.

평가 결과: 성과가 기대되는 실제(Promising Practice)

참고문헌 및 기타 참고자료

● 참고문헌

Landreth, G. L. (1982). *Play therapy*. Springfield, IL: Charles C Thomas.

Wolfberg, P. J. (1999). *Play and imagination in children with autism*. New York: Teachers College Press.

● 기타 참고자료

Jahr, E., Eldevik, S., & Eikeseth, S. (2000). Teaching children with autism to initiate and sustain cooperative play. *Research in Developmental Disabilities, 21*(2), 151-169.

Sweeney, D. S., & Homeyer, L. E. (1999). *Group play therapy*. San Francisco: Jossey-Bass.

Thorp, D. M., Stahmer, A. C., & Schreibman, L. (1995). Effects of sociodramatic play training on children with autism. *Journal of Autism and Developmental Disorders, 25*(3), 265-282.

애완동물/동물치료 PET/ANIMAL THERAPY

연령/능력 수준

- 대상 연령: 모든 연령
- 대상 진단명 및 관련 특성: 경도에서 중도까지의 자폐 범주성 장애(ASD), 아스퍼거 증후군, 기타 발달장애

● 대상 능력 수준: 중도 인지장애부터 평균 이상의 지적 기능

중재 내용

"의사와 과학자들은 오랜 시간 동안 동물들이 인간의 정신과 신체의 균형을 유지하는데 결정적인 역할을 할 수 있다는 사실을 알고 있었다"(Cochrane & Callen, 1992, p. 31). 이러한 점에서 인간에게 치료적인 혜택을 제공하기 위한 목적으로 동물을 사용하는 것에 대한 내용은 수십 년 동안 문헌에서 발견되고 있다. Levinson(1969)에 따르면, 애완동물 치료(pet therapy)라고 불리는 이러한 형태의 치료는 다음과 같은 두 가지 주요 가정을 기초로 이루어진다: (1) "아동이 자신의 수용할 수 없는 감정을 애완동물에게 투사하는 것이 더 쉽다"(p. 67), (2) "껴안기, 사귀기, 무조건적인 수용에 대한 아동의 욕구를 어느 정도 충족시킬 수 있는 애완동물의 재능"(p. 67). 애완동물 치료는 중재의 성격상 치료적인 성격을 띠거나 특정 동물을 돌보는 것과 관련된 기술의 개발을 강조할 수 있다.

Cochrane과 Callen(1992)에 따르면, 다양한 장애를 지닌 아동과의 의사소통은 이들이 고양이, 개, 말, 또는 돌고래와 같은 동물들과 상호작용 하도록 허용했을 때 긍정적인 영향을 받게 된다. 또한 Law와 Scott(1995)는 특히 전반적 발달장애(PDD)와 자폐 범주성 장애(ASD)를 지닌 학생들 뿐만 아니라 모든 학생들을 위한 애완동물 돌보기 프로그램(pet care program)의 혜택을 보고하였다. Law와 Scott(1995)에 따르면, 집에서 애완동물을 키우는 것은 장애 학생들의 동물과의 접촉에 대한 불안함과 두려움을 없애주며, 먹이기, 목욕시키기, 보살피기 등의 양육 일과를 통하여 책임감을 개발시키고, 애완동물을 돌보는 일과 관련된 문제해결력을 향상시킨다. 애완동물 돌보기 프로그램의 성과는 자신감, 수용 및 표현 언어기술, 사회성, 문제해결 기술 등에서의 향상으로 보고되고 있다. 이와 같은 프로그램을 위하여 일반적으로 사용되는 동물은 햄스터, 게르빌루스쥐, 기니 피그, 새, 파충류, 거북이, 물고기, 토끼 등이다(Law & Scott, 1995).

1970년대 이후 돌고래들은 동물 상호작용이 인간 행동에 미치는 영향을 이해하기 위하여 연구 조사의 특별한 대상이 되어 왔다. 대부분의 동물치료 중재들이 돌고래를

포함하기 때문에 이 책에서는 돌고래라는 특정 동물에 초점을 맞추었다. 플로리다 국제 대학(Florida International University)의 교육 인류학자인 Smith는 자폐인에게 돌고래를 사용하는 것에 대한 특별한 관심을 보여 왔다. Smith는 자신의 연구를 통하여 자폐 범주성 장애를 지닌 아동들이 돌고래와의 긍정적인 상호작용을 통하여 불안과 스트레스에서 벗어나게 되며 그렇게 됨으로써 의사소통과 학습을 향상시킬 수 있다고 주장하였다(Cochrane & Callen, 1992). Smith는 이러한 주장을 지지할만한 과학적인 증거가 부족하다는 사실을 인지하고 있으나 그럼에도 불구하고 돌고래가 심오한 방법으로 인간에게 영향을 미친다는 사실에는 동의한다. Smith는 또한 지능과 자발적인 놀이 행동은 돌고래가 보이는 두드러진 특징임을 주장하였으며 돌고래라는 특정 동물의 치료적 가치를 강조하였다(Cochrane & Callen, 1992).

1970년대 후반부터 David Nathanson은 돌고래와 장애 아동에 대하여 연구하기 시작하였다. 돌고래가 보조하는 치료(dolphin-assisted therapy)에서 그가 강조하는 이론은 아동들이 돌고래와 상호작용 하고자 하는 바람 때문에 주의집중을 증가시킬 것이며 결과적으로 인지적 수행을 향상시킨다는 것이다. 돌고래가 보조하는 치료를 통하여 향상된 동기와 자신감은 이 치료가 종합적인 치료 프로그램의 한 부분으로 포함되어 사용될 때 동반 치료들로부터 더 큰 혜택을 경험할 수 있게 해주는 것으로 주장되고 있다. 돌고래가 보조하는 치료 프로그램에 일반적으로 포함되는 치료 목표들은 말과 언어, 운동 기능 협응, 자조기술, 사회적 상호작용, 행동, 눈 맞춤과 관련된 기술들의 향상을 강조한다(Dophin Human Therapy, n.d.).

돌고래가 보조하는 치료가 의도하는 치료적 효과, 특히 생리학적인 효과나 관계에 대한 영향을 설명하기 위하여 몇 가지 이론들이 제시되었다. 한 이론은 돌고래가 수중 음파 탐지기(sonar)와 반향 위치 결정법(echolocation)의 특별한 사용을 통하여 치료적 생리학적 변화를 일으킨다고 주장한다(McKinney, Dustin, & Wolff, 2001). 이러한 이론은 음악치료에서와 마찬가지로 돌고래가 만드는 휘파람 소리와 딸각거리는 소리가 인간의 조직과 세포 구조에 변화를 가져온다고 가정한다. 다른 이론은 인간의 행복을 유도하는 것으로 알려진 돌고래의 타고난 자발성과 행복감, 즐거운 성품이 인간에게 심오한 영향을 미친다고 가정한다(McKinney et al., 2001). 또 다른 이론은 돌고래가 특별히 장애인들의 욕구에 대한 통찰력이 있으며 결과적으로 지원적인 방법으로 이들에게 반응한다고 제안한다(McKinney et al., 2001). 마지막으로 Dobbs(2000)는 돌고래에 의해서 주어지는 무조건적인 사랑과 보호를 이유로 돌고래 치료는 의학적이기보다는 신비한 방법으로 효과가 있는 것으로 제안하였다.

보고된 혜택 및 효과

지금까지 애완동물 치료에 대한 효과와 관련해서 혼합된 결과가 보고되고 있다. 사례 보고에 의하면 이 중재가 몇몇 사람들에게는 효과가 있는 것으로 여겨진다. 특히 돌고래가 보조하는 치료는 스트레스 감소, 우울증 약화, 통증 예방 및 감소, T-세포 생산의 증가, 엔돌핀 방출(그렇게 함으로써 신체의 자연적인 치료 과정을 활성화하고 면역 체계 반응을 강화함)과 같은 몇몇 생리학적이고 심리학적인 건강상의 혜택과 관련이 있는 것으로 알려져 왔다(McKinney et al., 2001).

자폐 범주성 장애 아동에 대한 활용 결과

돌고래가 보조하는 치료(dolphin-assisted therapy)는 몇몇 과학적 조사의 대상이 되어온 것이 사실이지만 그 효율성과 관련된 과학적이거나 임상적인 타당화를 위한 자료는 제시되지 않고 있는 실정이다. 연구의 노력들은 적어도 어떤 자폐 아동들에게 있어서는 돌고래와의 상호작용이 주의집중 및 학습과 관련된 향상된 성과를 가져온 것으로 제안하고 있다(Nathansohn, de Castro, Friend, & McMahon, 1997). 또한 부모와 전문가들로부터의 사례 보고는 돌고래가 보조하는 치료가 실제로 자폐를 지닌 몇몇 아동들에게 효과적임을 보여주고 있다.

중재 실행 자격 및 조건

돌고래가 보조하는 치료는 전문화된 국제적·국가적 환경 치료 시설에서만 가능하다. 중재를 실시하는 사람들과 프로그램은 그 전공 영역과 자격증에 있어서 매우 다양하다. 예를 들어, 돌고래 인간치료(Dolphin Human Therapy)와 같은 프로그램은 훈련받은 자격 있는 치료사와 돌고래 훈련자와 보조 인턴들을 포함하는 초학문적 팀

저자	N	장소	연령/성별	진단	결과	비고
Nathanson & de Faria (1993)	8	돌고래 연구소 (Grassy Key, FL)의 시설	3-8:6세/남 3, 여 5	정신지체(다운 증후군 4, 뇌성마비 3, 뇌손상 1)	대상자들은 좋아하는 장난감을 사용한 것보다 돌고래와의 상호작용을 할 때 위계적인 인지적 반응의 향상을 보임	
Nathanson, de Castro, Friend, & McMahon (1997)	47	Dlophins Plus (Key Largo, FL)	2:3~13:4세/남 27, 여 20	다양한 원인론을 지닌 중도 장애, 자폐 4	돌고래 인간치료 (Dolphin Human Therapy)는 장기간의 전통적인 치료와 비교할 때 더 빠르게 긍정적인 결과를 보였으며 비용 측면에서도 효과적임	Marino & Lilienfeld(1998)는 방법론과 결론에 대하여 의문을 제기함. 결과를 보장할 수 없다고 주장함
Nathanson (1998)	71	1995년과 1996년에 모든 대상자들이 1주 또는 2주의 치료를 받음	원래의 대상자 집단 (N=139)은 20가지 이상의 주요 진단명을 지닌 8개국에서 온 아동들로 구성되었으며 약 2,000 회기의 치료를 제공하였음	다양한 원인론을 지닌 중도 장애	대상자들은 치료 종료 12개월 후에도 치료에서 습득한 기술을 50% 정도 유지하고 향상시켰음. 세 가지 원인론의 서로 다른 기능에 따른 장기 효과의 차이는 없었음(유전, 뇌손상, 원인 불명). 2주간의 치료가 1주간의 치료보다 더 나은 장기적인 결과를 가져왔음	Marino & Lilienfeld(1998)는 방법론과 결론에 대하여 의문을 제기함. 결과를 보장할 수 없다고 주장함.

에 의해서 치료를 제공한다(Nathanson, 1998).

치료 형태는 프로그램 및 개인의 목표에 따라 다양하다. 어떤 프로그램은 여가 프로그램으로 개발되는 반면에 다른 프로그램들은 종합적인 치료 계획의 한 부분으로 개발되기도 한다. 그러므로 어떤 프로그램들은 매일 수영하는 스케줄을 포함시키기도 하고, 또 다른 프로그램들은 수 주간에 걸친 좀 더 집중적인 과정을 운영하기도 한다. 다음의 표는 자폐나 기타 장애를 지닌 아동들에게 돌고래가 보조하는 치료를 제공하는 미국의 세 가지 프로그램들을 소개하고 있다.

프로그램/장소	치료 형태	일반적인	결과	비고
Full Circle Programs Clearwater Marine Aquarium (Clearwater, FL)	수영장/보트	프로그램에 따라 다양함	시간당 100달러, 지원금 가능	www.cmaquarium.org
Dolphin Human Therapy Dolphin Cove (Key Largo, FL)	부두와 물속	2~4주간 월~금요일까지 하루에 1회	알려지지 않았음	www.dolphinhumant-herapy.com
Island Dolphin Care, Inc. Dolphins Plus (Key Largo, FL)	물속과 교실 활동. 매일 수영 프로그램 (자유 수영, 구조화된 수영)	프로그램에 따라 다양함	프로그램의 형태에 따라 1인당 100~220달러, 제한적인 지원금 가능	www. islanddolphincare.org

중재의 잠재적 위험

깊은 물 가까이 또는 물속에서 하는 활동이기 때문에 동반되는 일반적인 위험 이상의 위험 요소들은 알려진 바 없다. 이러한 이유로 인해서 물속에서 하는 활동을 포함하는 많은 돌고래 치료 프로그램들은 프로그램에 참여하기 전에 선수기술로 도구를 사용하지 않고 깊은 물에서 편안하게 수영할 수 있는 기술을 지니도록 요구한다. 어떤 프로그램들은 참여자들에게 자신의 수영 실력이나 경험과는 상관없이 물에 뜨는 것을 도와주는 도구나 복장을 착용하도록 요구한다. 모든 프로그램들이 참여하는 아동들에게 물속으로 들어가게 하지는 않는다.

인간치료의 목적으로 돌고래를 사용하는 것에 대한 윤리적인 문제는 아직까지 이 중재가 상반된 논쟁의 대상이 되게 하고 있다. 그러나 돌고래 인간치료(Dolphin Human Therapy)와 같은 많은 프로그램들은 돌고래와의 접촉 시간을 감소시키고 치료나 연구의 목적으로 돌고래를 생포하기보다는 그렇게 태어난 돌고래를 사용하며, 자연적인 바다 환경을 사용하도록 하는 등의 지침들을 개발하였다.

중재 비용

돌고래 치료는 비용이 많이 드는 중재이다. 일반적으로 치료 프로그램의 성격에 따라 회기당 100달러에서 200달러까지 든다. 프로그램에 따라서는 지원금이 제공되기도 한다. 치료 장소까지 찾아 가기 위해서도 비용이 소모된다. 또한 부모와 가족들은 치료 상황의 빠져서는 안 될 요소로 고려되기 때문에 이들의 참여를 위한 추가 비용이 든다.

자폐 범주성 장애 아동에 대한 효율성 평가 방법

돌고래가 보조하는 치료와 관련된 치료 효과의 평가를 위해서는 사회적 상호작용, 의사소통, 및 관련 성과에 대하여 반드시 측정해야 한다. 더 나아가서는 이 중재와 관련된 높은 비용과 임상적인 지원 자료의 부족을 고려하여 자폐를 지닌 아동들을 위한 종합적인 치료의 한 구성요소로 선택할 때에는 신중해야 한다. 이 책에서는 "이러한 치료 프로그램은 전통적인 치료를 대체하는 것이 아니라 보완하는 기능을 한다"(Nathanson, 1998, p. 30)는 표현에 동의한다. 마지막으로, 이 책에서는 돌고래가 보조하는 치료는 어떤 아동에게도 단독 치료 방법으로 사용되어서는 안 된다는 사실을 강력하게 주장하고자 한다.

결론

자폐를 지닌 아동의 의사소통과 학습 행동이 향상되었다는 결론에 연계할 수 있는 과학적인 증거가 부족함에도 불구하고 애완동물과 돌고래가 보조하는 치료는 계속해서 사용될 것이다. 그러므로 자폐를 지닌 아동들에게 어느 정도 효과적인 중재인지를 알 수 있도록 더 많은 연구들이 이루어져야 한다.

평가 결과: 지원 정보가 부족한 실제(Limited Supporting Information for Practice)

참문헌 및 기타 참고자료

● 참고문헌

Cochrane, A., & Callen, K. (1992). *Dolphins and their power to heal*. Rochester,

VT: Healing Arts Press.

Dobbs, H. (2000). *Dolphin heahng*. London: Judy Piatkus (Publishers) Limited. Dolphin Human Therapy (DHT), Inc. (n.d.). *What is dolphin human therapy?* Retrieved January 18, 2004, from www.dolphinhumantherapy.com (under "About Us")

Law, S., & Scott, S. (1995). Pet care: A vehicle for learning. *Focus on Autistic Behavior, 10*(2), 17-18.

Levinson, B. M. (1969). *Pet-oriented child psychotherapy*. Springfield, IL: Charles C Thomas.

Marino, L., & Lilienfeld, S. O. (1998). Dolphin-assisted therapy: Flawed data, flawed conclusions. *Anthrozoos, 11*(4), 194-200.

McKinney, A., Dustin, D., & Wolff, R. (2001). The promise of dolphin-assisted therapy. *Parks and Recreation, 36*(5), 46-50.

Nathanson, D. E. (1998). Long-term effectiveness of dolphin-assisted therapy for children with severe disabilities. *Anthrozoos, 11*(1), 22-32.

Nathanson, D. E., de Castro, D., Frierid, H., & McMahon, M. (1997). Effectiveness of short-term dolphin-assisted therapy for children with severe disabilities. *Anthrozoos, 10*(2/3), 90-100.

Nathanson, D. E., & de Faria, S. (1993). Cognitive improvement of children in water with and without dolphins. *Anthrozoos, 6*(1), 17-29.

● 기타 참고자료

AquaThought Foundation: www.aquathought.com

Clearwater Marine Aquarium (Full Circle Programs): www.cmaquarium.org

Dolphin Human Therapy (DHT), Inc.: www.dolphinhumantherapy.com

Dolphin Research Center: www.dolphins.org

Dolphins Plus: www.dolphinsplus.com

International Dolphin Watch: www.idw.org

Island Dolphin Care, Inc.: www.islanddolphincare.org

관계 개발 중재 RELATIONSHIP DEVELOPMENT INTERVENTION(RDI)

연령/능력 수준

- 대상 연령: 유치원부터 청소년
- 대상 진단명 및 관련 특성: 경도에서 중등도까지의 자폐 범주성 장애(ASD), 아스퍼거 증후군, 기타 발달장애
- 대상 능력 수준: 중등도 인지장애부터 평균 이상의 지적 기능

중재 내용

관계 개발 중재(RDI) 프로그램의 초점은 자폐 범주성 장애를 지닌 사람들 간의 상호 인간적인 관계와 관련된 기술들을 가르치거나 향상시키는 것이다. 자폐를 지닌 사람들이 많이 경험하는 관계에 있어서의 어려움을 향상시키는 목적으로 RDI 모델을 개발하기 위하여 장애가 없는 사람들 간의 관계와 자폐 관련 장애를 지닌 사람들 간의 유사점과 차이점을 분석하였다. 이것은 정상적인 발달을 보이는 아동들이 다른 사람들과 상호교환적인 정서적 관계에 능숙하게 참여하는데 사용하는 기술들을 분석한 것으로, 이러한 분석을 통하여 사회적 결함을 확인하고 이에 따른 사회적 목표 활동 및 관련 중재를 사회적 관계 향상을 위하여 사용한다. RDI는 자폐 범주성 장애를 지닌 사람들에게 사용하기에 적절한 프로그램으로 설명되고 있다. Gutstein과 Sheely(2002)는 RDI가 2세 이후의 아동들에게 적절하며 "아스퍼거 증후군, 전반적 발달장애(PDD), 자폐 및 비구어 학습장애(NLD) 모두를 위해 고안된"(p. 17) 중재로 설명하였다.

사회적으로 유능한 사람들의 질적 구성요소로 간주되며 그렇기 때문에 자폐 관련 장애를 지닌 사람들에게 반드시 교수해야 하는 사회적 기술들은 다음과 같이 정의된다.

- 즐거움(enjoyment)—사귀는 것에 대한 관심 및 긍정적인 우정과 관련된 감정의 표현
- 참고하기(referencing)—친구 및 사회적으로 아는 사람들의 활동과 생각은 개인

의 행동을 위한 참고 자료로 사용됨

- 사회적 상호성(social reciprocity)-다른 사람과의 주고받는 관계 유지
- 수정(repair)-갈등 조절
- 즉흥성 및 함께 만들기(improvisation and cocreation)-지각과 경험의 창의적인 나눔
- 함께 가기(we-go)-집단의 중요성에 대한 의식
- 사회적 기억(social memories)-좋아하는 경험과 공유하는 사건들에 대한 기억
- 유지(maintenance)-보상과 관계없이 관계에 자발적으로 참여하고자 하는 의지
- 결연(alliance)-다른 사람과의 관계에 있어서 관계 정직성 및 성실성의 유지
- 수용(acceptance)-개인의 강점 및 약점과 기타 독특한 개인적인 특성에 대한 수용

위에서 서술한 기술 영역들은 수준-중심 및 기술-중심의 교육과정에서 중재의 목표로 사용되는 것들이다. 이 교육과정의 여섯 단계-초보자(novice), 견습생(apprentice), 도전자(challenger), 여행자(voyager), 탐험자(explorer), 동반자(partner)-는 각각 자폐 관련 장애를 지닌 사람들의 발달상 또는 관련 욕구에 따른 네 단계로 구성되어 있다.

보고된 혜택 및 효과

RDI의 모델 및 관련 활동들을 설명하고 구성하기 위하여 비공식적인 사례 보고 문헌들이 사용되었다. 이 모델은 또한 자폐 범주성 장애를 지닌 사람들의 사회적 능력 및 장애와 관련된 실증적인 문헌들로부터 자료를 채택하였다. 그러나 RDI의 효율성을 지지하기 위한 객관적이고 실증적인 과학적 연구가 부족한 실정이다. RDI에 의한 사회적 변화에 대한 긍정적인 사례 보고들은 웹사이트 www.connectionscenter.com에서 참고할 수 있다.

자폐 범주성 장애 아동에 대한 활용 결과

RDI 프로그램은 이론적으로 사회적 상호작용 결함과 관계의 어려움을 자폐 관련

장애의 두드러진 특성으로 간주한다. 이 방법은 자폐 범주성 장애를 지닌 사람들의 사회적 기술과 사회적 상호작용 결함을 분석하는 것에 초점을 맞춘다. 중재 프로그램을 개발하는 사람들은 RDI 진단 및 계획을 위한 도구인 관계 개발 진단(Relationship Development Assessment: RDA)을 적용함으로써 두 권의 RDI 활동 지침서를 사용하여 발달에 적합한 개별화된 관계 개발 프로그램을 계획할 수 있다.

중재 실행 지격 및 조건

Gutstein과 Sheely(2002)에 의하며, RDI의 많은 구성요소들은 부모와 자폐 범주성 교사와 치료사들뿐만 아니라 부모나 자폐 범주성 장애를 지닌 청소년 및 성인들에 의해서도 적용될 수 있다. 실제로 RDI 활동들은 다양한 장소에서 자폐 범주성 장애를 지닌 사람들과 관련된 다양한 사람들에 의하여 사용될 수 있다. 또한 RDI 프로그램에서 식별된 많은 목표들과 그에 따른 중재 활동들은 학생의 개별화된 교육 계획으로 병합될 수 있다.

RDI 프로그램의 좀 더 진보된 구성요소들은 RDI 모델을 사용하도록 훈련받은 관계 코치(relationship coach)의 지원을 필요로 한다. RDI 웹사이트(www.connectionscenter. com)를 통하여 RDI 접근법을 훈련받고 RDA 진단 측정의 사용 기술을 지닌 임상가들을 채용할 수도 있다.

중재의 잠재적 위험

RDI 프로그램 사용과 관련해서 분명하게 드러나는 위험이나 부작용은 없다. 그러나 부모, 가족 구성원, 자폐인, 전문가들의 협력적인 노력이 필요할 것으로 여겨진다. 또한 RDI 방법의 전문 훈련을 받은 훈련된 코치나 임상가들을 확보하도록 권장되고 있다.

중재 비용

RDI 프로그램 사용과 관련된 비용은 훈련 자료 및 진단 도구, 훈련 워크숍, RDI 프로그램의 사용과 관련된 비디오테이프, RDI 임상가 및 관계 코치 등에 드는 비용을 포함한다. 이러한 비용에 대한 정보는 RDI 웹사이트(www.connectionscenter.com)에 구체적으로 제시되어 있다.

자폐 범주성 장애 아동에 대한 효율성 평가 방법

RDI는 사회적 기능과 사회적 관계를 강화하기 위하여 고안되었기 때문에 평가 목표도 개인의 사회적 수행과 연결되어야 한다. 이러한 점에서 Gutstein과 Sheely(2002)는 "당신은 이 프로그램을 실행할 때 중요한 변화를 인지하게 될 것이다. 당신이 함께 일하는 사람은 함께 있는 것이 더욱 즐거운 사람으로 변할 것이며, 그는 더 많이 미소 짓고 웃게 될 것이다. 그는 또한 다른 사람들을 의미있는 방법으로 쳐다보는데 더 많은 시간을 보내게 될 것이다"(p. 16)라고 기록하였다. Gutstein과 Sheely는 또한 RDI 프로그램 사용자들은 향상된 의사소통과 유머, 더 나은 또래 수용, 향상된 협력, 관련된 사회적 진보를 기대해야 한다고 하였다. 이러한 주장과 관련해서 이 책에서는 RDI 프로그램의 사용 가능성과 효율성을 판단하기 위하여 이러한 기술들 및 관련 사회적 목표들을 프로그램의 성과로 평가할 것을 권장한다.

결론

RDI는 자폐 범주성 장애를 지닌 사람들이 사회적 기능을 향상시킬 수 있도록 도와주기 위하여 고안되었다. 자폐 범주성 장애가 사회적 상호작용 및 사회적 동기 결함을 주요 특성으로 지니는 장애라는 사실에는 의문의 여지가 없다. 그러므로 RDI는 자폐와 관련된 중요한 영역을 다루고 있다고 할 수 있다. 그러나 RDI 접근이 지니는 안면 타당도(face validity)에도 불구하고 프로그램을 지지해주는 과학적인 증거가 없는 실정이며, RDI가 다른 사회적 상호작용 및 사회적 지원 프로그램보다 더 효과적이라는 증거도 부족하다. 그러므로 이 방법에 대한 타당도 및 과학적인 지지를 위한 많은 노력이 필요하다.

평가 결과: 지원 정보가 부족한 실제(Limited Supporting Information for Practice)

참고문헌 및 기타 참고자료

● 참고문헌

Gutstein, S. E., & Sheely, R. K. (2002). *Relationship development intervention with children, adolescents and adults.* London : Jessica Kingsley.

● 기타 참고자료

Gutstein, S. E. (2002). *Autism/Asperger's: Solving the relationship puzzle. A new developmental program that opens the door to lifelong social and emotional growth.* London: Jessica Kingsley.

Gutstein, S. E., & Sheely, R. K. (2002). *Relationship development intervention with young children: Social and emotional development activities for Asperger synd-rome, autism, and PDD and NLD.* London: Jessica Kingsley.

Gutstein, S. E., & Whitney, T. (2002). Asperger syndrome and the development of social competence. *Focus on Autism and Other Developmental Disabilities, 17*(3), 161-171. RDI Connect: www.connectionscenter.com

제2장

Skill-Based Interventions and Treatments

기술-중심의 중재 및 치료

기술-중심의 중재 및 치료 프로그램은 학교와 기타 교육 현장에서 가장 많이 사용되는 방법들이다. 이 방법들은 중재를 개발하고 사용하고 지원하는 의도 자체가 사람들 간의 관계나 유대를 촉진하기보다는 특정 기술을 기능적으로 사용하게 하기 위한 것이라는 점에서 1장에서 설명한 인간관계 중심의 접근과는 다르다. 그러므로 기술-중심의 중재 및 치료 방법들은 자폐 범주성 장애를 지닌 아동의 욕구와 관련된 특정 영역의 수행을 직접적으로 진단하고 그 영역의 기능을 향상시키기 위하여 교수해야 할 특정 목표 기술을 선정하게 된다.

그림 교환 의사소통 체계 PICTURE EXCHANGE COMMUNICATION SYSTEM(PECS)

연령/능력 수준

- 대상 연령: 유치원부터 성인까지
- 대상 진단명 및 관련 특성: 경도에서 중도까지의 자폐 범주성 장애(ASD)

● 대상 능력 수준: 모든 수준의 지적 기능, 비구어 아동이나 말과 의사소통 기술이 부족한 아동

중재 내용

그림 교환 의사소통 체계(PECS)는 표현언어가 부족한 자폐 범주성 장애나 기타 장애를 지닌 아동들을 위하여 고안된 보완 의사소통 프로그램이다(Frost & Bondy, 1994). 이 프로그램은 학생들이 원하는 사물을 얻기 위하여 사물 그림을 교환하도록 교수한다. 훈련은 각 학생들이 선호하는 강화물을 진단하는 것으로 시작되는데, 이때 각 아동의 강화 선호도를 결정하기 위하여 몇 가지 조합된 물건들이 각각의 아동들에게 반복적으로 제공된다. 아동의 선호도는 시간이 지남에 따라 변할 수 있기 때문에 강화물 진단은 훈련이 끝날 때까지 계속해서 반복된다. 첫 번째 단계에서는 두 훈련자가 한 아동을 대상으로 아동이 원하는 물건을 사방 2인치 크기로 만들어진 선 그림과 바꾸도록 기본적인 교환을 가르친다. 이때 한 훈련자는 아동이 좋아하는 물건을 들고 의사소통 대상자의 역할을 한다. 다른 훈련자는 아동의 옆이나 뒤에 앉아 아동이 그림을 선택해서 대상자에게 내밀고 그 손에 놓도록 신체적인 촉진을 제공한다. 아동이 그림을 선택한 즉시 의사소통 대상자는 그림에 나타난 단어를 말하면서 아동에게 강화물을 제공한다. 촉진자는 아동이 독립적으로 그림을 교환할 수 있게 되면 즉시 촉진을 소거한다. 이 프로그램은 아동의 학습 과정을 설명하는 다음과 같은 단계에 따라 진행된다.

● 1단계: 다양한 그림으로 기본적인 교환을 수행한다.
● 2단계: 성인이나 또래의 관심을 얻고 거리를 조절하기 위하여 지속적으로 연습한다.
● 3단계: 다양한 그림들을 식별한다.
● 4단계: 그림을 이용하여 문장을 만든다.
● 5단계: 그림을 이용하여 질문에 대답한다.
● 6단계: 이전에 습득한 상호작용을 확장한다.

보고된 혜택 및 효과

그림 교환 의사소통 체계(PECS)의 효과를 입증하는 학술 연구 논문은 거의 출간되지 않고 있는 실정이다. Bondy와 Frost(1994)는 자폐 아동을 위한 프로그램에서 그림 교환 의사소통 체계를 사용한 5세 이하의 85명 아동에 대하여 보고한 바 있는데, 이들 중 95% 이상이 적어도 두 개 이상의 그림을 교환할 수 있게 되었으며, 76%는 그림 교환 의사소통 체계와 함께 또는 단독으로 말을 사용하기 시작하였다. Schwartz, Garfinkle, Bauer(1988)은 두 개의 연구 결과를 발표하였다. 첫 번째 연구에서는 대학 부설 통합 유치원의 31명의 아동들에게 그림 교환 의사소통 체계를 이용하여 의사소통하는 방법을 교수하였다. 이들 중 16명이 자폐 범주성 장애를 지닌 아동들이었으며, 나머지 아동들은 다운 증후군, 엔젤맨 증후군, 또는 발달지체로 진단된 아동들이었다. 그림 교환 의사소통 체계를 사용한지 평균 14개월 내에 아동들은 3~28개월 수준의 기능적인 의사소통 수단을 지니게 되었다. 두 번째 연구에서는 자폐 범주성 장애, 다운 증후군, 정신지체, 뇌질환, 발달지체를 지닌 18명의 아동들을 대상으로 하였다. 이들 중 44%는 말의 발달을 보였으며, 모든 아동들이 기능적인 의사소통 기술을 시간과 환경에 대하여 일반화하였다. Bondy와 Peterson(1990)은 자폐 아동을 위한 프로그램에 다니는 5세 이하의 아동 66명 중 59%가 1년간 그림 교환 의사소통 체계를 사용한 후 주요 의사소통 수단으로 말을 사용하게 되었다고 보고하였다. 가장 최근에는 Carlop-Christy, Carpenter, Le, LeBlanc, Kettet(2002)가 자폐를 지닌 3~12세의 세 명의 소년들에게 그림 교환 의사소통 체계를 훈련한 결과를 발표하였다. 세 아동 모두 급속하게 그림 교환 의사소통 체계를 습득하였으며 자발어 및 모방어 사용 빈도, 또래 상호작용 중에 사용하는 단어의 수, 문제 행동, 놀이 및 교수활동 중의 사회적 상호작용(예: 눈 맞춤, 공동 관심, 장난감 가지고 놀기)에서 향상을 보였다. 마지막으로, Ganz와 Simpson(출판중)은 그림 교환 의사소통 체계 훈련(1~4단계)이 세 명의 자폐 및 기타 유사한 특성을 지닌 어린 아동들로 하여금 의사소통 체계를 신속하게 습득할 수 있도록 하였으며 교환을 위한 산출 단어의 수를 증가시키고(예: 0~1단어에서 3~5단어로 증가), 사용 어구의 복잡성을 증가시킨 것으로 보고하였다.

저자	N	장소	연령/성별	진단	결과	비고
Schwartz, Garfrinkle, & Bauer (1998)	31	대학 부설 통합 유치원	3~6세/ 남 22, 여 9	16명-자폐 및 비전형성 전반적 발달장애, 나머지-다운 증후군, 엔젤맨 증후군, 발달지체	PECS를 시작한지 평균 14개월 내에 기능적 의사소통 수단을 갖기 시작함(3~28개월 수준)	평균과 범위만 보고하였음. 기타 통계 분석 결과는 보고하지 않았음
Schwartz, Garfinkle, & Bauer (1998)	18	대학 부설 통합 유치원	3:3~6:4세/ 남15, 여3	자폐, 다운 증후군, 정신지체, 뇌질환, 발달지체	44%는 말을 발달시킴, 모든 대상자는 기능적 의사소통 기술의 시간 및 장소 일반화를 보임	평균과 범위만 보고하였음. 기타 통계 분석 결과는 보고하지 않았음
Bondy & Frost (1994)	85	자폐 아동을 위한 주 전체 프로그램	5세 이하	자폐	95% 이상이 최소한 2개 이상의 그림 교환을 학습함. 76%는 PECS로 보완하거나 보완하지 않은 말을 사용함	평균과 범위만 보고하였음. 기타 통계 분석 결과는 보고하지 않았음
Bondy & Peterson (1990)	66	자폐 아동을 위한 주 전체 프로그램	5세 이하	자폐	모든 대상자들이 연구 시작 전에 1년간 PECS를 사용함. 59%는 1년 이상 PECS를 사용한 후에 말만 사용하게 됨	자폐 범주성 장애 아동만을 위한 프로그램에서 자료를 보고함
Helsinger (2001)	3	그룹홈	37~44세/ 모두 남자	자폐, 정신지체	모두 3단계 이전에 기술을 습득함. 의사소통을 위하여 3년 이상 PECS를 사용함. 한 명의 대상자만 6단계까지 완료함. 한 명의 대상자만 PECS 사용 중 음성 사용을 시작함	학회에서 발표되었으나 논문으로 출간되지는 않았음
Schwartz (2001)	3	대학 부설 통합 유치원	3~6세/ 남 2, 여 1	자폐 (n=2), 다운 증후군 (n=1)	평균 2개월 내에 1단계 습득, 평균 14개월 내에 4단계를 습득하고 또래들에게 사용함	학회에서 발표되었으나 논문으로 출간되지는 않았음
Charlop-Christy (2001)	2	치료실	5:1~5:2세/ 남 1, 여 1	자폐	모든 대상자들이 150~300분만에 PECS의 6단계를 80% 수준으로 습득함. 한 대상자에게서 PECS와 기능적 의사소통 훈련 중 방해행동(공격행	학회에서 발표되었으나 논문으로 출간되지는 않았음

〈계속〉

저자	N	장소	연령/성별	진단	결과	비고
					동, 성질부리기, 자해 행동)이 감소함	
Charlop-Christy, Carpenter, Le, LeBlanc, & Kellet (2002)	3	치료실 및 자유놀이	3~12세/ 모두 남자	자폐	PECS 습득 속도 및 문제행동과 사회 의사소통 기술의 향상에 있어서의 긍정적인 영향, 자발어 및 모방의 증가	PECS 훈련의 결과로 말의 향상을 입증한 극소수의 실험 연구 중 하나임
Ganz & Simpson (in press)	3	일반교육 및 특수교육 학급	3~7세/ 남 2, 여 1	자폐, 발달지체, 말 언어 손상	1~4단계에서 신속하게 PECS 습득, 그림 교환 시 0~1단어에서 3~4단어로 구어 증가, 말의 길이와 복잡성이 증가함	PECS 훈련의 결과로 말의 향상을 입증한 극소수의 연구 중 하나임

자폐 범주성 장애 아동에 대한 활용 결과

그림 교환 의사소통 체계(PECS)는 자폐 범주성 장애 아동들의 특별한 의사소통적 필요와 관련해서 개발되었다. 자폐 범주성 장애를 지닌 아동들의 한 가지 공통적인 특성은 자신의 필요나 욕구를 충족시키기 위한 사회적 도구로 기능적인 의사소통을 습득하지 못한다는 것이다. PECS는 이러한 아동들에게 요구하기 기능을 충족시키는 사회적 시작 행동을 가르침으로써 이들의 독특한 의사소통적 필요를 다룬다(Bondy & Frost, 1998). PECS는 의사소통을 위한 궁극적인 목표로 말을 사용하도록 개발된 것이 아니다. 그러나 몇몇 보고에 의하면 PECS 훈련이 진행되는 과정에서 언어의 발달이 나타나기도 하였다.

자폐 범주성 장애를 지닌 아동은 일반적으로 사회적 강화에 반응하지 않는다. 그러므로 PECS는 구체적인 강화물을 요구하는 것부터 가르친다. 또한 PECS는 촉진 의존성을 조장할 수도 있는 질문에 대답하거나 촉진에 반응하게 하는 대신 다른 사람들과의 접촉을 시작하도록 가르친다. PECS의 가장 큰 혜택은 자발적인 의사소통적 상호작용 비율을 증가시킨다는 것이다.

의사소통 체계와 관련된 가장 큰 우려는 "준비 자세 취하기", "운동 모방", "눈 맞춤"과 같은 선수기술들이 필요하다는 것이다. 자폐 범주성 장애를 지닌 많은 아동들은 의사소통 훈련이 시작되기 전에 이러한 기술부터 배워야 한다. 그러나 PECS는 이와는 달리 이러한 선수기술들을 요구하지 않는다.

중재 실행 자격 및 방법

PECS 훈련 프로그램의 개발자인 Bondy와 Frost(1994)는 피라미드 교육 상담회사(Pyramid Educational Consultants, Inc.)를 통하여 PECS에 대한 훈련을 제시하였다. 이것은 부모와 전문가를 위한 2일 연수 프로그램으로 쉽게 참여할 수 있다. 자폐 범주성 장애를 지닌 아동들을 대상으로 하는 교육자와 가족 및 기타 전문가들을 위하여 PECS 지침서가 개발되어 있으며, 특별한 훈련이나 교육적 배경을 필요로 하지는 않는다. 자폐 범주성 장애를 지닌 아동을 위한 PECS의 사용은 학급, 가정, 또는 지역사회에서 모두 가능하다. 진행되고 있는 기능적인 일과와 활동(예: 식사, 세수 양치) 중에 병합해서 사용하는 것이 이상적이다.

중재의 잠재적 위험

그림 교환 의사소통 체계의 사용과 관련된 아동이나 그 가족들에 대한 잠재적인 위험은 보고된 바 없다.

중재 비용

2일 연수 프로그램의 비용은 전문가는 약 350달러, 부모는 약 220달러이다. 1일 후속 프로그램은 전문가 140달러, 부모 110달러에 제공되고 있다. 훈련 외에도 많은 자료들을 구입하거나 제작해야 한다. 자료들은 피라미드 교육 상담회사(Pyramid Educational Consultants, Inc.)로부터 구입할 수 있다(www.pyramidproducts.com에서 온라인 구입 가능). PECS 지침서는 연수 프로그램에 참여하는 사람들에게 추가 비용 없이 제공되며, 구입하는 경우에는 45달러가 소요된다. 의사소통 노트북은 약 30달러 정도이며, 그림 세트는 약 35달러 정도이다.

PECS는 구입 비용 외에도 부모와 교사들의 시간을 많이 필요로 한다. 훈련은 최소한 하루 30회 정도의 회기를 요구한다(Frost & Bond, 1994). 이러한 훈련은 하루에 15~60분 정도가 소모된다. 이상적으로는 하루의 모든 일과 중에 병합하여 훈련하는 것이 좋으며, 이렇게 함으로써 다른 과제 수행을 위한 시간을 빼앗지 않아도 된다. PECS는 또한 1단계와 2단계 훈련 시 두 명의 훈련자가 한 아동을 대상으로 함께 일해야 한다(Frost & Bondy, 1994).

자폐 범주성 장애 아동에 대한 효율성 평가 방법

PECS 지침서에 따르면 자료수집이 권장된다. Frost와 Bondy(1994)는 아동이 80% 이상의 성취도(예: 시도한 회기의 80% 이상에서 독립적인 교환을 보임)를 보일 때까지 각 단계의 훈련을 계속하도록 권장하였다. 최소한 연속 3일 동안 80%의 성취를 보인 후 다음 단계로 넘어간다. Frost와 Bondy(1994)는 PECS의 여섯 단계 각각에 대한 자료수집 용지를 제시하였다.

부모와 전문가들은 음성 합성 장치나 구어만을 사용하기 위하여 PECS의 사용을 중단해야 하는 적절한 시기가 언제인지 알기를 원하곤 한다. Frost와 Bondy(1994)는 아동이 PECS를 습득하고 자신의 요구를 전달하기 위하여 다른 사람들에게 자발적이고 성공적으로 접근할 수 있게 된 후에 가리키거나 음성 산출 의사소통 도구를 사용하는 것이 적절하다고 제안하고 있다. 이들은 또한 아동에게 말을 강요하지 않도록 권장하였다. 그러나 실제로 아동들은 종종 4단계에서 단어나 어절을 말하기 시작한다고 하였다.

결론

PECS는 유치원과 초등학교에서 널리 사용되는 방법이다. 그러나 학술적이거나 임상적인 지원 자료가 거의 없는 실정이다. 그러므로 어떤 사람들에게 가장 적합한 프로그램인지 결정하기가 어렵다. 그럼에도 불구하고, 약간의 제한된 논문들과 출판되지 않은 보고들, 사례 보고들은 이 방법이 자폐를 지닌 유아들에게 성공적으로 사용되고 있음을 보여주고 있다. 이 책에서는 PECS를 사용하는 현장 전문가들은 개별 학생들을 위한 PECS의 유용성을 결정하기 위하여 각 학생들의 진도에 대한 자료를 수집할 것을 권장한다. 또한 앞으로 더 많은 연구들이 수행되어야 하며, 권위 있는 학술지에 출간되어야 할 것이다.

평가 결과: 성과가 기대되는 실제(Promising Practice)

참고문헌 및 기타 참고자료

● 참고문헌

Bondy, A. S., & Frost, L. A. (1994). The Picture Exchange Communication System. *Focus on Autistic Behavior, 9*(3), 1-19.

Bondy, A. S., & Frost, L. A. (1998). The Picture Exchange Communication System. *Seminars in Speech and Language, 19*(4), 373-389.

Bondy, A. S., & Peterson, S. (1990). *The point is not to point: Picture Exchange Communication System with young students with autism.* Paper presented at the annual meeting of the Association for Behavior Analysis, Nashville, TN.

Charlop-Christy, M. H. (2001). *Using PECS as functional communication training: Like water for chocolate.* Paper presented at the Picture Exchange Communication System Exposition, Philadelphia, PA.

Charlop-Christy, M. H., Carpenter, M., Le, L., LeBlanc, L. A., & Kellet, K. (2002). Using the Picture Exchange Communication System(PECS) with children withautism: Assessment of PECS acquisition, speech, social-communicative behavior, and problem behavior. *Journal of Applied Behavior Analysis, 35*(3), 213-231.

Frost, L. A., & Bondy, A. S. (1994). *The Picture Exchange Communication System training manual.* Cherry Hill, NJ: Pyramid Educational Consultants, Inc.

Ganz, J. B., & Simpson, R. L. (in press). Effects on communicative requesting and speech development of the Picture Exchange Communication System in children with characteristics of autism. *Journal of Autism and Developmental*

Disorders.

Helsinger, S. (2001). *Teaching the Picture Exchange Communication System to adults with pervasive developmental disorder/autism.* Paper presented at the Picture Exchange Communication System Exposition, Philadelphia, PA.

Schwartz, I. S. (2001). *Beyond basic training: PECS use with peers and at home.* Paper presented at the Picture Exchange Communication System Exposition, Philadelphia, PA.

Schwartz, I. S., Garfinkle, A. N., & Bauer, J. (1998). The Picture Exchange Communication System: Communicative outcomes for young children with disabilities. *Topics in Early Childhood Special Education, 18*(3), 144-159.

● 기타 참고 자료

Frost, L. A., & Bondy, A. S. (2002). *The picture exchange communication system training manual* (2nd ed.). Cherry Hill, NJ: Pyramid Educational Consultants, Inc.

Pyramid Educational Consultants, Inc.: www.pecs.com

우발교수 INCIDENTAL TEACHING

연령/능력 수준

- 대상 연령: 유치원부터 성인까지
- 대상 진단명 및 관련 특성: 경도에서 중도까지의 자폐 범주성 장애(ASD)
- 대상 능력 수준: 중도 인지장애부터 평균 이상의 지적 기능

중재 내용

우발교수(incidental teaching)는 아동의 관심과 동기를 기초로 일상적인 활동 중에 교수를 제공하는 것이다(McGee, Daly, & Jacobs, 1994). 우발교수의 옹호자들은 치료실이 아닌 정상적인 유치원 활동 중에 응용행동분석(ABA)(예: 실수 없는 학습, 강화)

기타 전략들을 근거로 교수전략을 사용한다. 교사들은 미리 계획된 학습 목표와 아동의 선호도를 중심으로 학습 환경을 구성한다. 아동이 특정 사물이나 활동에 관심을 보이기 시작하면 교사는 아동에게 질문하거나 촉진함으로써 그 관심을 격려한다. 이때 아동이 적절한 반응을 보이면 선호하는 물건을 받게 된다.

우발교수는 많은 장점을 지닌다. 첫째, 일반 유아교육 활동 중에 교수가 제공되기 때문에 기술의 일반화를 촉진한다(McGee, Morrier, & Daly, 1999). 둘째, 자폐 범주성 장애를 지닌 아동들이 보이는 결함인 사회적 시작행동이 근본적인 구성요소로 포함된다. 마지막으로 부모들은 일상적인 매일의 일과 중에 우발교수를 병합할 수 있다.

우발교수는 Hart와 Risley(1978)에 의해서 처음으로 알려졌다. 에모리 대학교 의과대학의 정신의학 및 행동 과학과에 소속된 에모리자폐지원센터(Emory Autism Resource Center)에서 월덴 조기교육 프로그램(Walden Early Childhood Program)(McGee et al., 1999)의 구성요소로 우발교수를 개발한 것으로 알려져 있다. 1999년에 조지아와 알라바마 주에서 두 개의 완전 복사 프로그램이 운영되었으며, 캘리포니아와 매릴랜드 주에서 두 개의 부분 복사 프로그램이 운영되었다.

보고된 혜택 및 효과

우발교수는 단일대상연구들에 의하여 다른 훈련 및 교수방법들만큼 효과적일 수 있음이 확인되었다. 이 방법은 전형적인 발달을 보이는 아동들(Hart & Risley, 1980)뿐만 아니라 자폐 범주성 장애를 지닌 아동들(McGee, Krantz, Mason, & McClannahan, 1983; McGee, Krantz, & McClannahan, 1985, 1986)에게서 의사소통 기술의 일반화를 촉진하는 것으로 알려져 있다.

McGee 등(1983)은 그룹홈에 사는 자폐 범주성 장애를 지닌 두 명의 청소년들에게 수용적 명명하기 기술을 가르치기 위하여 수정된 우발교수를 사용하였다. 연구 전에 대상자들은 기능적이거나 촉진되지 않은 말을 전혀 보이지 않았다. 우발교수의 결과, 이 학생들은 물건 명명하기를 신속하게 학습하였으며 시간과 장소에 대한 기술 일반화를 보였다.

McGee 등(1985)은 또 다른 연구에서 우발교수가 비연속적으로 제공되는 개별적인 교수 회기보다 단서 의존성을 예방하는데 효과적임을 발견하였으며(아동들은 전통적인 교수 형태에서 자주 사용되는 정확한 지시에 덜 의존하였다), 습득을 촉진하고 습득한 것을 유지하는데 비연속 개별시도 교수(discrete trial teaching)만큼 효과적임을 발견하였다. 또한 우발교수는 다른 기술과 병용하여 말을 가르치게 되기 때문에 시간을 절약하게 해주었다. 대상자들은 치료 프로그램에 다니는 세 명의 자폐 범주성 장애를 지닌 초등학교 학생들이었다. 우발교수를 적용하기 전에 이 학생들은 상황에 맞지 않거나 자기-자극적인 언어를 보였었다.

Miranda-Linné와 Melin(1992)은 우발교수와 비연속 개별시도 교수(DTT)를 사용해서 자폐 아동들에게 색을 나타내는 형용사를 가르쳤다. 이 방법들은 정확한 반응의 비율을 높였을 뿐만 아니라 촉진되지 않은 언어의 사용을 증가시켰다. 우발교수를 사용해서 가르쳤을 때 대상자들은 다양한 교사들과 시간 및 상황으로 명명하기 기술을 일반화시켰다.

기숙제 시설에 거주하는 17~37세의 자폐 범주성 장애와 중도 및 최중도 정신지체를 지닌 23명의 성인들에게 수용 및 표현 명명하기를 가르쳤다. 비교 집단, 중다기초선, 교차 설계를 사용한 이 연구에 의하면 정원, 부엌, 샤워실 등에서 이루어진 자연적 언어 교수와 이에 상응하는 (개별화된) 치료 회기에서 교수된 단어를 기억하는데 유의미한 차이가 없는 것으로 나타났다. 중도 정신지체를 지닌 이들은 치료실에서의 교수가 먼저 주어지고 그 후에 자연적 언어 교수가 주어진 경우에 더 잘 일반화하였으며, 반면에 최중도 범주에 속한 정신지체를 지닌 이들은 자연적인 방법이 먼저 사용되고 다음에 개별 치료실 교수가 주어졌을 때 더 잘 일반화하였다(Elliott, Hall, & Soper, 1991).

중다기초선 및 비교 설계를 사용한 Charlop-Christy와 Carpenter(2000)의 연구는 우발교수와 비연속 개별시도 교수(DTT)를 하루 일과를 통하여 복수 기회가 주어지는 수정된 우발교수 회기(modified incidental teaching sessions: MITS)와 비교하였다. 세 명의 자폐 범주성 장애를 지닌 어린 소년들의 부모들이 가정의 자연스러운 환경에서 MITS와 우발교수를 적용하였으며, DTT는 집 안의 1:1 교수 영역에서 적용하였다. 그 결과 MITS 조건에서는 70%의 회기에서 목표한 준거 수준의 성취를 보였으며, 연구자들은 이러한 결과가 우발교수나 비연속 개별시도 교수에서는 나타나지 않은 것으로 보고하였다. 또한 부모들은 교수 절차를 수행하기 쉬웠으며 자발적인 말의 산출을 가져왔다고 보고하였다.

우발교수 방법은 또한 자폐 범주성 장애를 지닌 사람들의 교사로 또래들을 사용해 왔다(Farmer-Dougan, 1994). 그룹홈에 거주하는 5명의 정신지체인과 1명의 자폐 범주성 장애인이 각각 두 명씩 짝을 이루어 점심 식사를 준비하는 시간과 식사 시간에 한 명은 또래 교수자로 역할하고 다른 한 명은 또래 학습자가 되었다. 그 결과 요구하기와 발화가 증가하였으며, 훈련이 종료된 후에도 습득된 기술이 유지되었고, 훈련이나 우발교수가 요구되지 않았던 저녁 식사 시간 중의 요구하기와 발화 행동이 증가하였다.

McGee, Almeida, Sulzer-Azaroff와 Feldman (1992)의 연구에서는 자폐 범주성 장애를 지닌 세 명의 유치원 연령의 남아들과 전형적인 발달을 보이는 또래들을 짝을 지었으며 또래들에게 우발교수 방법을 교수하였다. 또래들은 자폐 범주성 장애를 지닌 아동들에게 좋아하는 장난감을 요구하도록 가르쳤다. 그 결과 대상 아동의 시작행동이 증가하였으며 훈련이 종료되고 교사의 감독과 지원이 소거된 후에도 기술이 유지되었다.

우발교수 방법은 의사소통 기술과 함께 학문적인 기술들을 가르치는데도 사용되어 왔다. McGee 등(1986)은 자폐 범주성 장애, 신경학적 손상, 소아정신분열증, 정신지체를 지닌 두 명의 아동들에게 우발교수 전략을 이용해서 읽기 기술을 가르쳤다. 이들은 표준 에드마크 읽기 프로그램(Edmark Reading Program)(Tower, 1975)의 방법으로 단어를 학습하는 것보다 더욱 신속하게 일견 단어들을 학습하였으며, 학습 결과는 자극 단어의 글자 크기와 모양을 달리 제시했을 때에도 일반화되었다.

자폐 범주성 장애 아동에 대한 활용 결과

우발교수와 관련된 대부분의 연구들은 자폐 범주성 장애를 지닌 아동들을 대상자로 포함하였다. 그러나 자폐 범주성 장애나 정신지체를 지닌 성인들(Farmer-Dougan, 1994)과 전형적인 아동들(Valdez-Menchaca & Whitehurst, 1988)에 대한 우발교수의 효율성도 입증되고 있다. 그러므로 우발교수는 처음에는 자폐 범주성 장애를 지닌 유아들을 대상으로 고안되었지만 모든 연령과 능력 수준의 대상자를 교수하기에 적절한 방법이라고 할 수 있다(McGee et al., 1999).

중재 실행 자격 및 방법

연구에서 밝혀진 바와 같이 우발교수는 일상적으로 목표 기술이 발생하는 자연적인 환경에서 성인이나 또래들에 의해서 실행될 수 있다(McGee et al., 1999). 우발교수를 위한 공식적인 훈련은 존재하지 않는다. 그러나 이 방법을 사용하는 사람들은 연수나 학회 등을 통하여 방법에 친숙해져야 하며 적용을 위한 훈련을 받아야 한다.

중재의 잠재적 위험

우발교수의 사용과 관련해서 알려진 위험은 없다.

중재 비용

우발교수는 시간의 측면에서 비용—효과적인 것으로 인식되고 있다(McGee et al., 1999). 우발교수는 전형적인 활동 중 다른 교수 목표들을 가르치는 상황에서 이루어진다. 부모와 교사들은 적응 기술 및 놀이 회기 등에 쉽게 우발교수의 방법을 병합해서 사용할 수 있다. 우발교수를 실행하기 위하여 자연적인 환경에서 흔히 볼 수 있는 교재들 외에 특별한 교재를 구입할 필요는 없다.

자폐 범주성 장애 아동에 대한 효율성 평가 방법

다른 어떤 방법을 사용할 때와 마찬가지로 우발교수를 사용할 때에도 개별 아동의 진도에 대한 자료를 수집해야 한다. 우발교수 방법은 임상적인 타당성이 잘 입증되어 있는 응용행동분석과 밀접한 관계가 있다.

결론

우발교수 전략은 자연적으로 발생하는 활동의 맥락 내에서의 개인의 선호도를 중

저자	연구 설계	N	장소	연령/성별	진단	결과	비고
Charlop-Christy & Carpenter (2000)	중다기초선, 비교 처치, 단일대상연구 설계	3	가정	6~9:8세/ 모두 남자	자폐	수정된 우발교수에서 준거 도달, 그러나 전통적 우발교수나 비연속 개별 시도 교수에서는 준거 도달 못함. 세 가지 절차 모두 수행하기 쉬우며 자발적 언어를 산출하였다는 부모의 보고	저자들이 수정된 우발교수라고 명명한 방법에 대하여 점검함. 전통적인 우발교수 기회는 하루 종일 거의 일어나지 않지만 수정된 우발교수는 다수 발생하였음
Elliott, Hall, & Soper (1991)	비교 집단, 중다기초선, 교차 설계 단일대상연구 설계	23	시설 거주 치료 프로그램	17~37세/ 남 19, 여 4	자폐, 중도에서 최중도정신지체	"자연적" 언어 교수와 이와 대등한 전통적 교수에서 즉각적이거나 장기적인 기술 유지에 유의미한 차이가 없음. 중도 정신지체인은 전통적 교수와 자연적 교수의 순으로 교수했을 때 일반화를 더 잘했으며 최중도 장애인은 자연적 교수를 먼저 교수했을 때 더 잘 일반화함	다양한 연령층의 대상자들에게 기술의 일반화를 교수하는데 전통적인 교수 방법보다 자연적인 교수 방법이 더 효과적임을 입증함
Farmer-Dougan (1994)	중다기초선, 단일대상연구 설계	6	그룹홈	19~38세/ 모두 남자	자폐 1, 정신지체 5	또래에 의한 우발교수가 식사 준비 시간의 요구하기 및 발화를 증가시킴. 훈련 종료 후에도 기술이 유지됨, 습득된 기술의 시간 및 대상 일반화를 보임	대상자들은 각자의 기능 수준에 따라 또래 학습자나 또래 교수자로 역할 하였음
McGee, Almeida, Sulzer-Azaroff, & Feldman (1992)	중다기초선, 단일대상연구 설계	3	통합된 유치원 프로그램	3:7~5:11 세/ 모두 남자	자폐	자폐 아동들은 또래들 중 기능이 높은 여아들과 짝지워지고 그 결과 대상아동을 향한 또는 대상 아동의 시작행동이 증가함. 훈련이 종료되고 교사 감독이 소거된 후에도 습득된 기술이 유지됨	자폐 범주성 장애를 지닌 아동의 교사로 전형적인 발달을 보이는 또래를 포함함

〈진단〉

저자	연구설계	N	장소	연령/성별	진단	결과	비고
McGee, Krantz, Mason, & McClannahan (1983)	중다기초선, 단일대상연구 설계	2	그룹홈	12: 7~15: 10세/ 모두 남자	자폐	수용적 단어 명명하기의 신속한 습득, 상황 및 시간 일반화	우발교수가 청소년들의 사물 확인하기(예: 가리키기, 만지기)를 신속하게 교수할 수 있음을 입증함
McGee, Krantz, & McClannahan (1985)	중다기초선, 단일대상연구 설계	3	교실	6~11세/ 모두 남자	자폐	비연속 개별시도 교수와 우발교수에서 기술의 습득과 유지에서의 유의미한 차이가 없음. 그러나 우발교수에서 상황, 교사, 자료의 위치에 대한 일반화가 더 잘 이루어짐	자연적 교수 방법이 전통적인 교수 방법보다 기술 일반화에 더욱 효과적임
McGee, Krantz, & McClannahan (1986)	중다기초선, 단일대상연구 설계	2	자폐 범주성 장애 아동들을 위한 학교의 교실	5세(여) 13세(남)	자폐; 신경학적손상, 소아정신분열증, 정신지체	일견 단어 읽기 기술의 습득 및 유지, 크기와 인쇄 모양을 달리한 자극 단어로 일반화됨, 표준 에드마크 읽기 프로그램(1975)보다 습득 및 유지가 더 빠름	우발교수를 읽기 기술로 확장함
Miranda-Linne & Melin (1992)	중다 기초선, 단일대상 연구 설계	2	교실 및 복도	10세 및 12세 남아	자폐	우발교수보다 비연속 개별시도 교수에서 색깔 형용사 습득이 더욱 신속하였음, 두 방법 모두 동등한 유지를 보임, 우발교수를 통하여 학습한 사물에 대한 자발성이 더 높음	우발교수 방법의 일반화 및 자발성 가능성이 더 높음을 입증함

심으로 이루어진다. 연구 결과에 의하면 의사소통 기술의 개발, 또래와의 상호작용, 학문적 기술의 습득 등에 있어서 자폐 범주성 장애를 대상으로 하는 효과가 입증되어 왔다. 우발교수 전략은 유아기 아동을 대상으로 개발되었지만 모든 연령과 장애에 대해서도 성공적으로 적용되어 왔다.

참고문헌 및 기타 참고자료

● 참고문헌

Charlop-Christy, M. H., & Carpenter, M. H. (2000). Modified incidental teaching sessions: A procedure for parents to increase spontaneous speech in their children with autism. *Journal of Positive Behavior Interventions, 2*(2), 98-112.

Elliott, R. O., Hall, K., & Soper, H. V. (1991). Analog language teaching versus natural language teaching: Generalization and retention of language learning for adults with autism and mental retardation. *Journal of Autism and Developmental Disorders, 21*(4), 433-446.

Farmer-Dougan, V. (1994). Increasing requesting by adults with developmental disabilities using incidental teaching with peers. *Journal of Applied Behavior Analysis, 27*(3), 533-544.

Hart, B. M., & Risley, T. R. (1978). Promoting productive language through incidental teaching. *Education and Urban Society, 10*(4), 407-429.

Hart, B. M., & Risley, T. R. (1980). In vivo language intervention: Unanticipated general effects. *Journal of Applied Behavior Analysis, 13*(3), 407-432.

McGee, G. G., Almeida, C., Sulzer-Azaroff, B., & Feldman, R. S. (1992). Promoting reciprocal interactions via peer incidental teaching. *Journal of Applied Behavior Analysis, 25*(1), 117-126.

McGee, G. G., Daly, T., & Jacobs, H. A. (1994). The Walden Preschool. In S. L. Harris & J. S Handleman (Eds.), *Preschool education programs for children with autism* (pp. 127-162). Austin, TX: PRO-ED.

McGee, G. G., Krantz, P. J., Mason, D., & McClannahan, L. E. (1983). A modified incidental teaching procedure for autistic youth: Acquisition and generalization of receptive object labels. *Journal of Applied Behavior Analysis, 16*(3), 329-338.

McGee, G. G., Krantz, P. J., & McClannahan, L. E. (1985). The facilitative effects of incidental teaching on preposition use by autistic children. *Journal of Applied Behavior Analysis, 18*(1), 17-31.

McGee, C. G., Krantz, P. J., McClannahan, L. E. (1986). An extension of incidental teaching procedures to reading instruction for autistic children. *Journal of Applied Behavior Analysis, 19*(2), 147-157.

McGee, G. G., Morrier, M. J., & Daly, T. (1999). An incidental teaching approach to early intervention for toddlers with autism. *Journal of the Association for Persons With Severe Handicaps, 24*(3), 133-146.

Miranda-Linne, E., & Melin, L. (1992). Acquisition, generalization, and spontaneous use of color adjectives: A comparison of incidental teaching and traditional discrete-trial procedures for children with autism. *Research in Developmental Disabilities, 13*(3), 191-210.

Tower, M. A. (1975). *Edmark Reading Program.* Austin, TX: PRO-ED.

Valdez-Menchaca, M. C., & Whitehurst, G. J. (1988). The effects of incidental teaching on vocabulary acquisition by young children. *Child Development, 59*(6), 1451-1459.

● 기타 참고자료

Charlop-Christy, M. H. (2000). Modified incidental teaching sessions: A procedure for parents to increase spontaneous speech in their children with autism. *Journal of Positive Behavior Interventions, 2*(2), 89-112.

Emory Autism Resource Center: www.emory.edu/HOUSING/CLAIRMONT/autism.html

Houle, G. (1996). *Research to practice: Children in Little Walden reach their full potential* Office of Special Education and Rehabilitative Services. Retrieved January 19, 2004, from www.ed.gov/offices/OERI/ECI/newsletters/96spring/LittleWalden .html

McGee, G. Incidental Teaching Notes: http: //home.earthlink.net/~abaantonia/

incident.htm

촉진적 의사소통 FICILITATED COMMUNICATION(FC)

연령/능력 수준

- 대상 연령: 유치원부터 성인까지
- 대상 진단명 및 관련 특성: 경도에서 중도까지의 자폐 범주성 장애(ASD), 아스 퍼거 증후군, 기타 발달장애
- 대상 능력 수준: 중도 인지장애부터 평균 이상의 지적 기능

중재 내용

촉진적 의사소통(FC)은 의사소통 및 기타 장애를 지닌 사람들이 자신의 능력의 한 계라고 인식되는 수준을 훨씬 능가하는 기대하지 못한 의사소통을 할 수 있도록 해주 려는 취지의 보완 의사소통 방법이다. 이들은 장애가 없는 사람의 손 위에 손을 올려 놓는 지원이나 기타 형태의 신체적인 지원을 받아 촉진적 의사소통이 끌어낸(FC-enhanced) 생각과 의견을 타자기로 치게 된다. 촉진적 의사소통에 대한 약간의 경험 을 한 후에는 중도장애인들도 정상적인 지능과 진보된 사회적 기술 및 지식을 지닌 사람들처럼 의사소통을 하게 된다고 주장되고 있다. 어떤 사람들은 촉진적 의사소통 을 통하여 자신의 생애에서 처음으로 의사소통 할 수 있게 되었다고 보고하고 있다. 또 다른 사람들은 전반적인 운동기능장애(global apraxia)로 알려진 장애로 인하여 다 른 사람들과 의사소통을 할 수 없는 신체적인 조건에 묶여 있었던 사실을 발견하게 되었다고도 보고하였다(Biklen & Schubert, 1991). Biklen, Morton, Gold, Berrigan과 Swaminathan(1992)은 전반적인 운동기능장애를 지닌 사람들은 정상적인 지능과 언 어 정보처리 능력을 보인다고 하였다. 그러므로 촉진적 의사소통을 사용하게 한다면 이들은 정상적인 지능과 의사소통 능력을 발견할 수 있게 된다고 주장하였다.

촉진적 의사소통은 Rosemary Crossley라는 호주 사람에 의하여 개발된 것으로 알 려져 있다(Crossley, 1992b). Crossley는 중도에서 최중도에 이르는 중복장애를 지닌

사람들이 거주하는 멜본에 있는 성니콜라스 시설에서 일하였다. 이 시설에서 Crossley는 불수의 운동형 뇌성마비(athetoid cerebral palsy)를 지닌 젊은 여성과 함께 일하기 시작하였다. 이 여성은 효과적으로 의사소통을 하거나 스스로 식사를 하거나 걷지 못했으며, 시설 직원들은 이 여성이 최중도 정신지체를 지닌 것으로 믿었다. 그러나 Crossley는 이 여성이 지금까지 알려진 것보다는 더 높은 수준의 능력을 지닌 것으로 확신하고 보조를 제공한다면 의사소통을 할 수 있다고 생각하였다.

Crossley는 이 여성의 둘째 손가락을 보조하는 방법으로 이 여성이 가리키기를 통하여 사물을 식별할 수 있음을 보고하였다. 그 당시 Crossley는 현재 촉진적 의사소통으로 알려진 방법과 유사한 방법을 사용하여 이 여성이 읽고 쓰도록 보조하였다. 이 여성은 18세가 되었을 때 Crossley와 함께 시설을 떠나게 되었다(Crossley, 1992a).

1986년 호주의 빅토리아에 중도 의사소통 장애를 지닌 사람들을 도와주기 위한 센터(Dignity Through Education and Language Communication Centre: DEAL)가 문을 열었다. Crossley는 개인의 신체적인 문제가 표준적인 보완 의사소통 전략을 기능적으로 사용할 수 없게 만든다는 자신의 신념에 따라 촉진적 의사소통 방법을 DEAL에 소개하였다. 촉진적 의사소통은 자폐 범주성 장애를 포함하는 DEAL의 많은 환자들을 위한 적절한 의사소통 방법으로 결정되었다.

Biklen은 DEAL에서 사용하는 촉진적 의사소통 방법을 관찰한 후 이 방법을 미국에 소개한 사람으로 알려져 있다(Biklen, 1990, 1993). 미국으로 돌아온 Biklen은 뉴욕 시 라큐스의 공립학교에 촉진적 의사소통을 소개하였다. Biklen은 분명한 성공 사례들을 관찰한 후에 촉진적 의사소통을 지지하기 시작하였다(Biklen, 1990).

이때부터 촉진적 의사소통이라는 용어가 미국 전역으로 확산되었다. 부모와 전문가들은 이 방법이 자폐 범주성 장애 및 기타 장애를 지닌 사람들이 궁극적으로는 좀 더 정상적이 될 수 있도록 해주는 해결책으로 받아들이게 되었다. 촉진적 의사소통의 급속한 확산을 주목하면서 Bernard Rimland(1992a)는 "촉진적 의사소통 워크숍이 전국적으로 확산되고 있으며 거의 모든 주요 신문과 잡지, 뉴스쇼에서 촉진적 의사소통을 다루는 기사들을 내보내고 있다"(p. 1)고 지적하였다. 그러나 촉진적 의사소통 방법은 상호작용적인 연결과 과학적 근거의 부족으로 인하여 논쟁의 대상이 되고 있다

(Calculator, 1992; Rimland, 1992b; Schopler, 1992). 실제로 촉진적 의사소통을 타당한 방법으로 수용하는 것에 대해서는 이 방법이 처음 소개된 그 시점에서부터 지금까지 수많은 의문이 뒤따랐다(Hudson, Melita, & Arnold, 1993; Prior & Cummins, 1992 ; Rimland, 1992a; Smith & Belcher, 1993). Calculator(1992)는 "임상적 증거가 없는 한 이 의사소통 방법[촉진적 의사소통]은 그 모호함, 신비함, 반복되는 사례들, 정신적인 지지 등의 특성을 지니는 하나의 방법으로 남게 될 것이다"(p. 18)라고 지적하였다. Schopler(1992) 역시 촉진적 의사소통이 지니는 비과학적인 가정을 비판하면서 "연구에 의한 책임감 없이 '촉진적 의사소통'에 대한 과장된 대중매체의 선전이 지속된다면 자폐의 역사를 40년 되돌려 놓기에 충분할 것이다"(p. 6)라고 하였다.

촉진적 의사소통 훈련(FCT)은 몇 가지 기본적인 원칙과 방법과 기술들을 포함한다: 촉진자의 태도, 특정 촉진적 의사소통 훈련 기술, 참여자의 의사소통을 타당화 하는 방법, 언어 장애를 가진 사람들에게 촉진적 의사소통을 사용할 때 제시되는 중요한 윤리적 고려. 이 각각의 주제에 대한 간단한 설명은 다음과 같다.

촉진자의 태도(Biklen, 1990; Crossley & Rimington-Gurney, 1992)

- 참여자와 함께 있고 의도를 설명해 줄 것
- 진단과정에 대하여 미안하게 생각하고 쉬운 질문을 사용할 것
- 자신의 실수와 약점을 발견할 것
- 참여자에게 생색내지 말 것
- 양호한 인간관계 및 사회적 기술을 지닐 것(대화를 주도하지 말 것)
- 사람을 나타내는 칭호를 사용하지 말 것

기본 가정/신념

- 참여자의 능력이 높은 수준이라고 가정할 것
- 의사소통이 중요하다는 것을 믿고 그 믿음을 전달할 것

촉진적 의사소통의 실제(Biklen, 1990, 1993; Biklen et al., 1992; Biklen & Schubert, 1991)

● 초기 훈련 및 교수−참여자들은 답이 정해진 질문/언급(가리키기, 철자법)부터 시작해서 촉진자와 함께 하는 열린 대화로 이어지는 연습을 통하여 촉진적 의사소통의 사용을 훈련 받는다.

● 능력에 대한 검사를 하지 말 것−촉진자는 참여자가 능력있는 사람이며 다른 사람들과 대화를 할 수 있다고 생각해야 하며, 이들에게 정서적인 지원과 격려를 제공해야 한다.

촉진자에 의한 신체적 지원

● 의사소통 도구에의 접근을 쉽게 하고 환경이 편안한지 확인할 것

● 참여자가 타자기를 치는 동안 둘째 손가락을 사용할 수 있도록 보조하고 손, 손목, 팔을 안정되게 지지하고(지원의 정도는 참여자의 욕구에 따라 달라짐) 글자를 선택하도록 보조하지는 말 것

● 매번 선택을 한 후에는 신체적으로 저항하면서 참여자의 손이나 팔을 잡아당길 것

● 지속적으로 집중할 것−촉진자는 대상자가 자판이나 자극에 주의를 집중하도록 상기시키고 과제로 돌아가도록 안내하는 동안 외부적인 행동은 무시할 것

● 세트 과제(set-work)−좀 더 개인적이고 열린 대화를 시작하기 전에 세트 과제(괄호 채우기, 수학 문제 풀기, 사지선다형 문제 풀기)를 완수하는 훈련을 시작할 것

● 다른 촉진자로의 일반화−참여자가 한 촉진자와 능숙하게 대화할 수 있게 되면 다른 촉진자들에게도 촉진적 의사소통을 일반화하도록 격려할 것

● 신체적 지원의 소거−시간이 흐르면 참여자에게 제공하던 신체적 지원을 소거할 것(일반적으로 신체적 지원은 손에서 손목으로, 팔로 점점 이동하게 됨)

참여자 의사소통의 타당화(Biklen, 1990; Biklen, 1993; Biklen et al., 1992; Biklen & Schubert, 1991; Crossley & Rimington-Gurney, 1992)

- 촉진자가 알지 못하는 정보–참여자는 촉진자나 연구자가 알지 못하는 정보를 제공함

- 형태학적 실수–참여자는 동일한 촉진자와 함께 일하는 다른 참여자들이 보이지 않는 철자나 문법상의 독특한 형태의 실수를 보임

- 참여자의 성격 발견–촉진자가 여러 명의 다른 참여자들과 일을 하게 될 때 개별적인 성격(유머 감각, 높거나 낮은 자신감)이 발견됨

- 음운학적이고 창의적인 철자–촉진자가 여러 명의 다른 참여자들과 일을 하게 될 때 참여자들 각각의 특정 형태의 음운학적인 철자, 창의적인 철자, 머리글자말의 사용 등을 발견함

- 특이한 표현–참여자는 자신과 함께 일하는 특정 촉진자에게서 기대되는 표현이 아닌 언급이나 질문을 자주 함

- 독립성–많은 참여자들이 최소한의 신체적 지원을 받았으며 의사소통 보조도구를 사용하는 동안에는 신체적인 지원을 받지 않았음

- 형태와 속도–개별 참여자들은 동일한 촉진자와 함께 일하는 다른 참여자들보다 더 느리게 또는 더 빠르게 타자를 치며, 함께 일하는 촉진자와는 상관없이 서로 다른 형태의 움직임을 보임(신체 및 손의 움직임)

- 의사소통의 특성–개별 참여자들은 의사소통을 이해하고 있음을 보여주는 독특한 얼굴 표정, 말소리, 신체 움직임을 일관성 있게 보임

윤리적 고려(Biklen, 1993)

- 참여자 능력 진단–촉진적 의사소통을 통하여 효과적으로 의사소통 하는 능력을 진단하는 것은 상황, 의미, 의사소통의 목적을 변화시킴으로써 참여자가 전형적으로 의사소통하는 방법을 변화시키게 됨

- 참여자의 거짓말–촉진자, 교사, 부모들은 참여자가 일반인들과 마찬가지로 거짓말을 할 가능성이 있음을 인식해야 하며 이들의 설명이나 주장을 대할 때에는

일반인들을 대할 때와 동등하게 해야 함

● 촉진자 조작-교사와 부모들은 촉진자에 따라서는 참여자의 신체적 움직임을 조작해서 질문에 답하도록 하거나 참여자의 의도가 아닌 언급을 하게 할 수도 있음을 인식해야 하며, 촉진자의 윤리적 기준과 관련해서 사려 깊은 주의를 기울여야 함

보고된 혜택 및 효과

자폐 범주성 장애 및 기타 장애를 지닌 사람들을 위한 중재로 촉진적 의사소통을 사용하는 것에 대한 가장 분명한 논점은 출처와 관련된 것이다. 촉진적 의사소통에 대한 과학적 타당화 연구들은 촉진자가 질문에 대답하기 위한 정보가 부족한 경우에 이 촉진자가 보조하는 사람들은 자신의 기대되는 능력 이상의 수준에서 독립적으로 의사소통 할 수 없음이 지속적으로 밝혀져 왔다(Hudson et al., 1993; Intellectual Disability Review Panel, 1989; Myles & Simpson, 1994; Simpson & Myles, 1995a). 반대로 방법론상 엄격하지 못한 연구들과 덜 과학적인 방법을 사용한 연구들은 좀 더 긍정적인 성과를 보고해 왔다.

문헌을 살펴보면 동등한 질적 연구와 양적 연구들이 촉진적 의사소통 훈련을 평가하고 있다. 질적 연구들의 목적은 촉진적 의사소통을 타당화 하는 것 외에도 효과적인 전략을 수립하고 촉진자가 참여자의 의사소통을 강화하는데 사용할 수 있는 방법들을 정의하는 것이었다. 양적 연구의 목적은 자폐 범주성 장애 및 기타 장애를 지닌 사람들에게 촉진적 의사소통이 효과가 있는지를 검증하는 것이었다. 이러한 연구들은 촉진자의 조작과 참여자의 독립적인 의사소통 능력을 평가함으로써 촉진적 의사소통의 방법을 타당화 하려고 시도하였다. 앞에서도 언급하였듯이, 모든 질적 연구들은 일관성 있게 촉진적 의사소통의 방법을 타당화 했으며 앞으로의 훈련에 대한 필요성을 제시하였다. 반대로 양적 연구들은 촉진적 의사소통 방법이 타당하지 못한 것으로 결론지었다. 질적 연구와 양적 연구들의 대표적인 예는 다음의 표에서 정리된 바와 같다.

저자	N	장소	연령/성별	진단	결과	비고
Biklen (1990)	21	Dignity through Education and Language Cetre (DEAL)-Melbourne, Australia	5~23세/남자와 여자	자폐	몇몇 참여자들은 기대하지 않았던 문해기술을 보임. FC의 실제는 학생의 장애, 성격, 행동, 사회적 기술에 따라 다양함. FC의 결정적인 원칙, 절차, 개념이 존재함. 학생의 의사소통의 특성과 필요한 지원의 수준에 대하여 증명함	4주간 관찰함, 관찰과 면담이 자동 녹음기에 기록됨
Biklen & Schubert (1991)	21	유치원, 초등학교, 중학교, 고등학교	4~21세/남자와 여자	자폐	FC 훈련의 구성요소를 식별함, 질적 연구를 위한 필요를 다루고 방법을 확인함·FC가 효과적인 이유, 기대하지 않았던 문해력에 대한 설명, 촉진자의 영향과 대조해서 개인의 FC 사용에 대한 타당화 방법에 대하여 언급함	학생들은 6개월 이상 관찰됨. 11명의 조사자들이 비디오테이프, 면담, 관찰, 의사소통 형태의 수집을 통하여 자료를 수집함. 관찰자 간 신뢰도가 산출됨
Biklen, Morton, Gold, Berrigan, & Swami-nathan (1992)	43	유치원, 초등학교, 중학교, 고등학교, 작업장	3~26세/남자와 여자	자폐	학생들이 FC를 시작하고 타자를 칠 수 있도록 교사들이 도와주는 방법/전략과 학생의 FC 사용 능력을 입증하는 측정과 자폐의 기타 행동을 위한 FC의 적용과 기타 앞으로 필요한 연구들을 확인함	28명의 학생들이 16개월 동안 관찰되었으며 15명은 7개월 동안 관찰됨. 12명의 조사자들이 비디오테이프, 면담, 관찰, 의사소통 형태의 수집을 통하여 자료를 수집함, 관찰자 간 신뢰도가 산출됨
Crossley & Remigton-Gurney (1992)	430	Dignity through Education and Language Cetre (DEAL)—Melbourne, Australia	알려지지 않음, 대략 0~60세 이상/남자와 여자	지적 손상, 자폐, 중도 의사소통장애	DEAL 서비스, 진단 절차, FC 훈련 절차, 운동 기능 손상, 자폐와 관련된 문해력, FC가 효과적인 이유, FC의 성공에 기여하는 구성요소, 독립성을 위한 방법, 기타 관심 분야와 추후 연구 방향에 대한 설명, 이러한 맥락 내에서 학생의 진도를 언급함	연구에 참여한 학생들은 1986~1990년에 이 센터에 다님
Sabin & Donnellan (1993)	2	중학교	11세/모두 남자	자폐, 인지장애	촉진 방법과 FC 절차 중의 촉진자의 기능/역할을 정의	학생들은 6학년 학급 활동 중 7개월 이상 관찰됨

결과	N	장소	연령/성별	진단	결과	비고
Wheeler, Jacobson, Paglieri, & Schwartz (1993)	12	자폐 프로그램-전일제 기숙 시설	17~30세/ 남 9 여 3	자폐	180개의 시도 중 120개의 반응이 나타남. 학생들은 FC를 통하여 정확한 반응을 산출할 수 없었음	세 가지 진단을 실시함: (1) 눈을 가린/가리지 않은 촉진자, (2) 동일한/다른 자극, (3) 촉진되지 않은
Vasquez (1994)	2	Children's Annex-뉴욕 주의 비영리 사립 학교	12세(남), 10세(여)	자폐	진정한 의사소통과 촉진자가 직접 영향을 미치는 의사소통에 대한 증거를 제공함	세 가지 진단을 실시함: (1) 눈을 가린/가리지 않은 촉진자와 함께 그림 식별, (2) 촉진자 없이 비디오 보기, (3) 눈을 가린/가리지 않은 촉진자와 함께 사물 확인
Bebko, Perry,& Bryson (1996)	20	4개의 자폐를 위한 지역 학급	6~21세/ 남 15, 여 5	자폐	학생이 독립적으로 산출하는 의사소통에 대하여 의사소통의 강화에 사용되는 FC의 타당성을 지원하는 증거를 얻지 못함	세 가지 진단을 실시함: (1) 세트과제 촉진된/독립적이고 정보를 제공받은 촉진자, 정보가 없는 촉진자, (2) 헤드폰 동일한/다른/중간의 단어를 들음, (3) 수용 어휘-PPVT(L) 촉진/PPVT(M)-독립
Bomba, O'Donnell, Markowitz, & Holmes (1996)	14	Eden 프로그램의 중간 아동기 및 전이 프로그램-Princeton, NJ	3~21세/ 남 11, 여 3	자폐	FC의 성공에 대한 질적 보고를 확인할 만한 증거를 얻지 못함. 학생들이 FC를 통하여 독립적으로 의사소통 할 수 없다는 이전의 양적 연구들을 지지하는 증거를 제공함	사전/사후조건 (한 단어 그림의 수용 어휘 검사-개정판 [EOWPVT-R])이 눈과 귀를 가린 촉진자와 함께 사용됨. 중재는 10주간 매일 촉진자와 함께 하는 개별화 훈련이었음
Perry, Bryson, & Bebko (1998)	16	보고되지 않음	보고되지 않음	자폐로 진단된 학생들을 위한 촉진자 역할을 한 장애가 없는 여자(14)와 남자(2)	FC에 있어서의 촉진자의 의심/믿음과 학생의 성취에 영향을 미치는 정도 간의 관계에 대한 증거를 제시함. FC에 대한 태도 (촉진자를 위한 FC 훈련의 일부)는 촉진자의 영향력과 직접적으로 관련됨. 그러므로 FC는 타당성이 결여됨.	촉진자들은 훈련 전과 후에 FC에 대한 태도 및 학생의 성취에 대한 신뢰와 관련된 설문지를 작성하였으며, 학생들과 검맹/비검맹의 방법으로 세트과제에 참여하였음(3주 이상)

자폐 범주성 장애 아동에 대한 활용 결과

자폐 범주성 장애를 지닌 사람들이 언어 지체를 보인다는 사실, 특히 다른 사람들과 효과적으로 의사소통하지 못한다는 사실은 잘 알려져 있다. 자폐 범주성 장애를 지닌 사람들 중에는 몸짓, 문제가 되는 행동, 자신이 원하는 것을 얻기 위하여 다른 사람을 신체적으로 조작하는 행동 외에는 의사소통 수단을 전혀 가지고 있지 못한 사람들도 있다. 자폐의 한 특성으로 의사소통을 하지 못하는 이러한 결함은 장애인뿐만 아니라 그 부모나 이들을 가르치고자 하는 교육자들에게도 매우 좌절되는 경험이다. 그러므로 자폐 범주성 장애를 지닌 사람들의 의사소통 능력을 증진시키기 위한 창의적인 노력이 시도되는 것은 충분히 이해할만한 현상이다. 그러나 연구자들은 객관적이고 과학적인 타당화 연구들을 통하여 촉진자가 촉진을 받는 사람들이 답변해야 하는 질문이나 의사소통을 위해서 필요한 정보를 가지고 있을 때에 정확하게 반응할 수 있었으며, 만일 촉진자가 그러한 정보를 가지고 있지 않은 경우에는 그러한 놀라운 의사소통이 발생하지 않았음을 일관성 있게 입증해 왔다. 반대로 긍정적인 성과를 보고한 연구들은 사례 보고이거나 덜 엄격하고 덜 과학적인 방법을 사용한 연구들이었다. 따라서 여러 가지 연구 방법과 모델을 적용한 서로 다른 연구들의 일관성 없는 연구 결과는 촉진적 의사소통의 효율성 분석을 시도해야 한다는 과제에 직면하게 한다. 그럼에도 불구하고 촉진적 의사소통은 신뢰롭고 과학적으로 타당한 방법임을 입증하지 못하는 분명한 증거들이 있으며, 이러한 사실은 체계적이고 표준적인 방법과 객관적인 관찰 등에 의하여 지지되고 있다. 이 책은 촉진적 의사소통이 객관적이고 과학적인 증거가 부족하며 "심령술에서 사용되는 문자판 현상(Ouija board phenomenon)" 이상의 아무것도 아님을 지적한 Calculator(1992)의 주장에 동의한다. 따라서 이 책은 자폐 범주성 장애를 지닌 것으로 진단된 사람들을 대상으로 일할 때 이러한 방법에 의존하지 않도록 경고하는 바이다.

중재 실행을 위한 조건

Biklen(1993)은 자폐 범주성 장애를 지닌 사람들을 대상으로 촉진적 의사소통을 사용하고자 하는 잠재적인 촉진자들을 훈련하는 특정 방법을 개발하였다. 이 훈련은 시

라큐스 대학에서 받을 수 있으며, 기타 공·사립 기관에서도 훈련을 제공하고 있다.

Biklen의 저서인 『자유로운 의사소통: 자폐 및 능력/무능력의 전통적인 견해에 도전하는 촉진적 의사소통(Communication Unbound: How Facilitated Communication Is Challenging Traditional Views of Autism and Ability/Disability)』(1993)은 촉진적 의사소통의 8가지 기본적인 구성요소들과 관련된 훈련 정보를 제공하는 훈련 지침서를 부록으로 포함하고 있다: (1) 촉진적 의사소통의 기본적인 구성요소, (2) 의사소통 자료수집하기(샘플 자료수집 용지에 따라서), (3) 자폐를 지닌 사람들이 경험하는 어려움에 관한 가정, (4) 의사소통을 시작하는 방법, (5) 세트과제를 개발하고 실행하는 방법, (6) 반향어를 보이는 자폐인과 일하기, (7) 다른 촉진자들로 일반화하기, (8) 의사소통을 향상시키는 방법. Biklen(1993)과 Crossley와 Remington-Gurney(1992)는 고도의 개인적인 윤리적 기준을 가지고 있으며 촉진적 의사소통에 대한 신념을 지니고 있고 장애인을 존중하며 특별히 자신이 함께 일할 사람들을 존중하는 사람들을 의사소통의 촉진자로 사용할 것을 강조하였다.

촉진적 의사소통은 언제 어디서나 사용될 수 있다. 앞에서도 언급하였듯이, 참여자와 함께 하는 촉진적 의사소통 훈련은 다른 촉진자들과 의사소통 할 수 있게 해주는 일반화를 훈련의 한 부분으로 포함한다.

Biklen(1993)은 또한 참여자가 자신의 또는 어떤 의사소통 보조도구에 무제한적으로 접근할 수 있어야 하며 이렇게 함으로써 이들이 정상적인 타자치기를 통하여 언어장애가 없는 사람들만큼 대화할 수 있다고 강조하였다. 그러므로 하루의 특정 시간이나 환경으로 촉진적 의사소통의 사용을 제한하지 않고 참여자가 포함된 모든 환경과 활동 중에 사용할 수 있게 해주는 것이 중요하다.

중재의 잠재적 위험

자폐 범주성 장애를 지닌 사람들에게 촉진적 의사소통을 사용하는 것에 대해서는 심각한 논쟁이 이루어지고 있으며, 그 효율성을 타당화해 줄 수 있는 과학적인 증거는 제시되지 않고 있다. 따라서 자폐 범주성 장애를 지닌 특정인에게 촉진적 의사소통을 사용하는 것은 심각한 해가 될 수 있다. 많은 사람들은 실제로 의사소통을 하는 사람이 촉진자라고 생각하기 때문에 이들의 말을 듣거나 믿지 않을 위험이 있다. 그러므로 참여자가 실제로 독립적인 의사소통을 하더라도 촉진적 의사소통 방법을 둘러싼 많은 회의적인 사실들에 의해서 진지하게 여겨지지 않을 수도 있으며, 그 결과 참여자나 그 가족들이 창피를 당하거나 고립되는 결과를 초래할 수 있다. 또한 촉진자가 촉진적 의사소통을 통하여 의사소통 자체를 조작할 위험도 존재한다. 또 다른 위험은 만일 참여자가 촉진적 의사소통을 통하여 의사소통하는 것이 아니라면 촉진적 의사소통을 통하여 이루어지는 의사소통은 부모와 교육자들로 하여금 참여자가 실제로 가지고 있지 않은 능력과 지식을 가지고 있다고 믿게 만들며 이로 인하여 참여자의 진정한 욕구를 무시하게 된다는 것이다.

촉진적 의사소통에 의하여 심각한 해를 입은 사람들이 보고되어 왔다는 사실을 주목할 필요가 있다. 호주의 신문인 『The Sunday Age』는 정신지체를 지닌 29세 여성이 촉진적 의사소통을 사용하여 그녀의 가족들이 자신을 성적으로 학대했다고 의사소통을 한 후에 집에서 나오게 된 사실을 보도하였다. 이 기사에 따르면, 이 여인은 촉진적 의사소통을 하는 도중에 성적 학대를 피해서 집을 떠나고 싶다고 타자를 친 후에 두 차례에 걸쳐 집에서 데리고 나가졌다. 그러나 그녀가 도망가고 싶다고 주장했다는 가족들로부터 분리된 후 그녀는 매우 당황한 것으로 알려졌다. 보고된 학대에 대한 신뢰성을 확인하기 위하여 호주 정부는 이 여인과 친숙하지 않은 한 명을 포함한 두 명의 촉진자를 접촉하였다. 성적 학대에 대한 이 여인의 촉진적 의사소통 내용은 이 여인이 아버지의 이름과 집에서 키우는 애완동물의 이름을 묻는 것과 같은 기본적인 질문에 대답하지 못했다는 사실에 의해서 심각하게 의문시되었다. 그녀는 또한 복잡한 문법과 철자를 사용하면서도 자신의 이름 철자를 부정확하게 제시했다. 검사 결과 이 여인은 독립적으로 의사소통할 수 없는 것으로 나타났다.

중재 비용

자폐 범주성 장애를 지닌 사람들에게 촉진적 의사소통을 사용하는 비용은 촉진자 훈련 비용, 촉진자 채용 비용, 촉진적 의사소통 도구 구입 비용을 포함한다. 촉진적 의사소통 과정에 참여하는 촉진자와 참여자를 성공적으로 훈련하기 위해서는 시간도 요구되며, 경우에 따라서는 특정 개인에게 촉진적 의사소통의 활용이 적절하지 않다는 사실을 발견함으로써 시간이 낭비되기도 한다. 촉진적 의사소통의 사용은 이 방법이 효율적인 방법으로 입증되지 못하고 있다는 사실에 따른 정서적인 부담에 대한 비용도 고려해야 한다.

자폐 범주성 장애 아동에 대한 효율성 평가 방법

Biklen(1993)은 촉진적 의사소통의 효율성과 타당성을 "검증"하기 위하여 양적 연구를 수행한 사람들이 사용해온 방법들은 이들이 촉진받는 사람들을 신뢰할 수 있거나 능력 있는 의사소통자가 아니라고 생각하기 때문에 부적절하다고 주장한다. 따라서 Biklen(1993)은 참여자를 검사할 수 있는 다음과 같은 세 가지 방법들을 제안하였다.

● 학문적 검사—참여자들에게 다양한 심리 및 지능 검사와 함께 읽기 이해력, 수학, 과학, 기타 학문적 기술과 관련된 검사를 제공함으로써 참여자들은 자신의 의사소통 할 수 있는 능력과 특정 내용에 대한 지식을 제공함
● 정보 공유—촉진자는 참여자에게 자신이 알지 못하는 참여자의 생활 중에 발생한 사건이나 개인적인 정보와 관련된 질문을 함
● 메시지 전달—참여자에게 특정 사물이나 정보를 제공할 때 촉진자가 밖에 나가 있다가 들어오게 한 후 촉진자에게 대답하게 하는 호주 정부의 Intellectual Review Panel에서 사용하는 특별한 "비공식적이고" 비위협적인 방법

앞에서 언급하였듯이, 촉진적 의사소통을 평가하는 양적 방법은 임상적이고 전통적인 과학적 방법의 사용을 중심으로 이루어져 왔다. 이러한 접근들은 촉진적 의사소통의 효과가 결여된 것으로 일관성 있는 결과를 제시해 왔다.

촉진적 의사소통에 대한 지지는 주로 비공식적인 보고나 사례 연구의 형태로 이루어지고 있다. 반대로 객관적인 노력에 의존하는 연구자들은 촉진자가 답을 알지 못하는 질문들을 제시함으로써 촉진적 의사소통이 보조한 결과를 객관적으로 확인하기 위한 설계를 사용해왔다(Myles & Simpson, 1994; Simpson & Myles, 1995b; Wheeler et al., 1993). 이와 같은 과학적인 타당화 연구들은 참여자가 대답해야 할 질문에 필요한 정보를 촉진자가 가지고 있지 못한 경우에 참여자는 독립적으로 의사소통을 할 수 없었음을 일관성 있게 보여주고 있다.

결론

자폐 범주성 장애를 위한 증명되지 않은 중재 및 치료들은 이 영역에서 잘 알려져 있다. 촉진적 의사소통은 처음에는 자폐 범주성 장애를 지닌 사람들에게 획기적인 치료법으로 기대되었다. 그러나 좀 더 상세한 조사과정을 거쳐 촉진적 의사소통은 효율성이 결여된 것으로 입증되었다. 이 책을 집필한 저자들은 촉진적 의사소통을 권장할 만한 어떤 근거도 발견하지 못했다.

평가 결과: 권장되지 않는 실제(Not Recommended)

참고문헌 및 기타 참고자료

● 참고문헌

Bebko, J., Perry, A., & Bryson, S. (1996). Multiple method validation study of facilitated communication: II. Individual differences and subgroup results. *Journal of Autism and Developmental Disorders, 26*(1), 19-42.

Biklen, D. (1990). Communication unbound: Autism and praxis. *Harvard Educational Review 60*(3), 291-314.

Biklen, D. (1993). *Communication unbound: How facilitated communication is challenging traditional views of autism and ability/disability.* Teachers College Press: New York.

Biklen, D., Morton, M. W., Gold, D., Berrigan, C., & Swaminathan, S. (1992). Facilitated communication: Implications for individuals with autism. *Topics in Language Disorders 12*(4), 1-28.

Biklen, D., & Schubert, A. (1991). New words: The communication of students with autism. *Remedial and Special Education, 12*(6), 46-57.

Bomba, C., O'Donnell, L., Markowitz, C., & Holmes, D. (1996). Evaluating the impact of facilitated communication on the communicative competence of fourteen students with autism. *Journal of Autism and Developmental Disorders, 26*(1), 43-58.

Calculator, S. N., (1992). Perhaps the emperor has clothes after all: A response to Biklen, *American Journal of Speech and Language Pathology, 1*(2), 18-20.

Crossley, R. (1992a). Communication training involving facilitated communication. In DEAL Communication Centre (Eds.), *Facilitated communication training* (pp. 1-9). Melbourne, Australia: DEAL Communication Centre.

Crossley, R. (1992b). Who said that? In DEAL Communication Centre (Eds.), *Facilitated communication training* (pp. 42-54). Melbourne, Australia: DEAL Communication Centre.

Crossley, R., & Remington-Gurney, J (1992). Getting the words out: Facilitated communication training. *Topics in Language Disorders, 12*(4), 29-45.

Hudson, A., Melita, B., & Arnold, N. (1993). Brief report: A case study assessing the validity of facilitated communication. *Journal of Autism and Developmental Disorders, 23*(1), 165-173.

Intellectual Disability Review Panel. (1989). *Investigation into the reliability and validity of the assisted communication technique.* Melbourne, Victoria: Department of Community Services.

Myles, B. S., & Simpson, R. L. (1994). Facilitated communication with children diagnosed as autistics in public school settings. *Psychology in the Schools, 31*(3), 208-220.

Perry, A., Bryson, S., & Bebko, J. (1998). Brief report: Degree of facilitator influence in facilitated communication as a function of facilitator characteristics, attitudes, and beliefs. *Journal of Autism and Developmental Disorders, 28*(1), 87-90.

Prior, M., & Cummins, R. (1992). Questions about facilitated communication.

Journal of Autism and Developmental Disorders, 22(3), 331-338.

Rimland, B. (1992a). Facilitated communication: Courts say "no." *Autism Research Review International, 6*(3), Editor's notebook.

Rimland, B. (1992b). Facilitated communication: Now the bad news. *Autism Research Review International, 6*(1), Editor's notebook.

Sabin, L., & Donnellan, A. (1993). A qualitative study of the process of facilitated communication. *Journal of Severe Handicaps, 18*(3), 200-211.

Schopler, E. (1992). Facilitated communication-hope or hype? *Autism Society of North Carolina, 8*(3), 6.

Simpson, R. L., & Myles, B. S. (1995a). Effectiveness of facilitated communication with children and youth with autism. *Journal of Autism and Developmental Disorders, 23*(1), 175-183.

Simpson, R. L., & Myles, B. S. (1995b). Facilitated communication and children with disabilities: An enigma in search of a perspective. *Focus on Exceptional Children, 27*(9), 1-15.

Smith, M. D., & Belcher, R. G. (1993). Brief report: Facilitated communication with children and adults with autism. *Journal of Autism and Developmental Disorders, 23*(1), 175-183.

Vasquez, C. (1994). Brief report: A multitask controlled evaluation of facilitated communication. *Journal of Autism and Developmental Disorders, 24*(3), 369-379.

Wheeler, D., Jacobson, J., Paglieri, R., & Schwartz, A. (1993). An experimental assessment of facilitated communication. *Mental Retardation, 31*(1), 49-60.

● 기타 참고자료

Edelson, S., Rimland, B., Berger, C., & Billings, D. (1998). Evaluation of a mechanical hand-support for facilitated communication. *Journal of Autism and Developmental Disorders, 28*(2), 153-157.

Kerrin, R., Murdock, J., Sharpton, W., & Jones, N. (1998). Who's doing the pointing? Investigating facilitated communication in a classroom setting with students with autism. *Focus on Autism and Other Developmental Disorders, 13*(2), 73-79.

Rimland, B. (1991). Facilitated communication: Problems, puzzles, and paradoxes: Six challenges for researchers. *Autism Research Review International, 5*(4), Editor's notebook.

Rimland, B. (1992). Let's teach the kids to read. *Autism Research Review International, 6*(3), Editor's notebook.

Sillman, E. (1995). Issues raised by facilitated communication for theorizing and research on autism: Comments on Duchan's (1993) tutorial. *Journal of Speech and Hearing Research, 38,* 204-206.

Simpson, R. L., & Myles, B. S. (Eds.). (1998). *Educating children and youth with autism: Strategies for effective practice.* Austin, TX: PRO-ED.

보완대체 의사소통 AUGMENTATIVE AND ALTERNATIVBE COMMUNICATION(AAC)

연령/능력 수준

- 대상 연령: 유치원부터 성인까지
- 대상 진단명 및 관련 특성: 경도에서 중도까지의 자폐 범주성 장애(ASD)
- 대상 능력 수준: 모든 수준의 지적 기능, 비구어 아동이나 말과 의사소통 기술이 부족한 아동

중재 내용

보완대체 의사소통(AAC)은 표현적 의사소통의 결함을 보상하기 위하여 사용되는 다양한 중재를 의미하는 용어이다. 여기서 보완(augmentative)이란 용어는 개인의 말을 강화하기 위하여 중재로 사용되는 방법과 도구를 의미한다. 반대로 대체(alternative)란 용어는 구어를 습득하지 못하였거나 습득할 수 없는 사람들을 위하여 말을 대신하여 사용되는 기술을 의미한다(McCormick & Shane, 1990).

보완대체 의사소통 체계는 의사소통 도구와 상징체계의 두 가지 주요 구성요소로 이루어진다(McCormick & Shane, 1990). 의사소통 도구는 보조를 필요로 하거나 필요로 하지 않는다. 보조가 필요 없는 의사소통 도구(unaided communication device)는 작동을 위한 어떤 기술도 요구하지 않으며, 제스처, 몸짓 언어, 발성, 수화 등이 이에 속한다(Bondy & Frost, 2002). 보조가 필요한 의사소통 도구(aided communication device)는 아동 외적인 기술을 필요로 한다. 의사소통 책, 말 산출 도구, 컴퓨터 등이 그 예가 될 수 있으며, 아동들은 자신의 말을 보충하거나 강화하기 위하여 이러한 도구들을 사용하게 된다.

보조가 필요 없는 의사소통 도구를 사용하는 장점은 다음과 같다: (1) 추가의 지원 도구가 불필요하다; (2) 환경 내에서 수행하기 편리하다; (3) 비용이 들지 않는다. 보조가 필요한 AAC는 여러 가지 다양한 형태를 취한다. 상징체계의 가장 평범한 형태는 American Sign Language와 Singed English 등의 수화이다. 수화는 자폐를 포함하는 많은 장애인들에게 효과적으로 사용되어 왔다(Bryen & Joyce, 1986). AAC 도구에 많이 사용되는 그 외의 상징들에는 추상적인 상징체계(예: 그림 의사소통 상징 [Picture Communication Symbol: PCS])(Johnson, 1981), 그림상징(Picsyms)(Carlson, 1984), 기호상징(Sigsymbols)(Creagan, 1982), 보드메이커(Boardmaker)(Mayer-Johnson Inc., 2001) 등이 있다.

자폐 범주성 장애와의 관련성

모든 아동은 의사소통을 할 수 있으며 또한 의사소통을 한다. 불행하게도 장애를 지닌 사람들은 종종 의사소통을 위한 적절한 수단을 제공받지 못하곤 한다. 이들은 이러한 이유로 인하여 이상한 행동을 일으키곤 하는데, 이것은 행동이 가장 강력한 형태의 의사소통이기 때문이다.

자폐 범주성 장애를 지닌 아동들은 교육자들에게 융통성 있고 창의적인 중재를 필요로 하는 복잡한 의사소통 상황을 제시한다. 자폐 아동의 50%는 기능적인 말을 발달시키지 못한다. 이들은 말을 하지 못하거나 무의미한 형태로 나타나곤 하는 반향어를 사용하기도 한다. 그러므로 AAC 체계는 이러한 사람들을 위하여 개발되고 활용되어야 한다.

평가 결과: 성과가 기대되는 실제(Promising Practice)

참고문헌 및 기타 참고자료

● 참고문헌

Bondy, A., & Frost, L. (2002). *A picture's worth: PECS and other visual communication strategies in autism.* Bethesda, MD: Woodbine House.

Bryen, D. N., & Joyce, D. G. (1986). Sign language and the severely handicapped. *Journal of Special Education, 20*(2), 183-194.

Carlson, F. (1984). *Picsyms categorical dictionary.* Lawrence, KS: Baggeboda Press.

Creagan, A. (1982). *Sigsymbol dictionary.* Hatfield, Hertsford, England: Author.

Johnson, J. (1981). *The picture communication symbols.* Solana Beach, CA: Mayer-Johnson, Inc.

Kuder, S. J. (1997). *Teaching students with language and communication disabilities.* Needham Heights, MA: Allyn & Bacon.

Mayer-Johnson Inc. (2001). *Boardmaker.* Solana Beach, CA: Author.

McCormick, L., & Shane, H. (1990). Communication system options for students who are nonspeaking. In L. McCormick & R. Schiefelbusch (Eds.), *Early language intervention: An introduction* (pp. 427-472). Columbus, OH: Merrill.

● 기타 참고자료

Hodgdon, L. A. (1999). *Visual strategies for improving communication: Practical supports for school and home.* Troy, MI: QuirkRoberts.

Quill, K. A. (1995). *Teaching children with autism: Strategies to enhance communication and socialization.* Albany, NY: Delmar.

Quill, K. A. (2000). *Do-watch-listen-say: Social and communication intervention for children with autism.* Baltimore, MD: Paul H. Brookes.

Savner, J. L., & Myles, B. S. (2000). *Making visual supports work in the home and community: Strategies for individuals with autism and Asperger syndrome.* Shawnee Mission, KS: Autism Asperger.

보조 공학 ASSISTIVE TECHNOLOGY(AT)

연령/능력 수준

- 대상 연령: 유치원부터 성인까지
- 대상 진단명 및 관련 특성: 경도에서 중도까지의 자폐 범주성 장애(ASD), 아스퍼거 증후군, 기타 발달장애
- 대상 능력 수준: 중도 인지장애부터 평균 이상의 지적 기능

중재 내용

보조 공학(AT)은 "장애를 지닌 아동의 기능적인 능력을 증가시키거나 유지하거나 향상시키기 위하여" 사용되는 모든 보조를 설명하기 위한 폭넓은 용어이다 (Individuals With Disabilities Education Act Amendments, 1997). 보조 공학 장치는 전자 장치일 수도 있고 그렇지 않을 수도 있으며 저-, 중-, 고- 기술로 분류된다. 보조 공학적인 해결은 개조된 수저, 말하는 계산기, 연필 손잡이, 음성 산출기, 청각적인 단어 스캐너, 소프트웨어, 말하는 워드 프로세서, 개조된 자동차 등에 이르기까지 다양한 범위를 포함한다(Lane & Mistrett, 1996).

보고된 혜택 및 효과

자폐 범주성 장애를 지닌 아동들이 보조 공학의 사용을 통하여 혜택을 받을 수 있다는 증거가 제시되고 있는 것은 사실이지만 이들을 위한 이러한 수단의 사용 가능성은 아직 많은 부분이 밝혀지지 않고 있다(Blackhurst & Morse, 1996, Higgins & Boone, 1996, Moore, McGrath, & Thorpe, 2000). 그럼에도 불구하고 보조 공학은 다음과 같은 주제들을 다루는데 효과적인 중재로 알려져 있다: (1) 의사소통적 필요 (Arora & Goodenough-Trepagnier, 1989; Colby, 1973; Dyches, 1998; Kennedy &

저자	N	장소	연령/성별	진단	결과	비고
Colby (1973)	17	치료 회기	5~17세	자폐	아동이 사회적 의사소통의 목적으로 자발적으로 말을 사용한다면 향상된 것으로 결정함.	17명 중 13명이 자발적인 말의 사용에서 향상을 보임.
Battenberg & Merbler (1989)	80	유치원 교실	5~6세	발달 지체 아동(40), 지체되지 않은 아동(40)	터치스크린의 사용이 발달지체가 있는 아동과 없는 아동의 과제 수행을 유의미하게 향상시킴.	자폐 아동들은 자판보다 터치스크린으로 더 잘 수행함.
Chen & Bernard-Opitz (1993)	4	학교 환경	4~7세/ 남 3, 여 1	자폐	자폐를 지닌 4명의 아동에 대한 결과는 컴퓨터-보조 교수가 각 아동에게 서로 다른 영향을 미친 것으로 나타남.	아동들은 교사-주도의 교수와 비교할 때 컴퓨터-보조 교수에서 더 큰 동기와 더 적은 행동 문제를 보였음.
Kennedy & Haring(1993)	4	학교 환경	5~20세/ 남 2, 여 2	최중도 중복장애	최중도 중복장애를 지닌 대상자들은 각각 독특하고 분명한 형태의 자극 선호도를 보였음.	3명의 학생들은 마이크로 스위치 사용을 학습하였으며 민첩함이 증가하였음.
Dyches (1998)	4	특수학급	10~12세/ 남 2, 여 2	자폐 및 중도장애	최소 촉진을 이용한 스위치 훈련이 모든 대상자의 의사소통적 상호작용의 빈도를 증가시킴.	스위치 사용과 비보완적 의사소통과 관련된 다양한 결과가 제시됨.
Schlosser, Blischak, Belfiore, Bartley, & Barnett (1998)	1	여름 학기 프로그램	10세 남아	자폐	세 가지 조건에서 정확하게 철자를 말한 단어와 정확한 글자 순서의 빈도/비율이 모두 준거를 충족시킴.	음성 산출 의사소통 도구(청각 조건)가 시각 조건 및 시각-청각 조건과 비교되었으며, 청각 조건이 가장 효과적인 조건이었음.
Hagiwara & Myles (1999)	3	학교 환경	7~9세/ 모두 남자	자폐	대상자 간의 성공률은 멀티미디어 상황 이야기 중재의 일관성 있는 효과를 밝히지 못하였음.	하이퍼 카드 소프트웨어와 목표행동의 비디오 장면의 사용을 보여줌.
Tjus, Heinmann, & Nelson (2001)	20	학교 환경	평균 연령 9세 4개월/ 남 13, 여 7	자폐	자폐 아동이 모든 단계의 훈련에서 즐거움과 말 표현의 향상을 보임.	언어 연령이 낮은 아동의 언어 표현이 증가하였음. 언어 수준이 높은 아동은 증가된 즐거움을 보였음

〈계속〉

저자	N	장소	연령/성별	진단	결과	비고
Bernard-Opitz, Siriam, & Nakhoda-Sapuan (2001)	8	유치원	5~8세	자폐	전형적인 발달을 보이는 유아들과 자폐를 지닌 유아들에게 컴퓨터로 제시되는 만화화한 해결 모델을 사용하여 사회적 문제해결을 교수할 수 있었음.	컴퓨터 프로그램은 새로운 생각들의 횟수로 측정되는 학생들의 문제해결 기술을 증가시켰음.

Haring, 1993; Tjus, Heinmann, & Nelson, 2001), (2) 짝짓기(Battenberg & Merbler, 1989). (3) 철자법(Battenberg & Merbler, 1989, Schlosser, Blischak, Belfiore, Bartley, & Barnett, 1998), (4) 문제해결(Bernard-Opitz, Siriam, & Nakhoda-Sapuan, 2001), (5) 민첩성(Kennedy & Haring, 1993), (6) 동기와 행동(Chen & Bernard-Opitz, 1993; Tjus et al., 2001), (7) 과제 완수(Hagiwara & Myles, 1999), (8) 자조 기술(Hagiwara & Myles, 1999). 자폐 범주성 장애를 지닌 학생들에 대한 보조 공학의 효율성을 연구한 과학적 연구들은 부족한 실정이다.

자폐 범주성 장애 아동에 대한 활용 결과

보조 공학 도구는 자폐 범주성 장애 아동과 청소년들의 필요를 직접적으로 다루어 준다. Higgins와 Boone(1996)에 따르면, 보조 공학 도구는 의사소통을 강화하고 복수의 단서를 포함하며 동시에 독립적인 반응, 과제의 다양성, 학습 기회를 제공한다. 보조 공학 도구들은 이러한 필요를 충족시켜 주고 자폐 범주성 장애 아동들의 학습 스타일을 보완해 주기 때문에 적절한 중재인 것처럼 보인다. 그럼에도 불구하고 앞에서도 언급하였듯이, 자폐 범주성 장애를 지닌 학생들에게 실시된 보조 공학의 효율성 연구는 거의 없는 실정이다.

중재 실행 자격 및 방법

보조원이나 보조 교사를 포함하는 교육 관련자들은 모두 보조 공학 도구를 사용하여 학생들을 도와줄 수 있다. 보조 공학을 사용하여 학생들을 가르치기 위한 훈련은 사용될 도구의 종류에 따라 달라진다. 어떤 도구의 경우에는 숙련된 판매자나 교수 지침서에 의하여 충분한 정보를 제공받을 수 있다. 또한 어떤 도구들은 훈련을 위하여 온라인 교수나 비디오테이프를 사용한다. 다른 보조 공학 도구들은 많은 시간의 훈련을 필요로 하기도 한다. 지역 교육청에 따라서는 보조 공학 전문가를 채용하기도 하는데, 특별히 이러한 도구들을 사용하는데 전문성을 지닌 교육자, 작업 치료사, 말/언어 병리학자 등을 채용하곤 한다.

중재의 잠재적 위험

적절한 보조 공학을 사용하도록 정확하게 훈련받은 학생들에 대해서는 위험이 거의 존재하지 않는다. 가장 큰 위험은 교육자가 보조 공학을 생산적으로 활용하도록 지원할 수 있는 훈련을 받지 못함으로써 자폐 범주성 장애 아동에게 제공되는 보조 공학 도구가 잘 사용되지 않거나 보조 공학이 부적절하게 선택되어 사용되는 것이다.

중재 비용

보조 공학 도구의 가격은 연필 손잡이와 같이 천원 이하에서부터 통합 컴퓨터 시스템과 같은 수백만 원에 이르기까지 다양하다. 훈련비용 또한 보조 공학의 특성 및 사용에 필요한 훈련과 감독의 성격에 따라 매우 다양하다.

자폐 범주성 장애 아동에 대한 효율성 평가 방법

보조 공학의 성과는 보조 공학의 사용과 관련된 목표행동을 조작적으로 정의하고 그 변화를 측정함으로써 쉽게 측정되곤 한다.

결론

보조 공학 도구들은 가격과 복잡성에 있어서 다양하며 자폐 범주성 장애를 지닌 아동들에게 긍정적인 영향을 미칠 수 있다. 보조 공학 도구를 정확하게 활용하기 위해서는 교사와 학생을 대상으로 하는 도구 사용에 대한 주의 깊은 훈련이 반드시 필요하다.

평가 결과: 성과가 기대되는 실제(Promising Practice)

참고문헌 및 기타 참고자료

● 참고문헌

Arora, A., & Goodenough-Trepagnier, C. (1989). *Feasibility of VIC for students with language impairment associated with autism*. Association for the Advancement of Rehabilitation Technology, 12th Annual Conference, New Orleans, LA.

Battenberg, J. K., & Merbler, J. B. (1989). Touch screen versus keyboard: A comparison of task performance of young children. *Journal of Special Education Technology, 10*(2), 24-28.

Bernard-Opitz, V., Siriam, N., & Nakhoda-Sapuan, S. (2001). Enhancing social problem solving in children with autism and normal children through computer-assisted instruction. *Journal of Autism and Developmental Disorders, 31*(4), 377-384.

Blackhurst, A. E., & Morse, T. E. (1996). Using anchored instruction to teach about assistive technology. *Focus on Autism and Other Developmental Disabilities, 11*(3), 131-141.

Chen, S. H. A., & Bernard-Opitz, V. (1993). Comparison of personal and computer-assisted instruction for children with autism. *Mental Retardation, 31*(6), 368-376.

Colby, K. M. (1973). The rationale for computer-based treatment of language difficulties in nonspeaking autistic children. *Journal of Autism and Childhood Schizophrenia, 3*(3), 254-260.

Dyches, T. T. (1998). Effects of switch training on the communication of children with autism and severe disabilities. *Focus on Autism and Other Developmental Disabilities, 13*(3), 151-162.

Hagiwara, T., & Myles, B. S. (1999). A multimedia social story intervention:

Teaching skills to children with autism. *Focus on Autism and Other Developmental Disabilities, 14*(2), 82-95.

Higgins, K., & Boone, R. (1996). Creating individualized computer-assisted instruction for students with autism using multimedia-authoring software. *Focus on Autism and Other Developmental Disabilities, 11*(2), 69-78.

Individuals With Disabilities Education Act Amendments, § 602[1] (1997).

Kennedy, C. H., & Haring, T. G. (1993). Teaching choice making during social interactions to students with profound multiple disabilities. *Journal of Applied Behavior Analysis, 26*(1), 63-76.

Lane, S. J., & Mistrett, S. G. (1996). Play and assistive technology issues for infants and young children with disabilities: A preliminary examination. *Focus on Autism and Other Developmental Disabilities, 11*(2), 96-104.

Moore, D., McGrath, P., & Thorpe, J. (2000). Computer-aided learning for people with autism—A framework for research and development. *Innovations in Education and Training International, 37*(3), 218-228.

Schlosser, R. W., Blischak, D. M., Belfiore, P. J., Bartley, C., & Barnett, N. (1998). Effects of synthetic speech output and orthographic feedback on spelling in a student with autism: A preliminary study. *Journal of Autism and Developmental Disorders, 28*(4), 309-319.

Tjus, T., Heinmann, M., & Nelson, K. E. (2001). Interaction patterns between children and their teachers when using a specific multi-media and communication strategy: Observations from children with autism and mixed intellectual disabilities. *Autism: The International Journal of Research and Practice, 5*(2), 175-187.

● 기타 참고자료

Brotherson, M. J., Cook, C. C., & Parette, H. P. (1996). A home centered approach to assistive technology [special issue on assistive technology]. *Focus on Autism and Other Developmental Disabilities, 11*(2), 86-95.

밴다이크 교육과정 접근 VAN DIJK CURRICULAR APPROACH

연령/능력 수준

- 대상 연령: 유치원부터 성인까지
- 대상 진단명 및 관련 특성: 경도에서 중도까지의 자폐 범주성 장애(ASD)
- 대상 능력 수준: 경도부터 중도까지의 인지장애

중재 내용

　밴다이크 교육과정 접근은 1960년대 중반에 풍진에 의해서 농-맹 이중감각장애를 지니게 된 아동들의 교육적 필요를 충족시키기 위하여 처음으로 개발되었다 (MacFarland, 1995). van Dijk(2001)가 개인적인 설명을 통하여 지적한 바와 같이, 현재 사용되고 있는 방법들은 기능이 초기 감각 운동기에 머물러 있는 학습자들을 대상으로 하기에는 부적절하다. 특히 그는 Piaget의 감각 운동기 수준의 발달은 새로운 환경으로의 기술 일반화를 촉진하기에는 불충분하다는 이론적 입장으로부터 탄생한 교육적 전략을 강조하였다(van Dijk, 2001). 기능적인 상황에서의 교육적 자극을 제공하는 것 외에도 밴다이크 방법은 다양한 범주의 아동들의 욕구를 충족시키기 위하여 계속 수정되고 있다(MacFarland, 1995). 그러나 자폐 범주성 장애를 지닌 사람들에 대한 밴다이크 방법의 사용은 그 실증적인 타당성이 결여되어 있다. 그럼에도 불구하고 자폐 범주성 장애를 지닌 사람들과 농-맹 장애를 보이는 사람들이 보이는 의사소통, 사회성, 감각 결함에 있어서의 공통점은 이 두 집단을 위한 중재가 어느 정도는 중복될 수 있음을 보여주고 있다. 따라서 밴다이크 이론으로부터 고안된 중재들 중에는 자폐 범주성 장애를 지닌 아동들에 대하여 입증된 치료와 관련된 것들이 있는 것으로 보인다.

　밴다이크의 교육적 이론은 전형적인 아동의 표상적이고 상징적인 능력에 대한 Werner와 Kaplan의 개념으로부터 가설을 취하고 있다(MacFarland, 1995). van Dijk 는 중도 감각 손상을 지닌 아동들이 의미있는 상호작용 및 자신의 환경 안에 있는 사람과 사물의 측면에서 세상을 동화시키려는 시도를 한다고 주장한다(MacFarland,

1995). 특히 밴다이크 방법은 감각이 손상된 아동의 신경학적 상태와 아동 환경의 외부적인 영향 간에 발달적인 관계가 존재하는 것으로 가정한다(MacFarland, 1995).

밴다이크 방법은 성인이 아동을 더 잘 이해하기 위하여 노력하는 과정에서 성인과 아동이 함께 사건을 경험하게 되는 공동 마주침(joint encounter)을 근거로 한다. 예를 들어서, 아동은 행동을 수행하고 성인은 즉시 아동과 같은 행동을 수행한다. 이러한 공동 마주침은 두 사람 간의 대화의 기초를 형성해 준다. 관계와 대화를 발전시키는 과정 내내 강조되는 것은 의사소통의 신호와 거리감을 인식하면서 상호 교환적인 의사소통을 주고받는 것이다(MacFarland, 2001). MacFarland(1995, 2001)에 의하면 학습자 성과는 다음과 같은 것들을 포함한다.

- 애착 및 안정감
- 학습자가 자기-자극 행동으로부터 다른 사람을 포함하는 행동으로 옮겨 가게 하는 활동을 하면서 성인과 아동의 공동 참여를 합하여 움직임
- 의사소통과 활동에서의 라포 형성 및 상호 교환적인 참여
- 공동 행동의(co-active) 움직임 전략들을 사용한 "가까운"과 "거리가 먼" 것에 대한 감각 개발
- 상호 교환적인 상호작용과 증가된 환경 조절에 대한 인식
- 사물들을 분류하고 식별하는 증가된 능력
- 사물, 활동, 사람의 특성 묘사
- 아동이 시간의 흐름과 기타 추상적인 개념을 학습하도록 시간표와 일기 사용
- 대화 및 예측 가능하고 상징적인 의사소통 전략을 포함하는 자연적인 의사소통 체계의 개발

보고된 혜택 및 효과

농-맹을 지닌 사람들에 대한 밴다이크 방법의 사용을 지지하는 실증적인 증거가 존재하는 것은 사실이지만(Vitagliano & Purdy, 1987), 자폐 범주성 장애를 지닌 사람들을 대상으로 수행한 효과 연구는 없는 실정이다. 그럼에도 불구하고 사례 연구 분

석은 자폐 범주성 장애를 포함하는 많은 감각/중복 손상을 지닌 사람들을 대상으로 밴다이크 교수방법을 사용하는 것에 대하여 어느 정도는 타당성을 인정하는 것으로 보인다(Goetz, Guess, & Stremel-Campbell, 1987). 그러므로 초기 애착과 안정감을 개발하기 위하여, 아동의 세계와 관련해서 다섯 가지 주요 감각들을 강화하기 위하여, 그리고 자연적인 의사소통 접근을 개발하기 위하여 고안된 교수전략들은 자폐 범주성 장애를 지닌 학생들에 대한 잠재적인 활용 가능성을 지닌다고 할 수 있다.

자폐 범주성 장애 아동에 대한 활용 결과

밴다이크 교육과정 접근에 적용되고 있는 많은 원리들은 일반적으로 자폐 범주성 장애를 지닌 사람들에게 적절하다고 할 수 있다. 실제로 이 방법들은 감각 불안정 (sensory instability)을 포함하는 중복장애를 지닌 다양한 사람들을 위한 적절한 방법으로 여겨지고 있다. 자폐 범주성 장애를 지닌 사람들은 이러한 접근의 구체성, 시각적 통로를 통한 제시, 일반화를 촉진하기 위한 자연적인 환경뿐만 아니라 이 방법에서 사용되는 응용행동분석의 기본적인 원리들을 통하여 혜택을 얻을 수 있다.

중재 실행 자격 및 조건

밴다이크 교육과정 접근은 자폐 범주성 장애를 포함하는 특별한 욕구를 지닌 아동들을 대상으로 일하는 다양한 사람들에 의해서 교수되고 사용될 수 있다. 응용행동분석과 행동주의적 프로그램의 기본적인 원리를 잘 아는 사람들은 이러한 방법을 사용하기에 적합한 것으로 여겨진다.

중재의 잠재적 위험

밴다이크 방법론과 관련된 잠재적인 위험은 제시되지 않고 있다. 그럼에도 불구하고 어떤 다른 전략에서와 마찬가지로 임상가의 기술 수준과 관련된 위험은 존재한다. 예를 들어서, 지원이 계속해서 소거되지 않으면 촉진 의존성이 발생할 수도 있다.

중재 비용

밴다이크 교육과정 자료는 도서관이나 웹사이트의 내용을 통하여 구할 수 있다. 이 방법은 자폐 범주성 장애 영역에서 사용되는 다른 보편적인 실제들과 유사하기 때문에 교육과정의 세부적인 것들을 학습하기 위하여 지나치게 많은 시간이 소모되지는 않는다. 다른 방법론적 접근들과 마찬가지로 밴다이크 방법은 학습자가 지속적으로 진보되고 있다는 사실과 앞에서 서술한 위험 요소들이 최소화되고 있다는 사실을 확인하기 위하여 주의 깊은 계획과 점검을 필요로 한다.

자폐 범주성 장애 아동에 대한 효율성 평가 방법

밴다이크 교육과정과 관련해서 특정 자료수집 방법이 제시되지는 않고 있다. 그러나 밴다이크 방법과 기본적인 응용행동분석 방법이 유사하다는 사실은 직접적인 관찰과 실험적인 방법을 통하여 특정 행동주의적 요소들을 판별하고 평가할 수 있음을 알게 해준다.

결론

자폐 범주성 장애를 지닌 아동들을 위한 밴다이크 방법의 사용에 대한 효율적인 과학적 자료는 없는 실정이다. 그러나 이 방법은 다양한 효과적인 실제들을 병합하고 있기 때문에 입증된 효과적인 방법과 함께 사용될 때 자폐 범주성 장애를 지닌 학생들을 위한 교육적 계획에 통합될 수 있는 일반적인 접근으로 수용될 수 있다. 밴다이크 방법을 사용하는 사람들은 학생의 진도를 정기적으로 주의 깊게 점검해야 할 것이다.

평가 결과: 지원 정보가 부족한 실제(Limited Supporting Information for Practice)

참고문헌

Goetz, L., Guess, D., & Stremel-Campbell, K. (Eds.). (1987). *Innovative program design for individuals with dual sensory impairments.* Baltimore, MD: Paul H. Brookes

MacFarland, S. (1995). Teaching strategies of the van Dijk curricular approach. *Journal of Visual Impairment & Blindness, 89*(3) 222-228.

MacFarland, S. (2001). *Overview of the van Dijk curricular approach.* Retrieved January 19, 2004, from www.tr.wou.edu/dblink/VANDIJK12 .htm

van Dijk, D. (2001). *My own evolution.* Retrieved January 19, 2004, from www.tr.wou.edu/dblink/VANDIJK 14. htm

Vitagliano, J., & Purdy, S. (1987). Mother-infant activities: The initial step in language development in the deaf-blind child. *Journal of the Rehabilitation of the Deaf, 21*(1), 33-36.

응용행동분석 APPLIED BEHAVIOR ANALYSIS(ABA)

연령/능력 수준

- 대상 연령: 모든 연령
- 대상 진단명 및 관련 특성: 경도에서 중도까지의 자폐 범주성 장애(ASD)
- 대상 능력 수준: 중도 인지장애부터 평균 이상의 지적 기능

중재 내용

응용행동분석(ABA)은 20세기 초반에 Pavlov(1927)에 의하여 시작된 행동주의 이론에 근거한다. Thorndike(1905), Watson(1930), Skinner(1953), Baer, Wolf, Risley(1968) 등은 ABA를 "가끔씩 발생하는 일시적인 행동의 원리를 특정 행동의 향상을 위하여 적용하고, 동시에 어떤 행동의 변화가 나타난다면 그 변화가 실제로 이러한 적용에 의해서 나타난 것인지를 평가하는 과정"(p. 91)이라고 정의하였다. 자폐 범주성 장애를 지닌 아동들에 대한 ABA의 활용은 특히 1980년대와 1990년대에 보편화되었으며, 『*Let Me Hear Your Voice*』(Maurice, 1994)라는 책과 『자폐 아동의 행동

교수 및 향상을 위한 행동주의적 전략』(Leaf, McEachin, Dayharsh, & Boehm, 1999)
이라는 책의 한 장(chapter)의 출간과 Ivar Lovaas(1987)의 연구로 연계되었다.

ABA는 행동이 발생한 후에 중재를 위하여 효과적인 전략을 제공함과 동시에 순차
적인 선행사건(예방)적 접근을 강조한다. 이러한 방법론은 학생의 바람직한 행동을
증가시키기 위한 적응적이고 의미 있는 교육과정, 적절한 교수 활동, 적절한 자극 조
절, 긍정적인 학급 구조 등 개인의 환경에 대한 지속적이고도 종합적인 분석을 포함
한다(Darch, Miller, & Shippen, 1999). ABA 방법은 과학적으로 타당한 것으로 입증
되어 왔다.

ABA 방법과 관련된 특징적인 원리와 기술들은 다음과 같다.

- 학생의 강점과 약점에 근거한 기능적 기술의 교수
- 시작하는 기술과 지속되는 기술 및 행동 진단과 평가
- 비연속 개별시도 교수(DTT)—교수 회기(trial)는 식별 자극의 제시로 시작되고
  아동의 반응과 후속결과가 뒤따르는 "단일 교수 회기"로 여겨짐(Lovaas, 1981).
  DTT에 대한 좀 더 포괄적인 정보를 위해서는 이 장의 다음 부분을 참고할 것
- 행동은 환경적인 요소들(선행사건)과 후속결과에 의하여 조절된다는 사실에 대
  한 이해
- 촉진(prompting)—원하는 반응이 발생할 가능성을 증가시키는 추가된 자극
- 용암법(fading)—독립적인 반응을 촉진하기 위하여 촉진을 체계적으로 없애기
- 형성법(shaping)—원하는 행동에 연속적으로 근접하기 위한 강화
- 실수 없는 학습(errorless learning)—정반응의 가능성을 최대화하기 위한 형태로
  식별 자극을 제시하기
- 소거(extinction)—이전에 강화된 행동에 뒤따르는 후속결과를 제거함으로써 원
  하지 않는 행동을 약화시키기
- 벌(punishment)—특정 반응이 발생한 후에 원하지 않는 후속결과를 제시함으로
  써 행동을 약화시키기
- 자료에 근거한 의사 결정에 의존함

보고된 혜택 및 효과

자폐 범주성 장애 및 기타 특별한 요구를 지닌 아동들에 대한 ABA의 효과는 수많은 연구들을 통하여 제시되어 왔다. 응용행동분석 논문집인 *Journal of Applied Behavior Analysis*(JABA)는 이 분야의 연구들을 게재하기 위한 논문집이다. 또한 교사와 행동분석가들을 위한 ABA 적용 방법에 대한 수많은 저서들이 출간되었다(예: Alberto & Troutman, 1999, Maurice, Green, & Luce, 1996, Leaf & McEachin, 1999, Lovaas, 1981, Sundberg & Partington, 1998). 이 분야에 대한 지속적인 관심과 방대한 양의 연구들은 1:1 교수, 집단 교수, 자연적인 환경에서의 사회적 기술 교수, 의사소통 교수 등의 다양한 환경에서의 다양한 기술 교수를 위한 ABA 기법들의 정착에 기여해 왔다(Ogletree & Oren, 2001, Sasso, Garrison-Harrell, McMahon, & Peck, 1998, Strain & Odom, 1986).

ABA는 이미 입증된 활용 가능성에도 불구하고 현재 신랄한 상반론에 휩싸여 있다. 이러한 상반된 논쟁은 조기에 집중적인 행동주의적 중재를 받은 자폐 범주성 장애를 지닌 아동들의 47%가 정상적인 인지 및 지적 기능을 습득하였으며 그 결과 학령기가 시작되는 5세에는 일반학급에 통합될 수 있었다고 보고한 Lovaas(1987)의 행동 치료와 자폐 아동의 정상적인 교육적·지적 기능(Behavioral Treatment and Normal Educational and Intellectual Functioning in Young Autistic Children)이라는 논문으로부터 시작되었다. 점점 많은 부모들이 Lovaas의 연구에서 설명한 집중적인 조기 행동주의적 중재 프로그램을 학교에서 실시해 줄 것을 요구하게 되었다.

몇몇 연구자들의 경우에는 Lovaas의 조기 중재 프로그램의 과학적인 적합성에 대하여 의문을 제시해 왔다. 예를 들어서, Grasham과 MacMillan(1997)은 조기 행동주의적 중재 프로그램이 자폐 범주성 장애를 치료할 수 있다는 주장에 반대하였다. 이들은 또한 연구의 내적 타당도와 외적 타당도를 비판하였으며, Lovaas 연구에 참여한 대상자 집단이 자폐 인구를 대표하지 않기 때문에 자폐를 지닌 대다수의 다른 아동들에게 일반화할 수 없다고 주장하였다. 다른 연구자들도 주당 40시간의 집중적인 중재에 대한 의문을 제시하였다(Heflin & Simpson, 1998; Rogers, 1996). 예를 들어서, Rogers(1996)는 주당 15~20시간의 중재 역시 유의미한 바람직한 성과를 가져올 수 있

저자	N	장소	연령/성별	진단	결과	비고
Lovaas, Koegel, Simmons, & Long (1973)	20	UCLA 클리닉	밝히지 않았음	자폐	기술을 유지하고 지속적으로 증가를 보이도록 훈련된 부모의 자녀들. 이들은 치료 후에 검사자에게 더 반응적이었으며 IQ 증가를 보임.	
Lovaas (1987)	38	UCLA 클리닉 및 가정	무언어—40개월 이하, 반향어—46개월 이하	자폐	9명은 IQ 94~100.8로 1학년을 마쳤으며, 8명은 언어지체나 학습장애 프로그램에서 경도 정신지체의 범주로 1학년을 마쳤고, 2명은 자폐/정신지체 프로그램에서 중등도 전신지체의 범주를 보였음. 나머지는 경도에서 중등도 정신지체를 보였으며 특수교육 서비스를 필요로 함.	몇몇 연구자들 (Gresham & MacMillan, 1997)은 이 연구를 신랄하게 비판하였음.
Anderson, Avery, DiPietro, Edwards, & Christian (1987)	14	가정	72개월 이하	자폐	14명의 아동들 중 대부분이 언어, 자조기술, 사회성 및 학문적 발달에 있어서 유의한 습득을 보임.	1년이나 2년 동안 주당 평균 20시간의 중재를 받음.
McEachin, Smith, & Lovaas (1993)	38	UCLA 클리닉/일반 유치원	13세	자폐	4년간의 치료 후 9명의 참여자들 중 최상의 치료효과를 보인 8명이 지능 및 행동 측정에서 평균과 구분할 수 없는 성취를 보임.	Lovaas의 1987년 연구에 대한 종단연구임.
Hagopian, Crockett, van Stone, DeLeon, & Bowman (2000)	4	행동문제로 입원한 환자	4~13세/남 3, 여 1	자폐, 중도 정신지체, 최중도 정신지체, 경련장애, 뇌성마비, 소뇌증	자유로운 강화의 대안적인 출처가 적절하게 구성된다면 소거 없는 비후속적 강화는 문제행동을 감소시키는데 효과적일 수 있음.	
McComas, Hoch, Paone, & El-Roy (2000)	3	학교 및 대학의 연구실	8~9세/모두 남자	발달장애 및 자폐	연구 결과는 반응에 대한 후속결과의 영향으로부터 학업 과제 요구의 독특한 특성들의 영향을 실험적으로 분리시킬 수 있음을 제안함.	

저자	N	장소	연령/성별	진단	결과	비고
Thiemann, & Goldstein (2001)	3	학교	6; 6~12세/ 모두 남자	자폐	목표한 사회 의사소통 증가를 보였으며 사회적 언어 발달을 위한 시각적 단서 교수의 사용을 지지함.	
Dixon & Cummings (2001)	3	가정 중심 치료	5~7세/ 모두 남자	자폐	더 큰 강화에 접근할 수 있게 하는 점진적 지연을 점차적으로 적용함과 동시에 지연된 동안 중재 활동에 참여할 수 있는 선택의 기회를 제공함으로써 자기-통제력이 증가함.	
DeLeon, Neidert, Anders, & Rodriquez-Catter (2001)	1	입원 병동	10세/ 여	자폐	회피-기능의 행동을 치료하기 위한 긍정적 강화의 효과를 입증함. 긍정적 강화는 빈번한 강화 일정 하에서 지시 따르기 행동에 더욱 효과적이었음.	

었다고 보고하였다. 또 다른 연구자들은 자격증을 관할하는 정부부처에서 비교육 영역의 자격증을 받은 사람들(noneducationally certified personnel)에게 교육 환경에서 아동들에게 ABA를 실행할 수 있도록 자격을 인증해야 하는지와 관련해서 ABA에 대한 의문을 제시하고 있다(Heflin & Simpson, 1998).

다음의 표는 자폐 범주성 장애 및 기타 발달장애를 지닌 아동들에게 다양한 측면의 ABA를 적용한 최근의 연구들과 ABA의 효율성을 입증한 대표적인 논문들을 보여주고 있다.

자폐 범주성 장애 아동에 대한 활용 결과

지난 35년 동안 이루어진 ABA에 관한 많은 연구들은 자폐 범주성 장애와 기타 장애를 지닌 아동들을 위한 이 강력한 중재의 효율성을 분명하게 입증해 왔다(Heflin & Simpson, 1998); Rimland, 1994; Rogers, 1996; Simpson & Myles, 1998; Simpson & Regan, 1988). 수많은 연구에서 보고된 결과들에 의한 증거는 ABA가 효과적인 중재임에 의심할 여지가 없음을 보여주고 있다(Green, 1996; Simpson & Myles, 1998).

ABA의 신뢰성은 이 방법에 대한 평가가 자료를 근거로 한다는 점에서 특히 더 강조된다. 그러나 ABA와 관련된 원리와 절차가 자폐 범주성 장애를 지닌 아동들의 의미 있는 습득을 가져다 줄 수 있다는 충분한 과학적 증거가 있음에도 불구하고 이 교수 방법이 다른 모든 중재들을 배제하고 사용되어야 하는지에 대한 실증적인 자료는 없다(Rimland, 1999; Simpson, 2001).

중재 실행을 위한 조건

ABA 제공을 위한 자질

Alberto와 Troutman(1999)은 ABA 방법이 매우 간단해·보임에도 불구하고 효과적인 실행을 위해서는 관련 원리에 대한 이해와 다년간의 경험이 필요하다고 주장한다. 최근에 몇 개의 주들은 행동 분석 서비스를 제공하려고 하는 사람들을 위한 자격증 취득 과정을 운영하기 시작하였다. 2000년에는 행동분석가로 일할 수 있는 두 가지 기준의 자격증을 부여하는 엄격한 국가 자격증 과정이 설립되었다. 공인행동분석가 (Board Certified Behavior Analys: B.C.B.A.)는 독립적인 행동분석가로 일하고 기능할 수 있으며, 반면에 준공인행동분석가(Board Certified Associate Behavior Analyst: B.C.A.B.A)는 반드시 공인행동분석가의 감독 하에 일해야 한다. 국가공인행동분석가들의 명단과 자격증 과정 및 요구되는 자질과 관련된 정보는 행동분석가자격증 위원회(Behavior Analyst Certification Board, Inc.)(www.bacb.com)로부터 얻을 수 있다. 국제행동분석가협회(International Association for Behavior Analyst)(www.abainternational.org)와 개별 주에서 조직된 행동분석가 협회도 있다.

자격증 과정의 출현에도 불구하고 인적 자원 훈련은 계속해서 뜨거운 논쟁의 대상이 되고 있다. ABA 프로그램을 실행하기 위한 보조교사 및 자원봉사자들의 활용은 이러한 논쟁 대상 주제 중 하나다. Alberto와 Troutman은 이러한 사람들이 대상학생의 특성과 프로그램의 목표 및 교수방법의 근거가 되는 ABA(와 DTT) 원리에 대하여 알게 해주는 연수를 받는 동시에 지속적인 훈련과 감독을 받도록 권장하고 있다(Alberto & Troutman, 1999). Alberto와 Troutman(1999)은 또한 몇몇 성공적인 연구 결과를 인용하면서 ABA 기법을 적용함에 있어서 부모를 교육하고 훈련시켜야 하는 중요성에 대하여 논의하였다. 마지막으로, 몇몇 연구들에 의하면 ABA 방법의 활용을 통하여 사회적 행동을 수정하는데 효과적인 개체로 또래들을 제시하고 있다(Shafer, Egal, & Neef, 1984; Strain, Shore, & Timm, 1977). 대부분의 전문가들은 서비스를 제공하는 사람들 간의 실행에 있어서의 일관성이 매우 중요하다는 사실에 동의하고 있다.

중재 장소

ABA 기법은 1:1 및 집단 교수 환경(Heflin & Alberto, 2001), 가정, 학교, 지역사회 장소들을 포함하는 다양한 환경에서 실행될 수 있다. 그러나 교실의 물리적인 구조를 고려하여 Heflin과 Alberto(2001)는 최소한의 방해, 분명한 경계, 차별화된 영역과 같은 요소들에 주의를 기울여야 한다고 하였다.

ABA의 양 Amount of ABA

현재까지 자폐 범주성 장애를 지닌 아동들의 의미있는 성취를 위하여 하루 또는 한 주에 필요한 적절한 ABA 사용 시간을 제시해주는 실증적인 자료는 불충분하다. Leaf 와 McEachin(1999)은 "연구 결과 많은 아동들이 주당 30시간 이상의 직접 교수가 제공될 때 가장 잘 성취한다"고 하였으며 "치료 회기의 길이는 최대한의 효과를 위하여 수정되어야 하고, 2~3시간의 범위로 유지하는 것이 가장 좋은 것 같다"(p. 10)고 하였다. 그러나 Leaf와 McEachin은 이러한 주장을 지지할만한 증거를 제시하지 못하였다. 반면에 Rogers(1996)는 ABA 접근을 기초로 하는 여섯 개의 프로그램을 검토한 결과 교수에 할애된 시간이 주당 15~40시간이었으며 이들 프로그램은 모두 중재 기간 동안 성취와 기술 발달에 있어서 유의미하고 유사한 향상을 보고하였다는 사실을 발견하였다. 자폐 아동을 위한 교육중재위원회(Committee on Educational Interventions for Children with Autism)(2001)에서도 유사한 평가를 하였다. 위원회는 자폐 범주성 장애를 지닌 아동들에게 종합적인 교육 서비스를 제공하는 10개의 프로그램들을 검토한 결과 아동들이 주당 25~40시간의 중재에 참여하였음을 발견하였다. 이 서비스들은 수년에 걸쳐 1년 내내 제공되는 프로그램들이었다. 또한 연구자들 간에는 5세 이전에 ABA 중재를 시작하는 것이 성공적인 결과를 예측해 주는 가장 중요한 요소라는 사실에 대한 동의가 이루어지고 있다(Green, 1996; Rogers, 1996; Sundberg & Partington, 1998). 이러한 견해는 자폐 아동을 위한 프로그램들을 설명하고 3세 이전의 조기 개입의 중요성을 인식한 자폐 아동을 위한 교육중재위원회(Committee on Educational Interventions for Children with Autism)(2001)에 의해서도 지지되고 있다. 마지막으로, Heflin과 Alberto(2001)에 의하면 교수의 목적으로 할당되는 시간의 양은 아동의 연령, 능력 수준, 과제의 성격에 따라 달라진다. Sundberg와 Partington(1998)은 다양한 환경과 여러 가지 상황에서 하루에 수백 회에 걸쳐 제공되는 교수 회기는 아동에게 가장 큰 효과를 가져다준다고 주장하였다. 일반적으로 연구자들은 효과적인 ABA 프로그램이 아동의 연령이나 발달 수준, 성격, 치료의 강도 및 치료사의 능력 간의 상호작용에 의하여 결정된다는 사실에 동의한다(Green, 1996; Rogers, 1996; Sundberg & Partington, 1998).

중재의 잠재적 위험

ABA는 자폐를 포함하는 행동 및 발달상의 장애를 지닌 다양한 사람들에게 효과적인 것으로 입증된 행동주의적 기법들을 포함한다. 그러나 ABA에 대한 가장 중요한 비판은 자폐 범주성 장애를 지닌 아동들이 훈련된 기술을 일반화하지 못한다는 것이다(Prizant, Wetherby, & Rydell, 2000). ABA 기술은 또한 우발 언어 교수, 환경 교수, 중심축 반응 훈련, 및 자연적 언어 패러다임(NLP)과 같은 목표 자체가 기술의 자발성 및 일반화를 증진시키는 전략들을 포함하고 있다.

다른 중재들과 마찬가지로, ABA도 사용되는 방법이 부적절하게 적용된다면 위험요소가 발생할 가능성이 있다. 더욱이 지나친 사용(예: 주당 40시간)과 ABA에 대한 과잉 의존은 문제의 소지가 될 수 있다.

중재 비용

ABA 기법은 학생의 학급, 클리닉, 지역사회, 또는 가정의 일상적인 일과 내에서 사용될 수 있으며, ABA 전략 실행을 위한 비용은 다른 많은 교수 전략들을 실행하는데 드는 비용 이상으로는 들지 않는다. 자폐 범주성 장애를 지닌 아동들에게 ABA를 실행하는 사람들이 훈련과 감독을 필요로 한다는 사실로 인하여 ABA 프로그램의 훈련 및 지속적인 감독을 위한 상담(사설 기관 및 대학)에 사비가 드는 경우도 흔하게 있다. ABA 관련 서비스를 제공하기 위한 비용은 연간 16,000~50,000달러가 소모되며 시간, 교수 장소, 치료사의 자질 및 수에 따라 달라진다(Huff, 1996; Luce & Dyer, 1996).

자폐 범주성 장애 아동에 대한 효율성 평가 방법

ABA가 자폐 범주성 장애를 지닌 아동들과 이들의 언어, 행동, 학업, 사회성, 자조 기술에 미치는 긍정적인 영향은 *The Journal of Applied Behavior Analysis, Focus on Autism and Other Developmental Disabilities, Autism*과 같은 논문집들과 『자폐를 지닌 어린 아동들을 위한 행동주의 중재: 부모와 전문가들을 위한 지침서(Behavioral Intervention for Young Children with Autism: A Manual for Parents and Professionals)』(Maurice et al., 1996)와 같은 저서들을 통하여 광범위하게 제시되어 왔다. 자폐 범주성 장애를 지닌 아동의 치료와 관련해서 가장 큰 쟁점이 되고 있는 주제 중 하나는 자폐 범주성 장애의 완전한 회복 또는 치료가 가능한가 하는 것이다. 집중적인 ABA 조기 중재를 제공받은 자폐를 지닌 많은 아동들은 현저한 진보를 보였으며, 일반 교육 환경에 완전히 통합되었고, 일반 아동들과 같은 기능을 하는 것으로 보인다. 그러나 동일한 ABA 중재를 받고도 동등한 양이나 형태의 진보를 보이지 못한 아동들도 많으며, 이들은 특수교육 프로그램에 그대로 남아 있다. 따라서 아동의 진보는 개별적으로 측정되어야 하며 자폐 범주성 장애의 정도, 인지적 능력, 기타 장애, 중재를 시작한 시기, 중재의 종류, 중재의 일관성 등과 같은 아동과 관련된 개인적인 요소들을 고려해야 한다.

아동의 진도는 자료수집 방법을 통하여 항상 측정되고 평가되어야 하며, 실제로 이것은 ABA 방법의 주요 요소이며 강점의 하나이다. 중재 방법의 선택이나 변경과 관련된 모든 결정은 수집된 자료를 근거로 이루어져야 하며, 그 결과 중재 효율성에 대한 평가는 팀에 의하여 시기적절한 방법으로 신뢰롭게 이루어질 수 있다. 따라서, 자폐 범주성 장애를 지닌 아동과 함께 일하는 모든 사람들에게 있어서 자료수집 절차에 대한 훈련은 빈번한 자료의 평가와 함께 매우 중요한 요소이다. 이러한 방법은 프로그램 실행의 일관성을 지원해주고 팀이 중재와 관련된 결정을 내릴 때 사용할 수 있는 신뢰로운 정보(자료)를 제공해준다. 자료수집 절차에 있어서 도움이 되는 한 가지 도구는 비디오 녹화로, 녹화된 비디오테이프는 교수 회기를 검토 및 재검토하게 해주고 학생의 전반적인 진도에 대한 지속적인 기록을 가능하게 해준다.

결론

일반적으로 장애를 지닌 아동들, 특히 자폐 범주성 장애를 지닌 아동들의 기술 습득을 증가시키는 ABA의 효율성은 수많은 권위 있는 전문 학술지를 통하여 광범위하게 제시되어 왔다. ABA와 관련된 연구들은 충분히 이루어졌으며, 그 결과 기법들이 지속적으로 향상되고 점점 더 정교화되고 복잡해지고 있다. 그럼에도 불구하고 일반화가 결여된다는 사실과 아동을 "로봇과 같이(robot-like)" 만든다는 사실에 대한 비판이 계속되고 있다. ABA 프로그램의 실행은 부모 및 전문가들의 노력과 경우에 따라서는 상당한 양의 시간, 돈, 그리고 기타 자원의 투자를 요구한다는 사실을 인식해야 할 것이다.

평가 결과: 과학적 기반의 실제(Scientifically Based Practice)

참고문헌 및 기타 참고자료

● 참고문헌

Alberto, P. A., & Troutman, A. C. (1999). *Applied behavior analysis for teachers.* Columbus, OH: Prentice Hall.

Anderson, A. S., Avery, D. L., DiPietro, E., Edwards, G. L., & Christian, W. P. (1987). Intensive home-based early intervention with autistic children. *Education and Treatment of Children, 10,* 352-366.

Baer, D. M., Wolf, M. M., & Risley, T. R. (1968). Some current dimensions of applied behavior analysis. *Journal of Applied Behavior Analysis, 1,* 91-97.

Committee on Educational Interventions for Children with Autism: Division of Behavioral and Social Sciences and Education: National Research Council. (2001). *Educating children with autism.* Washington, DC: National Academy Press.

Darch, C., Miller, A., & Shippen, P. (1999). Instructional classroom management:A proactive model for managing student behavior. *Beyond Behavior, 9*(3), 12-16.

DeLeon, I., Neidert, P. L., Anders, B. M., & Rodriguez-Catter, V. (2001). Choices between positive and negative reinforcement during treatment for escape-maintained behavior. *Journal of Applied Behavior Analysis, 34*(4), 521-525.

Dixon, M. R., & Cummings, A. (2001). Self-control in children with autism: Response allocation during delays to reinforcement. *Journal of Applied Behavior Analysis, 34*(4), 491-495.

Green, G. (1996). Early behavioral intervention for autism. What does research tell us? In C. Maurice, G. Green, & S. C. Luce (Eds.), *Behavioral intervention for young children with autism—A manual for parents and professionals* (pp. 29-44). Austin, TX: PRO-ED.

Gresham, M. F., & MacMillan, L. D. (1997). Autistic recovery? An analysis and critique of the empirical evidence on the early intervention project. *Behavioral Disorders, 22*(4), 185-201.

Hagopian, L. P., Crockett, J. L., van Stone, M., DeLeon, I. G., & Bowman, L. G. (2000). Effects of noncontingent reinforcement on problem behavior and stimulus engagement: The role of satiation, extinction, and alternative reinforcement. *Journal of Applied Behavior Analysis, 33*(4), 433-448.

Heflin, J. L., & Alberto, P. A. (2001). Establishing a behavioral context for learning for students with autism. *Focus on Autism and Other Developmental Disabilities, 16*(2), 93-101.

Heflin, J. L., & Simpson, R. L. (1998). Interventions for children with autism:

Prudent choices in a world of exaggerated claims and empty promises. Part I: Intervention and treatment option review. *Focus on Autism and Other Developmental Disabilities, 13*(4), 194-211.

Huff, R. C. (1996). Community-based early intervention for children with autism. In C. Maurice, G. Green & S. Luce (Eds.), *Behavioral intervention for young children with autism—A manual for parents and professionals.* Austin, TX:PRO-ED.

Leaf, R., & McEachin, J. (1999). (Eds.) *A work in progress: Behavior management strategies and a curriculum for intensive behavioral treatment of autism.* New York: DRL Books, LLC.

Leaf, R., McEachin, J., Dayharsh, J., & Boehm, M. (1999). Behavioral strategies for teaching and improving behavior for autistic children. In R. Leaf and J. McEachin (Eds.) *A work in progress: Behavior management strategies and a curriculum for intensive behavioral treatment of autism.* New York: DRL Books, LLC.

Lovaas, O. I. (1981). *Teaching developmentally disabled children: The me book.* Baltimore, MD: University Park Press.

Lovaas, O. I. (1987). Behavioral treatment and normal educational and intellectual functioning in young autistic children. *Journal of Consulting and Clinical Psychology, 55*(1), 3-9.

Lovaas, O. I., Koegel, R., Simmons, J. Q., & Long, J. S. (1973). Some generalization and follow-up measures on autistic children in behavior therapy. *Journal of Applied Behavior Analysis, 6*(1), 131-166.

Luce, S. C., & Dyer, K. (1996). Answers to commonly asked questions. In C. Maurice, G. Green, & S. Luce (Eds.), *Behavioral intervention for young children with autism—A manual for parents and professionals.* Austin, TX: PRO-ED.

Maurice, C. (1994). *Let me hear your voice.* New York: Ballantine Books.

Maurice, C., Green, G., & Luce, S. C. (1996). *Behavioral intervention for young children with autism—A manual for parents and professionals.* Austin, TX: PRO-ED.

McComas, J., Hoch, H., Paone, D., & El-Roy, D. (2000). Escape behavior during academic tasks: A preliminary analysis of idiosyncratic establishing operations. *Journal of Applied Behavior Analysis, 33*(4), 479-493.

McEachin, J. J., Smith, T., & Lovaas, O. I. (1993). Long-term outcome for children with autism who received early intensive behavioral treatment. *American Journal on Mental Retardation, 97*(4), 359-372.

O'Brien, T. P., Riner, L. S., & Budd, K. S. (1983). The effects of a child's self-evaluation program on compliance with parental instructions in the home. *Journal of Applied Behavior Analysis, 16*(1), 69-79.

Ogletree, T., & Oren, T. (2001). Application of ABA principles to general communication instruction. *Focus on Autism and Other Developmental Disabilities, 16*(2), 102-109.

Pavlov, I. P. (1927). *Conditioned reflexes: An investigation of the physiological activity of the cerebral cortex.* New York: Dover.

Prizant, B. M., Wetherby, A. M., & Rydell, P. J. (2000). Communication intervention issues for children with autism spectrum disorders. In A. M. Wetherby & B. M. Prizant (Eds.), *Autism spectrum disorders—A transactional developmental perspective* (pp. 193-224). Baltimore, MD: Paul H. Brookes.

Rimland, B. (1999). The ABA controversy. *Autism Research Review International, 13*(3), 3.

Rogers, S. J. (1996). Brief report: Early intervention in autism. *Journal of Autism and Developmental Disorders, 26*(2), 243-246.

Sasso, G. M., Garrison-Harrell, L., McMahon, C. M., & Peck, J. (1998). Social competence of individuals with autism: An applied behavior analysis perspective. In R. L. Simpson & B. S. Myles (Eds.), *Educating children and youth with autism: Strategies for effective practice* (pp. 173-190). Austin, TX: PRO-ED.

Shafer, M. S., Egal, A. L., & Neef, N. A. (1984). Training mildly handicapped peers to facilitate changes in the social interaction skills of autistic children. *Education and Training of the Mentally Retarded, 17*(4), 461-476.

Simpson, R. L. (2001). ABA and students with autism spectrum disorders: Issues and consideration for effective practice. *Focus on Autism and Other Developmental disabilities, 16*(2), 68-71.

Simpson, R. L., & Myles, B. S. (1998). Understanding and responding to the needs of students with autism. In R. L. Simpson & B. S. Myles (Eds.), *Educating children with autism: Strategies for effective practice* (pp. 1-23). Austin, TX: PRO-ED.

Simpson, R. L., & Regan, M. (1988). *Management of autistic behavior.* Austin, TX: PRO-ED.

Skinner, B. F. (1953). *Science and human behavior.* New York: Macmillan.

Strain, P. S., & Odom, S. L. (1986). Peer social initiations: Effective intervention for social skill development of exceptional children. *Exceptional Children, 52*(6), 543-551.

Strain, P. S., Shores, R. E., & Timm, M. A. (1977). Effects of peer initiations on the social behavior of withdrawn preschoolers. *Journal of Applied Behavior Analysis, 10*, 289-298.

Sundberg, M. L., & Partington, J. W. (1998). *Teaching language to children with autism or other developmental disabilities.* Danville, CA: Behavior Analysts.

Thiemann, K. S., & Goldstein, H. (2001). Social stories, written text cues, and video feedback: Effects on social communication of children with autism. *Journal of Applied Behavior Analysis, 34*(4), 425-445.

Thorndike, E. L. (1905). *The elements of psychology.* New York: Seiler.

Watson, J. B. (1930). *Behaviorism.* New York: Norton.

● 기타 참고자료

Anderson, S. R., Campbell, S., & Canon, B. O. (1994). The May Center for Early Childhood Education. In S. L. Harris & J. S Handleman (Eds.), *Preschool education programs for children with autism* (pp. 15-36). Austin, TX: PRO-ED.

Association for Behavior Analysis: www.abainternational.org

Behavior Analyst Certification Board: www.bacb.com

Kerr, M. M., & Nelson, C. M. (2002). *Strategies for addressing behavior problems in the classroom.* Upper Saddle River, NJ: Prentice Hall.

비연속 개별시도 교수 DISCRETE TRIAL TEACHING(DTT)

연령/능력 수준

- 대상 연령: 신생아부터 성인까지
- 대상 진단명 및 관련 특성: 경도에서 중도까지의 자폐 범주성 장애(ASD)
- 대상 능력 수준: 중도 인지장애부터 평균 이상의 지적 기능

중재 내용

비연속 개별시도 교수(DTT) 중재는 행동주의 학습 이론 원리와 응용행동분석을 기반으로 한다. 비연속 개별시도 교수 방법은 발달장애를 지닌 아동들에게 폭넓게 사용되고 있으며, 특히 자폐 범주성 장애를 지닌 아동들에게 집중적으로 사용되는 것으로 널리 알려져 있다.

DTT 접근방법은 아동에게 새로운 기술을 가르치기 위한 전략으로 정의되어 왔다. 개별 시도(trial)는 "단일 교수 단위(single teaching unit)"(Lovaas, 1981)를 의미하며, 다음과 같은 요소들로 구성된다. 식별 자극(S^D)(교사의 교수), 아동의 반응(R), 후속결과(S^R). 교사가 한 자극을 제시하고 나서 다음 자극을 제시하기 전에 간격(회기 간 간격)을 둔다.

비연속 개별시도(discrete trial): $S^D \rightarrow R \rightarrow S^R$

예: "이게 뭐지?" → "과자" → "우와! 맞았어. 이건 과자야."

(교사는 과자를 들고 있다) → (학생이 반응한다) → (교사는 후속결과인 강화물을 제공한다)

교사의 교수가 주어지고, 아동이 반응하고(정반응, 오반응, 무반응으로 평가됨), 미리 결정된 준거에 의하여 아동의 반응을 기초로 한 후속결과가 뒤따른다(Anderson, Taras, & Cannon, 1996; Maurice, Green, & Luce, 1996; Schreibman, Kaneko, & Koegel, 1991). 비연속 개별시도는 교사로 하여금 수업을 쉬운 단계로 나눌 수 있게 해주며, 모호하거나 관계없는 언어(단어들)를 피하게 해주고, 정확하고 분명한 방법으로 교수를 제공할 수 있도록 해준다(Sullivan, Sunberg, Partington, Ming, & Acquisto, 1998). 비연속 개별시도는 기술 습득을 촉진하기 위한 실수 없는 학습, 형성법, 시범 보이기, 촉진하기, 용암법, 실수 정정 절차, 강화 등의 절차들을 사용한다.

보고된 혜택 및 효과

DTT는 많은 연구들에 의하여 긍정적인 성과를 나타내는데 잠재적인 가능성을 지니는 것으로 알려져 왔다(Lovaas, 1987; McEachin, Smith, & Lovaas, 1993; Smith, 2001). 실제로 DTT는 언어기술, 신체 움직임, 모방 및 놀이 기술, 사회적 상호작용, 정서적 표현, 전학문 기술을 포함하는 새로운 형태의 행동을 가르치기 위하여 사용될 수 있는 융통성 있고 효과적인 도구이다. 또한 DTT는 자기-자극적 반응과 공격적 행동을 감소시키기 위해서도 사용될 수 있다(Lovaas, 1981, 1987; Smith, 2001). 그러나 Lovaas(1987)의 "행동치료와 자폐 아동의 정상적인 교육적 · 지적 기능(Behavioral Treatment and Normal Educational and Intellectual Functioning in Young Autistic Children)"이라는 논문은 DTT가 자폐 범주성 장애로부터 회복될 수 있게 한다고 주장하였으나 어떤 연구도 이러한 강력한 주장을 입증하지 못하였기 때문에 상반된 논쟁을 불러일으켰다. 또 다른 논쟁은 자폐 범주성 장애를 지닌 아동들에게 권장되는 DTT의 시간과 관련된 것이다. 전문가들에 따라서는 최소한 주당 40시간이 필요하다고 주장하는 사람들도 있는가 하며, 반대로 주당 15시간 정도의 집중적인 중재로도 동일한 효과를 가져올 수 있다고 주장하는 사람들도 있다. 또한 우발교수, 환경 교수, 공동행동일과(JARs)와 같은 자연적 접근들과 비교해 볼 때 의사소통과 사회적 기술의 교수를 위한 DTT의 효과에 대한 상반된 논쟁이 제시되고 있다. 어떤 연구자들은 DTT가 수용 및 표현언어기술을 교수하기 위한 가장 강력한 실증적 방법이라고 주장한다(Ogletree & Oren, 2001; Smith, 2001). 그러나 또 다른 연구자들은 자폐 범주성 장애를 지닌 아동들은 의사소통 행동의 기능과 의사소통적 사건의 양자 상호교환적인 성격을 이해하기 힘들기 때문에(Prizant, Wetherby, & Rydell, 2000; Snyder-McLean, Cripe, & McNay, 1988; Snyder-McLean, Solomonson, McLean, & Sack, 1984) 효과적인 중재는 원하는 반응을 강조하기보다는 의사소통을 하기 위한 기회와 필요를 강조하는 동기 유발적인 상황을 제공해야 한다(Prizant et al., 2000)고 주장한다. 집중적인 1:1 비연속 개별시도 접근에서부터 자연적 절차를 사용한 프로그램에 이르기까지 자폐를 지닌 학생들을 위한 8개의 조기 중재 프로그램을 검토한 결과 프로그램들 간의 성취 수준은 비슷한 것으로 나타났다(Dawson & Osterling, 1997). 이 프로그램들에 속한 상당히 많은 아동들은 일반교육 환경에서 기능할 수 있었으며, 일반교육 배치와 지원 서비스의 유형은 아동에 따라 다양했다. 많은 수의 아동들이 인지적 지체(IQ 70 이하)를 보였음에도 불구하고 4개의 프로그램에 소속된 아동의 약 50%가 적어도 중재가 끝날 때까지는 일반학급에 통합되었으며, 이들 모두 또는 대부분이 유의미한 진보를 보였다고 보고하였다. Wetherby와 Prizant(2000)는 "이러한 결과는 어떤 중재 방법이 어떤 아동의 어떤 목표를 성취하게 하는데 가장 잘 역할 하는지를 더 잘 이해해야 할 필요가 있다는 사실을 강조하는 것이다"(p. 3)라고 지적하였다.

자폐 범주성 장애 아동에 대한 활용 결과

상당히 많은 연구들이 다양한 환경에서 자폐 범주성 장애를 지닌 아동들에게 DTT의 사용 가능성을 지지하고 있다. DTT의 사용으로 인하여 자폐 범주성 장애를 지닌 많은 아동들이 기술을 습득하였으며, 그 결과 일반교육과 기타 전형적인 환경에 통합될 수 있었다.

그러나 DTT가 자폐 범주성 장애를 지닌 모든 아동들에게 기타 다른 중재들보다 우선적으로 사용되어야 한다고 가정하기 위해서는, 특히 긴 시간 동안 사용해야 할 때에는 주의를 기울여야 한다. 자폐 범주성 장애를 지닌 모든 아동들은 다양한 영역에서 결함과 과도함의 독특한 조화를 보이곤 한다. 현재까지는 DTT가 모든 아동의 모

저자	N	장소	연령/성별	진단	결과	비고
Lovaas, Koegel, Simmons, & Long (1973)	20	클리닉-UCLA	밝히지 않았음	자폐	훈련받은 부모의 아동들은 성취를 보이거나 계속해서 향상함. 치료 후 검사자들에게 반응함으로써 협력함. 14명은 치료 전보다 치료 후 더 높은 IQ를 보임.	
Lovaas (1987)	38	UCLA 클리닉과 가정	무언어-40개월 이하 반향어-46개월 이하	자폐	행동치료의 효과가 실제로 나타남. 회복된 아동들(9명)은 영구적인 지적 또는 행동적 결함을 보이지 않았으며 언어도 정상이었음.	몇몇 연구자들에 의하여 신랄하게 비판되고 있음(Gresham & MacMillan, 1997).
Anderson, Avery, DiPietro, Edwards, & Christian (1987)	14	가정	72개월 이하	자폐	14명 중 대부분의 아동들이 언어, 자조기술, 사회성 및 학업 발달에서 유의한 습득을 보임.	1년 또는 2년간 주당 평균 20시간의 중재를 받음.
McEachin, Smith, & Lovaas (1993)	38	UCLA 클리닉/일반 유치원	13세	자폐	1. 실험집단 대상자들은 7세에 실시된 사전 진단과 평균 13세에 실시된 현재 진단 사이의 수준으로 지적 기능을 유지함. 2. 실험집단 대상자들은 통제집단 대상자들보다 의미있게 높은 수준의 기능을 보임. 3. "가장 성과가 큰" 것으로 분류된 9명의 대상자들은 평균 지능과 평균 수준의 적응 기능을 보임.	Lovaas(1987) 연구의 추후연구로 행동치료가 아동의 장기적인 습득을 일으키는지를 증명하기 위한 목적으로 실시됨.

든 영역을 대상으로 효과적이라는 사실을 입증하는 자료는 없으며, DTT가 개별 학생들에 대하여 항상 선호되어야 한다는 증거도 없다. 그러므로 DTT는 이미 그 효율성이 입증되었음에도 불구하고 개별적으로 신중하게 적용되어야 한다. 이 책에서는 DTT가 다양한 환경에서 기술의 시작 및 일반화를 촉진하기 위한 다른 중재들과 함께 사용될 때 가장 효과적이라는 사실에 동의한다.

중재 실행을 위한 조건

DTT를 실행하는 사람들은 1:1 행동치료에 대한 이론과 실습 경험을 포함한 특정 훈련을 필요로 한다(Lovaas, 1987; Smith, 2001). Smith는 DTT를 제공하기 위한 전문성을 두 단계로 나누었다. 첫 번째 단계에서는 감독 하에 DTT를 실행할 수는 있지만 특정 아동을 위한 DTT 교육과정을 개발할 수는 없다. 두 번째 단계에서는 DTT 프로그램을 감독할 수 있으며 DTT 교육과정을 개발할 수도 있고 동시에 이 전략의 실행에 대하여 새로운 교사들을 교수할 수도 있다. 첫 번째 단계에 도달하기 위해서는 25~60시간의 감독된 훈련을 필요로 하는 것으로 알려져 있다(Koegel, Russo, & Rincover, 1977; Smith, 2001; Smith, Buch, & Evslin, 2000). DTT는 흔히 특수교사(학교에서)나 행동/교육상담가(가정에서)의 감독 하에 포괄적인 훈련을 받은 보조교사들에 의하여 사용되곤 한다.

사람들에 따라서는 DTT가 자극과 교재가 최소한으로 제시된 탁자의 양쪽에 교사와 아동이 앉아있는 고립된 상황에서만 사용되어야 한다고 믿는 경우도 있다. 그러나 이와는 반대로 DTT 중재는 가정·학교·지역사회의 어떤 상황에서도 이루어질 수 있다. DTT 방법은 소집단 교수 상황에서도 사용될 수 있다. DTT의 가장 중요한 요소는 교사가 특정 목표 반응(R)을 위하여 상황조건(S^D)과 후속결과(S^R)를 조절하는 것이다(Sullivan et al., 1998).

긍정적인 성과를 위하여 필요한 DTT 적용 시간에 대한 논쟁이 이루어지고 있다. 어떤 전문가들은 DTT에 투자되어야 하는 시간의 양은 아동의 연령에 따라 달라진다고 하였다. 또 다른 전문가들은 4세 이하의 자폐 범주성 장애를 지닌 아동들을 위해서는 처음 2년간 주당 40시간의 DTT를 실행해야 한다고 권장하기도 하였다(Green, 1996; Lovaas, 1987). 자폐 아동을 위한 교육중재위원회(Committee on Educational Interventions for Children with Autism)(2001)는 UCLA 프로그램을 주당 18~25시간으로 복사하려고 시도했던 연구들이 "긍정적이지만 제한된 결과를 보였다"(p. 151)고 보고하였다. DTT 중재는 4세 이상 아동들에게는 낮은 빈도로 실행될 수 있다. Smith, Donahoe, Davis(2000)는 5세 이상 아동들에게는 주당 10시간이 적절하다고 제안하였다. 또 다른 연구자들은 유아들에게 주당 15~20시간의 DTT 중재가 효과적이라고 주장하였다(Rogers, 1996).

중재의 잠재적 위험

전문가들은 일반적으로 자폐를 지닌 아동들에게 다양한 기술을 교수하기 위한 DTT의 활용가능성을 인지하고 있다. 그러나 많은 전문가들이 자폐 범주성 장애를 지닌 아동들의 치료에 있어서 기타 다른 중재들을 배제하고 한 가지 중재만을 사용하는 것에 대해서는 반대 입장을 취하고 있다(Rimland, 1999; Simpson, 2001). 자폐를 지닌 아동들은 다양한 학습스타일을 보이며, 동시에 개별적인 필요에 따라 적절한 중재 전략의 사용이 요구되는 독특한 강점과 결함들을 보인다. 그러므로 특히 실용적인 언어 기술, 사회적 상호작용, 기술 일반화 등의 교수와 관련해서는 또래-주도의 사회적 상호작용 프로그램, 화용론적 언어 개발 중재, 및 기타 자연적 중재 방안들이 DTT보다 더 효과적일 수 있다(Heflin & Simpson, 1998).

중재 비용

DTT 실행을 위한 비용은 장소(사립학교, 공립학교, 가정), 교사의 유형 및 수(보조 교사, 특수교사, 상담가), 중재의 시간 및 기간에 따라 다양하다. 교사를 위한 초기 및 지속적인 훈련과 정기적인 팀 회의(특정 아동과 함께 일하는 모든 사람들)를 위한 추가적인 비용이 소모된다.

DTT를 위한 비용은 1987년에 Lovaas에 의하여 산출되었다. Lovaas에 따르면, DTT 중재는 2년간 전임 특수교사(주당 40시간 근무)를 필요로 하기 때문에 60,000달러 정도의 비용이 든다. 이러한 비용 산출은 현재의 임금 기준이나 서비스 비용 등에 따라서 수정될 필요가 있다. Lovaas(1987)는 일생에 걸친 시설 수용과 비교한다면 이러한 투자는 약소하다고 주장하였다. 그러나 다른 사람들은 특히 중재의 비용 및 DTT 프로그램 실행과 관련된 아동 및 그 가족들의 잠재적인 스트레스를 고려해 볼 때 비용이 효과에 비해서 과중하다고 주장한다(Smith, 2001).

자폐 범주성 장애 아동에 대한 효율성 평가 방법

DTT의 중요하면서도 강력한 구성요소는 자료수집과 아동의 기술에 대한 정기적인 진단이다. DTT 교수에서는 새로운 목표 기술을 교수하기 전에 기초선 자료를 측정한다. 그런 다음에는 모든 교수 회기에서의 교수 시도에 대한 학생의 반응을 자료로 수집한다. DTT 중재 기간 동안 학생의 행동에 대한 광범위한 자료 역시 지속적으로 수집된다. 이러한 기록은 교사와 부모들에게 아동의 진도(또는 진도가 없음)에 대한 상당한 양의 정보를 제공해준다. 자료는 행동과 기술 습득의 형태에 대한 해석을 위하여 주기적으로 분석되고 그래프로 그려진다. 자료는 또한 교사가 최상의 반응을 유도하고 있는지를 결정하는데 도움이 될 뿐만 아니라 동시에 SD(식별 자극)을 제공하는 더 좋은 방법을 알게 해주고 기술 습득을 촉진하는데 어떤 후속결과/강화가 가장 효과적인지를 결정하게 해준다.

아동과 함께 일하는 팀은 자신들이 사용하고 있는 교수방법을 지속적으로 재평가해야 하며 아동이 새로운 기술을 학습하고 일반화하는 과정을 즐기고 있는지를 확인하는 것이 중요하다.

결론

전문가들은 전반적으로 DTT가 자폐를 지닌 아동들에게 다양한 기술을 가르치는데 매우 유용한 방법이라는 사실에 동의한다(Smith, 2001). 또한 DTT는 자폐 범주성 장애를 지닌 아동들에게 사용되는 임상적으로 타당화된 가장 확실한 방법들 중의 하나이다. 그러나 이 방법은 다른 모든 방법들을 배제한 상태에서 적용되어서는 안 된다. 자폐 범주성 장애를 지닌 아동들이 보이는 다양하고 복잡한 필요에 가장 효과적으로 반응하기 위해서는 DTT가 임상적으로 입증된 다른 중재들과 함께 사용되는 것이 좋다. 가장 중요한 것은 중재와 교수방법은 자폐 범주성 장애를 지닌 특정 아동의 개별적인 필요를 충족시키기에 적합해야 한다는 것이다.

평가 결과: 과학적 기반의 실제(Scientifically Based Practice)

참고문헌 및 기타 참고자료

● 참고문헌

Anderson, A. S., Avery, D. L., DiPietro, E., Edwards, G. L., & Christian, W. P. (1987). Intensive home-based early intervention with autistic children. *Education and Treatment of Children, 10,* 352-366.

Anderson, S., Taras, M., & Cannon, B. (1996). Teaching new skills to young children with autism. In C. Maurice, G. Green, & S. Luce (Eds.), *Behavioral interventions for young children with autism* (pp. 181-194). Austin, TX: PRO-ED.

Committee on Educational Interventions for Children with Autism: Division of Behavioral and Social Sciences and Education: National Research Council. (2001). *Educating children with autism.* Washington, DC: National Academy Press.

Dawson, G., & Osterling, J. (1997). Early intervention in autism. In M. Guralnick (Ed.), *The effectiveness of early intervention* (pp. 307-326). Baltimore, MD: Paul H. Brookes.

Green, G. (1996). Early behavioral intervention for autism. What does research tell us? In C. Maurice, G. Green, & S. C. Luce (Eds.), *Behavioral intervention for young children with autism* (pp. 29-44). Austin, TX: PRO-ED.

Gresham, F. M., & MacMillan, D. L. (1997). Autistic recovery? An analysis and critique of the empirical evidence on the early intervention project. *Behavioral Disorders, 22*(4), 185-201.

Heflin, L. J., & Simpson, R. L. (1998). Interventions for children and youth with autism: Prudent choices in a world of exaggerated claims and empty promises. Part I: Intervention and treatment option review. *Focus on Autism and Other Developmental Disabilities, 13*(4), 194-211.

Koegel, R. L., Russo, D. C., & Rincover, A. (1977). Assessing and training teachers in the generalized use of behavior modification. *Journal of Applied Behavior Analysis, 10,* 197-205.

Lovaas, O. I. (1981). *Teaching developmentally disabled children: The me book.* Baltimore, MD: University Park Press.

Lovaas, O. I. (1987). Behavioral treatment and normal educational and intellectual functioning in young autistic children. *Journal of Consulting and Clinical Psychology, 55*(1), 3-9.

Lovaas, O. I., Koegel, R., Simmons, J. Q., & Long, J.S. (1973). Some generalization & follow-up measures on autistic children in behavior therapy. *Journal of Applied Behavior Analysis, 6,* 131-166.

Maurice, C., Green, G., & Luce, S. C. (1996). *Behavioral intervention for young children with autism—A manual for parents and professionals.* Austin, TX: PRO-ED.

McEachin, J. J., Smith, T., & Lovaas, O. I. (1993). Long-term outcome for children with autism who received early intensive behavioral treatment. *American Journal on Mental Retardation, 97*(4), 359-372.

Ogletree, B. T., & Oren, T. (2001). Application of ABA principles to general communication instruction. *Focus on Autism and Other Developmental Disabilities, 16*(2), 102-109.

Prizant, B. M., Wetherby, A. M., & Rydell, P. J. (2000). Communication intervention issues for children with autism spectrum disorders. In A. M. Wetherby & B. M. Prizant (Eds.), *Autism spectrum disorders—A transactional developmental perspective* (pp. 193-224). Baltimore, MD: Paul H. Brookes.

Rimland, B. (1999). The ABA controversy. *Autism Research Review International, 13*(3), 3.

Rogers, J. S. (1996). Brief report: Early intervention in autism. *Journal of Autism and Developmental Disorders, 26*(2), 243-246.

Schreibman, L., Kaneko, W., & Koegel, R. (1991). Positive affect of parents of autistic children: A comparison across two teaching techniques. *Behavior Therapy, 22,* 479-490.

Simpson, R. L. (2001). ABA and students with autism spectrum disorders: Issues and consideration for effective practice. *Focus on Autism and Other Developmental Disabilities, 16*(2), 68-71.

Smith, T. (2001). Discrete trial training in the treatment of autism. *Focus on Autism arid Other Developmental Disabilities, 16*(2), 86-92.

Smith, T., Buch, G. A., & Evslin, T. (2000). Effects of workshop training for children with pervasive developmental disorder. *Research in Developmental Disabilities, 21*(4), 297-309.

Smith, T., Donahoe, P. A., & Davis, B. J. (2000). The UCLA Young Autism Project. In J. S. Handleman and S. L. Harris (Eds.), *Preschool education programs for children with autism* (pp. 29-48). Austin, TX: PRO-ED.

Snyder-McLean, L. K., Cripe, J., & McNay, V. J. (1988). *Using joint action routines in an early intervention program* (1988 experimental edition). Bureau of Child Research, University of Kansas, and Parsons Research Center, Parsons, Kansas.

Snyder-McLean, L. K., Solomonson, B., McLean, J. E., & Sack, S. (1984). Structuring joint action routines: A strategy for facilitating communication and language development in the classroom. *Seminars in Speech and Language, 5*(3), 213-228.

Sullivan, M., Sunberg, M., Partington, J., Ming, S., & Acquisto, J. (1998). *Teaching children with language delays: A handbook of strategies and techniques for the classroom* (2nd ed.). Danville: Behavior Analysts.

Wetherby, A. M., & Prizant, B. M. (2000). Introduction to autism spectrum disorder. In A. M. Wetherby & B. M. Prizant (Eds.), *Autism spectrum disorders: A transactional developmental perspective* (pp. 1-7). Baltimore, MD: Paul H. Brookes.

● 기타참고 자료

Lovaas, O. I. (1977). *The autistic child: Language development through behavior modification.* New York: Irvington Press.

공동행동일과 JOINT ACTION ROUTINES(JARs)

연령/능력 수준

- 대상 연령: 3~16세
- 대상 진단명 및 관련 특성: 경도에서 중도까지의 자폐 범주성 장애(ASD)
- 대상 능력 수준: 중도 인지장애부터 평균 지적 기능까지, 비구어 아동이나 전형적인 언어치료로 진보를 보이지 않는 아동

중재 내용

공동행동일과(JARs)는 자연적인 언어 패러다임(natural language paradigm) 중재이다. 자연적 언어 패러다임은 아동이 언어를 사용할 수 있는 기회를 지원하고 증가시키기 위하여 아동의 환경을 구성하는 것이다(Koegel & Koegel, 1995). JARs는 자폐를 지닌 아동이 의사소통적 행동의 기능과 의사소통적 사건의 양방적이고 상호교환적인 성격을 이해하지 못한다는 개념을 근거로 한다(Prizant, Wetherby, & Rydell, 2000; Snyder-McLean, Cripe, & McNay, 1988; Snyder-McLean, Solomonson, McLean, & Sack, 1984). JARs 방법은 어떻게 의사소통 하는지를 학습하게 되는 맥락적인 성격을 강조하는 사회적·화용론적 원리에 크게 의존하는 아동-중심의 접근을 포함한다. 이것은 JARs가 동기 유발적인 맥락을 제공하는 것은 의사소통을 하고자 하는 기회와 필요를 포함하는 의사소통 기술을 발달시킨다는 전제를 기초로 하고 있음을 의미한다(Prizant et al., 2000).

JARs는 다음의 세 가지 주요 형태로 구분된다: (1) 간식 준비, 미술, 물건 조립 등과 같은 특정 결과물의 준비 또는 제조, (2) 가상놀이와 지역사회 생활 기술을 포함하는 이야기 또는 중심적인 줄거리, (3) 오전 이야기 나누기, 집단음악치료, 레크레이션치료 등의 활동에 사용될 수 있는 협동적인 차례 지키기 게임. 세 가지 유형 모두 모든 연령의 학생들에게 적절하다.

보고된 혜택 및 효과

일과의 구조는 장애 아동이 특정 상황 내에서 적절하게 반응하도록 도와주는 "비계(scaffold)"(Bruner, 1975)를 제공한다. 그러므로 JARs는 이러한 맥락이 아니었다면 아동의 제한된 반응 레퍼토리로는 적절하게 반응하지 못하였을 반응 맥락을 제공해 준다.

자폐 범주성 장애를 지닌 아동들을 위한 JARs의 사용을 지지하는 최소한의 실증적 연구들이 보고되고 있다. 그러나 JARs는 중도 정신지체를 지닌 비구어 아동들을 위한 교육 프로그램에서 사용되어 왔다(Snyder-McLean et al., 1984). 이 연구에 참여한 모든 학생들은 또래 상호작용과 함께 새로운 의사소통 기술을 습득하였다.

JARs에 대한 독립적인 연구에서도 언어지체 및 기타 건강장애를 지닌 유아들에게서 나타난 혜택을 보고하였다(Snyder-McLean et al., 1988). 이 연구에 참여한 아동들은 정신지체, 다운 증후군, 정서장애, 행동장애, 또는 언어/의사소통장애로 진단된 38~48개월의 아동들이었다. 이들은 의사소통 검사 도구인 의사소통 발달 검사(Sequenced Inventory of Communication Development: SICD)(Hedrick, Prather, & Tobin, 1975)를 통하여 수용 의사소통 연령에서 평균 6.86개월의 향상을 보이거나, 각 아동마다 1개월 중재에 1.41개월의 향상을 보였으며, 표현 의사소통 연령에서는 평균 5.14개월의 향상을 보이거나 각 아동마다 1개월 중재에 1.12개월의 향상을 보였다. 또 다른 검사 도구인 의사소통 발달 프로파일(Developmental Profile Communication Age)척도의 점

저자	N	장소	연령/성별	진단	결과	비고
Snyder-McLean et al. (1984)	12	정신지체인을 위한 주립 시설	13~16세	중도 및 최중도 정신지체	참여한 모든 학생들이 새로운 의사소통 기술을 학습하였음.	대상자들은 자폐 범주성 장애를 지니지 않았음.
Snyder-McLean et al. (1988)	7	모델 유치원 중재 프로그램	38~48개월	정신지체 다운 증후군 정서장애 행동장애 언어/의사소통 장애	사전-사후검사가 의미있는 습득을 보여주었음.	

수에서는 평균 10.5개월, 또는 각 아동마다 1개월 중재에 2.24개월의 향상을 보였다. 더욱이 사전-사후 검사 비교를 통하여 아동의 전체 발성 횟수, 알아들을 수 있는 음소, 발성의 평균 지속시간이 JARs 중재의 결과로 인하여 증가되었음을 알 수 있었다.

자폐 범주성 장애 아동에 대한 활용 결과

JARs는 자폐를 지닌 아동들이 의사소통 행동의 기능을 잘 이해하지 못할 뿐만 아니라 이러한 의사소통은 상호적인 사건이기 때문에 이들에게 적절한 중재로 여겨지는 자연적인 언어 패러다임의 원리를 기초로 한다(Koegel & Koegel, 1995; Koegel, O' Dell, & Koegel., 1987; Prizant et al., 2000; Snyder-McLean et al., 1984, 1988). 따라서 JARs는 특정 목표 반응을 강조하기보다는 의사소통의 기회나 필요성을 포함하는 동기 유발적인 상황을 제공함으로써 의사소통 기술이 발달될 수 있다는 전제를 근거로 한다. 자폐를 지닌 아동을 대상으로 하는 JARs에 대한 연구가 부족한 것은 사실이지만, 그럼에도 불구하고 이 방법은 안면 타당도(face validity)를 지닌 것으로 여겨진다.

중재 실행을 위한 조건

이 주제와 관련된 문헌들은 부족한 실정이다. 그럼에도 불구하고 문헌들은 JARs가 사전 훈련이나 경험과는 관계없이 부모와 전문가를 포함하는 거의 모든 사람들에 의하여 사용될 수 있는 방법임을 제안하고 있다. 특히 교사, 언어치료사 및 기타 관련 서비스 전문가들에 의하여 사용되는 것이 좋다.

중재의 잠재적 위험

중재와 관련된 어떤 잠재적인 위험 요소들도 보고되지 않고 있다. 그러나 일과 자체가 아동의 언어 목표들을 희생하면서 구성되지 않도록 주의를 기울여야 한다. 이러한 문제는 일과가 목표 습득에 적절한지를 확인하기 위하여 각 아동의 치료 계획을 주의 깊게 평가함으로써 예방될 수 있다. Snyder-McLean(1984)은 또한 JARs가 모든 다른 형태의 언어치료를 대신하지 않도록 주의할 것을 권장하였다.

중재 비용

일과는 최소한 2~3주 동안 매일 반복되어야 한다. 그러므로 체계적인 방법으로 실행되어야 하는 다양한 일과를 계획하기 위해서는 시간이 투자되어야 한다. 일과의 계획은 실제적인 효과를 측정할 수 있는 관찰 가능한 중재 목표를 반영해야 한다. JARs와 관련된 경제적 비용은 최소한으로 든다.

자폐 범주성 장애 아동에 대한 효율성 평가 방법

JARs 중재를 평가하기 위한 가장 효과적인 방법은 기술 습득, 일반화, 유지, 및 사회적 타당도에 대한 정보를 포함한 직접적인 관찰 자료를 정기적으로 수집하는 것이다.

결론

Snyder-McLean(1984)은 청소년과 유아를 포함하는 장애를 지닌 학생들을 대상으로 JARs를 사용한 효율적인 결과를 보고하였다. 그러나 자폐 범주성 장애를 지닌 것으로 진단된 학생을 위한 중재로서의 활용 가능성을 지지하는 출간된 연구들이 부족하다. 그럼에도 불구하고, JARs는 자폐 범주성 장애를 지닌 아동들이 언어 습득 및 의사소통 기술을 향상시키도록 도와주는 안면 타당도(face validity)를 지닌 것으로 여겨진다.

평가 결과: 성과가 기대되는 실제(Promising Practice)

참고문헌 및 기타 참고자료

● 참고문헌

Bruner, J. S. (1975). The ontogenesis of speech acts. *Journal of Child Language, 2*(1), 1-19.

Hedrick, D. L., Prather, E. M., & Tobin, A. R. (1975). *Sequenced inventory of communication development*. Seattle: University of Washington Press.

Koegel, R. L., & Koegel, L. K. (Eds.). (1995). *Teaching children with autism:*

Strategies for initiating positive interactions and improving learning opportunities. Baltimore, MD: Paul H. Brookes.

Koegel, R., O'Dell, M. C., & Koegel, L. K. (1987). A natural language paradigm for teaching nonverbal autistic children. *Journal of Autism and Developmental Disorders, 17*(2), 187-200.

Prizant, B. M., Wetherby, A. M., & Rydell, P. J. (2000). Communication intervention issues for children with autism spectrum disorders. In A. M. Wetherby & B. M. Prizant (Eds.), *Autism spectrum disorders—A transactional developmental perspective* (pp. 193-224). Baltimore, MD: Paul H. Brookes.

Snyder-McLean, L. K., Cripe, J., & McNay, V. J.(1988). *Using joint action routines in an early intervention program* (1988 experimental edition). Bureau of Child Research, University of Kansas, and Parsons Research Center, Parsons, Kansas.

Snyder-McLean, L. K., Solomonson, B., McLean, J. E., & Sack, S. (1984). Structuring joint action routines: A strategy for facilitating communication and language development in the classroom. *Seminars in Speech and Language, 5*, 213-228.

● 기타 참고자료

Bates, E., Benigni, L., Bretherton, I., Camaioni, L., & Voltera, V. (1977). From gesture to the first word: On cognitive and social prerequisites. In M. Lewis & L. Rosenblum (Eds.), *Interaction, conversation and the development of language.* New York: John Wiley & Sons.

Bock, K. (1991). A modified language-experience approach for children with autism. *Focus on Autistic Behavior, 6*(5), 1-15.

Bondy, A. S. (1996). What parents can expect from public school programs. In C. Maurice, G. Green, & S. C. Luce (Eds.), *Behavioral intervention for young children with autism—A manual for parents and professionals.* Dallas, TX: PRO-ED.

Bondy, A. S., & Frost, L. A. (1994). The picture exchange communication system. *Focus on Autistic Behavior, 9*(3), 1-19.

Dawson, G., & Osterling, J. (1997). Early intervention in autism. In M. Guralnick (Ed.), *The effectiveness of early intervention* (pp. 307-326). Baltimore, MD: Paul H. Brookes.

Garfin, D., & Lord, C. (1986). Communication as a social problem in autism. In E. Schopler & G. Mesibov (Eds.), *Social behavior in autism* (pp. 237-261). New York: Plenum.

McEachin, J. J., Smith, T., & Lovaas, O. I. (1993). Long-term outcome for children with autism who received early intensive behavioral treatment. *American Journal on Mental Retardation, 97*(4), 359-372.

Ogletree, B. T. (1996). The communicative context of autism. In R. L. Simpson & B. S. Myles (Eds.), *Educating children and youth with autism* (pp. 141-167). Austin, TX: PRO-ED.

Owens, R. E. (1982). *PALS: Program for Acquisition of Language with Severely Impaired.* Columbia, OH: Charles Merrill.

Simpson, R. L., & Myles, B. S. (1998). Understanding and responding to the needs of students with autism. In R. L. Simpson & B. S. Myles (Eds.), *Educating children with autism-Strategies for effective practice.* (pp. 1-23). Austin, TX: PRO-ED.

Simpson, R. L., & Regan, M. (1988). *Management of autistic behavior.* Austin, TX: PRO-ED.

Stillman, R. S. (Ed.). (1978). *The Callier Azusa Scale.* Dallas, TX: Callier Center for Communication Disorders.

Vila, I., & Zanon, J. (1986, September). *Learning to regulate joint action.* A research report presented at the Annual Conference of the British Psychological Society, Exeter, England.

Wetherby, A. M., Prizant, B. M., & Schuler, A. L. (2000). Understanding the nature of communication and language impairments. In A. M. Wetherby &

B. M. Prizant (Eds.), *Autism spectrum disorders—A transactional developmental perspective* (pp. 193-224). Baltimore, MD: Paul H. Brookes.

Woolery, M. (1983). Proportional change index: An alternative for comparing child change data. *Exceptional Children, 50,* 167-170.

단어훈련게임 FAST ForWord

연령/능력 수준

- 대상 연령: 5~18세 (학령기)
- 대상 진단명 및 관련 특성: 경도 자폐 범주성 장애(ASD), 아스퍼거 증후군, 기타 장애
- 대상 능력 수준: 모든 수준의 지적 기능, 경도 인지장애부터 평균 이상의 지적 기능

중재 내용

Rutgers University의 연구 심리학자인 Paula Tallal과 샌프란시스코의 캘리포니아 주립대학 신경과학자인 Michael Merzenich는 언어 및 읽기 문제를 지닌 아동들을 위한 Fast ForWord라는 단어 훈련 프로그램을 개발하였다. 1997년 봄에 과학학습사(Scientific Learning Cooperation)를 통하여 처음으로 보급되기 시작한 Fast ForWord(역주: 이하 단어훈련게임으로 명명함)는 언어-학습장애를 지닌 아동들의 청각 처리과정에 대한 결함을 다루는 교정 프로그램이다. 이 중재는 인터넷 기반의 CD-ROM 컴퓨터 프로그램으로 소리, 단어, 복잡한 언어를 이용한 집중적인 컴퓨터 훈련 연습으로 구성되어 있다. 이 중재는 일시적인 처리과정과 음소 식별을 연습하는 훈련을 통하여 언어 및 읽기 성취를 위하여 필요한 기본적인 청각 기술을 형성시키는 목적을 지닌다(Richard, 2000). 프로그램은 언어 및 읽기 문제를 보이는 4세부터 14세까지의 학생들의 두뇌를 재훈련하도록 고안되었다.

단어훈련게임은 아동이 말의 음성학적인 요소들을 식별하도록 도와주기 위해서 음

성학적으로 수정된 말을 사용하는 일곱 개의 컴퓨터 게임으로 구성되어 있다. 게임에 사용된 청각 자극들은 잘 들리고 환경적인 방해를 최소화하도록 헤드폰을 통하여 전달된다. 게임들은 그날의 개인의 반응을 근거로 난이도 수준을 적용한다. 과학학습사에 따르면, 아동은 매일 7개 중 5개의 게임을 게임 당 약 15~20분씩 하게 된다. 각 게임은 아동이 연습할 수 있도록 소개하는 교수 회기를 포함한다. 게임을 위한 전체 시간은 첫 주에 점차적으로 증가된다. 제작자들은 6~8주 동안, 1주일에 5일, 하루에 100분씩 프로그램을 사용하도록 권하고 있다.

단어훈련게임의 구성요소는 다음과 같다: 처리과정의 속도, 개별화된 적응 훈련, 수정된 언어, 수행 검토. 아동의 수행 결과는 수행을 분석하고 다음 날의 게임을 구성하기 위하여 매일 인터넷을 통하여 과학학습사로 보내진다. 하루의 게임 순서는 컴퓨터에 의하여 결정되며 사이트 사용자에 의하여 수정될 수 없다. 프로그램은 아동의 흥미를 유도하고 유지하기 위하여 만화를 관리하며 학습 및 행동을 강화하기 위하여 보상을 사용한다. 다음의 목록은 Fast ForWord에 포함된 컴퓨터 훈련 게임들이다.

- 음성 단어(Phonic Words)
- 음성 짝짓기(Phonic Match)
- 음소 식별(Phoneme Identification)
- 맥도날드 아저씨의 날아다니는 농장(Old McDonald' s Flying Farm)
- 블록 사령관(Block Commander)
- 언어 이해력 연습(Language Comprehension Builder)
- 서커스 게임(Circus Sequence)

보고된 혜택 및 효과

이와 같은 테크놀로지를 사용하는 것에 대하여 보고된 혜택에는 음성학적인 인식을 강화하고 수용언어와 표현언어기술을 향상시키며 읽기 점수를 증가시키는 것 등이 있다. 단어훈련게임 문헌들은 수용 및 표현언어, 특정 언어 손상, 난독증 및 과독증, 언어-학습장애, 중추 청각 처리 과정 장애, 감각통합 결함, 전반적 발달장애, 자폐 범주성 장애를 포함하는 다양한 장애를 보이는 아동들에게 이 프로그램을 권장하고 있다(Richard, 2000).

단어훈련게임을 지지하는 객관적인 과학적 증거를 제시하는 연구는 없다. 그러나 과학학습사에서 실시한 현장 시도 및 기타 연구들이 표준화된 언어 점수가 향상된 것을 보여주고 있다(Richard, 2000). 수용 및 표현언어 능력과 식별 기술을 포함하는 언어 수행에 있어서 1년 반에서 2년 정도의 향상이 보고되었다. Richard(2000)는 표준화된 언어검사에서 측정가능한 성취가 다른 독립적인 연구에서는 일관성 있게 나타나지 않았음을 지적하였다. 자폐 범주성 장애를 지닌 아동을 대상으로 한 단어훈련게임의 실행에 대한 실증적인 연구는 현재까지 실시되지 않았다.

자폐 범주성 장애 아동에 대한 활용 결과

단어훈련게임은 원래 언어-학습장애를 지닌 학생들을 위하여 고안되었으며 자폐 범주성 장애를 지닌 아동을 포함하여 좀 더 넓은 대상자들에게 점진적으로 확장되었다. 그러나 권위 있는 논문집에 출간된 과학적인 연구들을 통하여 자폐 범주성 장애를 지닌 학생들을 대상으로 하는 활용 가능성을 입증해 주지는 못하고 있다.

중재 실행을 위한 조건

과학학습사는 단어훈련게임 프로그램이 훈련받은 자격 있는 전문가들에 의해서만 실행될 수 있도록 특허를 소유하고 있다. 언어나 읽기 문제를 지닌 사람들에게 단어 훈련게임을 제공하기 위해서는 자격증을 갖추거나 주에서 그 자격을 인정받아야 하며 2년간의 전문적인 경험을 해야 한다.

중재의 잠재적 위험

단어훈련게임이 흥미롭고 재미있다고 생각하는 아동들도 있으나 그렇지 않은 경우에는 어려움과 좌절을 경험하기도 한다. 각각의 프로그램에 포함된 게임들은 과제 제시와 그 복잡성에 있어서 다양하다. 그러므로 언어기술에 있어서의 극도의 지체를 보이는 아동들은 특정 게임을 할 때 좌절하게 될 수도 있다. 하루에 진행하는 게임의 순서는 컴퓨터에 의하여 결정되며 사이트 사용자에 의하여 수정될 수 없다. 이러한 장치는 아동이 좌절하거나 특정 과제나 게임에 의하여 동요될 때에는 단점이 될 수 있다. 아동에 따라서는 게임을 하기 위하여 요구되는 시간이 너무 과도할 수도 있다. 학습자에 따라 이러한 좌절은 행동 문제를 일으킬 수도 있으며 다른 과제를 위한 주의집중을 방해하기도 한다.

중재 비용

정식으로 승인된 단어훈련게임 제공자들은 약 650~700달러의 비용이 드는 세미나에 이틀 동안 참석해야 한다. 또한 프로그램을 돌리기 위한 인터넷 자료에 접근하기 위하여 과학학습사(Scientific Learning Corporation)의 승인된 동의를 얻어야 하며, 이를 위하여 비용(850달러)을 지불해야 한다. 이 비용에 소프트웨어는 포함되지 않는다. 승인된 전문가에게 지불해야 하는 비용은 소프트웨어를 위한 비용과 과학학습사에 지불해야 하는 면허 비용이다(Richard, 2000).

단어훈련게임은 최소한으로 권장되는 컴퓨터 시스템을 필요로 하며, 대부분 윈도우와 매킨토시 운영 시스템에서 작동한다.

자폐 범주성 장애 아동에 대한 효율성 평가 방법

언어기술 습득에 있어서의 진도를 진단하기 위하여 사전 및 사후검사가 권장된다.

결론

Richard(2000)에 의하면, 음소의 일시적인 처리과정과 기능적인 언어기술 간의 관계에 대한 지속적인 논쟁이 이루어지고 있다. 일시적인 청각 처리과정이 최소한의 내용적 의미를 지닌 매우 특정한 음성학적 기술이라는 사실이 제안되고 있다. 단어훈련게임의 사용을 통하여 어느 정도의 향상이 관찰될 수 있는 것은 사실이지만, 기능적인 언어 및 읽기에 있어서의 성취를 위해서는 전통적인 교수와 치료 역시 필요하다. 프로그램의 강도와 개별성에도 불구하고 자폐 범주성 장애를 지닌 아동들을 대상으로 하는 활용 가능성에 대한 증거는 부족하다.

자폐 범주성 장애를 지닌 아동들의 경우에는 통한 훈련된 기술의 일반화에 대한 우려가 제기되고 있다. Richard(2000)는 컴퓨터 연습에서 다룬 정보들을 일반화시킬 수 있는 추가적인 수행 활동이 고안될 필요가 있다고 제안하였다. 제작자들과 회사가 보고한 표준화된 언어검사에서의 측정 가능한 성취는 단어훈련게임 프로그램을 완수한 아동들을 대상으로 한 독립적인 실험 연구에서 일관성 있게 나타나지 않고 있다. 제작회사에 따르면 단어훈련게임 프로그램을 사용한 언어 문제를 지닌 아동들이 4~8주 만에 평균 1~2년의 성취를 보인 것으로 보고하였다. 그러나 이러한 결과는 과학적인 평가를 거치지 않았으며, 자폐를 지닌 아동들과 관련된 증거는 부족하다.

평가 결과: 지원 정보가 부족한 실제(Limited Supporting Information for Practice)

참고문헌 및 기타 참고자료

● 참고문헌

Richard, C. J. (2000). *The source for treatment methodologies in autism*. East Moline, IL: LinguiSystems.

● 기타 참고자료

Scientific Learning Corporation (300 Frank H. Ogawa Plaza, Suite 600, Oakland, CA 94612-2040; 1-888-665-9707): www.scilearn.com

중심축 반응 훈련 PIVOTAL RESPONSE TRAINING(PRT)

연령/능력 수준

- 대상 연령: 유치원부터 성인까지
- 대상 진단명 및 관련 특성: 경도에서 중도까지의 자폐 범주성 장애(ASD), 아스퍼거 증후군, 기타 장애

● 대상 능력 수준: 경도 인지장애, 최소한의 수용언어 및 표현언어

중재 내용

중심축 반응 훈련(PRT)의 목적은 다양한 목표행동에 영향을 미치는 중심 영역에 교육적 기법을 적용하는 것이다(Koegel, Koegel, Harrower, Carter, 1999). 중심 영역에 영향을 미치면 실제로 기타 중요한 발달 영역들에서의 부수적인 습득이 발생한다. 중심 영역에 대한 중재의 목표는 "(1) 아동이 자연적 환경에서 발생하는 다양한 학습 기회와 사회적 상호작용에 반응하도록 하며, (2) 중재 제공자에 의한 지속적인 감독의 필요성을 감소시키고, (3) 아동을 자연적 환경에서 분리시키는 서비스를 감소시키는 것이다"(Koegel, Koegel, Harrower et al., 1999, p. 174). 그러므로 PRT의 주요 목적은 자폐 범주성 장애를 지닌 아동에게 통합 환경에서 독립적으로 기능하는데 필요한 사회적 및 교육적 기술들을 제공하는 것이다.

PRT는 부정적인 상호작용을 배제하고 인위적인 촉진에 대한 의존성을 감소시키는 형태의 응용행동분석(ABA)의 원리들을 사용하며, 가족 중심적이다. PRT의 전략을 사용하게 되면 자연적인 환경에서 아동에게 강화가 되고 연령에 적합한 사물을 이용하여 목표행동을 교수한다. PRT가 주로 초점을 맞추는 주요 영역은 의사소통이다. 이 중재를 위한 주요 초점의 중심 영역들은 다음과 같은 것들이다.

● 다양한 단서와 자극에 반응하기 (관련 요소들을 식별함으로써 과잉선택을 감소시키기)

● 아동의 동기를 강화하기 (적절한 반응을 증가시키고 반응 시간을 감소시키고 감정을 향상시키기)

● 자기-관리(self-management) 능력을 증가시키기 (자신의 이상한 행동을 의식하고 스스로 조절하고(self-monitor) 스스로 강화하도록(self-reinforce) 교수하기)

● 스스로 시작하는 행동(self-initiation)을 증가시키기 (환경 내의 자연적인 단서에 반응하도록 교수하기)

중재를 위한 중요한 지침들은 『자폐 아동에게 중심축 행동을 교수하는 방법: 훈련 지침서(How to Teach Pivotal Behaviors to Children With Autism)』(Koegel, Schreffirnan, Good, Cerniglia, Murphy, & Koegel, n.d.)에서 제공받을 수 있다. 교수 회기를 어떻게 구성해야 하는지에 대한 이러한 지침과 정보들은 PRT를 어떻게 실행할 수 있는지에 대한 일반적인 이해를 돕는다. 다음의 내용은 이 지침서(Koegel et al., n.d.)의 "반응을 위한 질문/교수/기회 제공하기: 기억해야 할 내용(Presenting the Question/Instruction/Opportunity to Respond: Points to Remember)" 이라는 주제 하에 "기억해야 할 내용(Points to Remember)" 으로 분류된 것들이다.

1. 질문/교수/기회는 분명하고, 과제에 적절하고, 방해되지 않아야 하며, 아동이 주의를 기울이고 있어야 한다.
   - 부모 또는 교사는 아동에게 교수, 질문, 또는 기타 반응할 기회를 제공한다.
   - 아동은 반응한다.
   - 부모 또는 교사는 아동의 반응에 따라 아동에게 후속결과를 제공한다.
2. 유지 과제(아동이 이미 수행할 수 있는 과제)는 습득(새로운) 과제와 함께 분산되어야 한다.
3. 많은 경우에 있어서 과제는 아동에 의하여 선택되어야 한다.
4. 교수/질문은 다양한 요소들을 포함해야 한다.

보고된 혜택 및 효과

지금까지의 연구들은 자폐 범주성 장애를 지닌 아동들의 동기를 증가시킴으로써 언어기술을 향상시키는 것을 포함한 PRT의 많은 혜택을 입증해 왔다(Koegel, O'Dell, & Koegel, 1987). Pierce와 Schreibman(1997)은 PRT 중재 이후에 양적 및 질적으로 향상된 언어기술을 보고하였다. 이 연구에서는 또한 학생들이 기초선에서는 자기 자신에게 말하거나 상황에 맞지 않는 말을 하곤 하였으나 중재 후에 또래와의 좀 더 의미있는 교환 행동을 보였으며 좀더 긴 문장을 말하게 되었다.

PRT는 또한 놀이 기술(예: 조작놀이, 상징놀이)을 향상시키기 위하여 사용되어 왔

저자	N	장소	연령/성별	진단	결과	비고
Peirce & Schreibman (1997)	자폐 -2 일반 또래 -8	교실 유희실	7세, 8세/ 자폐 2명 모두 남자	자폐	기초선 기간의 낮은 단어 발화가 중재 후 증가됨. 새로운 기술을 다른 또래들에게 일반화함.	PRT가 또래 훈련을 통하여 실행됨.
Koegel, Koegel, Shoshan, & McNerney, (1999) Phase I	6	대학의 임상실습실과 가정	3세 1개월~3세 10개월	자폐	중재 전 아동들은 언어와 적응행동에서 유사한 능력을 보였으나 자발적인 시작행동은 매우 빈약하였음. 중재 후 성취가 높은 아동들은 화용론 및 적응행동에서 더 높은 능력을 보였으며, 일반 교육 프로그램과 지역사회 및 사회적 활동에 참여하고 있었음. 성취가 낮은 아동들은 낮은 평가를 받았으며 외부 활동에 참여하지 않고 있었음.	높은 성취란 학교에서 잘 하고 있는 것으로 보고되고 지역사회 및 사회적 활동에 참여하는 것을 의미함. 낮은 성취는 전술한 활동들에 참여하지 않는 것을 의미함. 모든 학생들은 시작행동을 위한 중재를 제외한 PRT에 참여하였음.
Hupp & Reitman (2000)	1	클리닉 가정	8세/남	PDD-NOS	눈 맞춤 행동만을 목표로 한 부모가 실행한 교수의 결과로 적절한 눈 맞춤이 증가하고 대화 중 질문에 반응하는 시간이 감소하였음. 습득된 기술은 4개월과 1년 후에도 유지되었음.	이 연구는 Koegel과 Frea(1993)의 연구를 복사한 연구임. 훈련 기간 중 금전적 강화가 주어졌으며 유지 기간에는 주어지지 않았음.

다(Stahmer, 1995; Stahmer & Gist, 1997; Stahmer, Schreibman, & Palardy, 1994). Stahmer(1995)는 훈련 전에는 상징놀이를 보이지 않았던 자폐를 지닌 아동들이 주당 3시간의 PRT 훈련을 8주간 받은 후에 또래들과 대등한 기술을 학습하였다는 사실을 발견하였다. 놀이 기술은 새로운 환경, 사람, 장난감으로 일반화되었으며 최소한 3개월 이후까지도 유지되었다.

PRT를 성공적으로 실행하기 위한 부모 훈련도 제시되었다. Hupp와 Reitman(2000)의 연구에서는 비전형성 전반적 발달장애(PDD-NOS)를 지닌 8세 아동을 효과적으로 훈련함으로써 적절한 눈 맞춤 행동을 유지시켰으며, 또한 중재의 목표가 아니었음에도 불구하고 질문에 반응하는데 필요한 시간도 감소시켰다.

자폐 범주성 장애 아동에 대한 활용 결과

중심축 반응 훈련(PRT)은 다양한 연령과 발달 수준의 아동들에게 적절하다(Stahmer, 1999). 그러나 PRT와 관련된 훈련 전 선수기술들을 고려해야 한다. 아동들은 사물 조작에 대하여 호기심을 보여야 하며, 환경에 최소한의 관심을 기울일 수 있어야 하고, PRT 이전에 기본적인 모방 기술을 가지고 있어야 한다. Sherer와 Schreibman(1998)에 의하면, PRT를 위한 가장 적합한 대상 아동들은 장난감에 관심을 보이고 자기-자극 행동을 할 때 사물을 사용하지 않는 아동들이다. 그러므로 스스로 돌기(self-spinning)와 같은 행동을 자주 보이는 아동들은 장난감 자동차의 바퀴를 돌리는 아동보다 PRT를 사용하기에 적절하지 않을 수 있다.

중재 실행을 위한 조건

PRT는 가능하다면 일반 교육환경, 가정, 지역사회를 포함하는 대부분의 통합환경에서 실행되어야 한다(Koegel, Koegel, Harrower et al., 1999). 통합은 자폐 범주성 장애를 지닌 아동들에게 학업 및 사회적 요구가 덜 주어지는 유치원에서부터 시작되어야 한다. 중재를 실시하는 핵심적인 사람들은 가족 구성원, 교사, 자폐 및 통합 영역의 전문가 등과 같은 아동이 가장 자주 상호작용하는 사람들을 포함한다. 중재 실행자로 가족 구성원을 포함시키고 자연적인 환경에서 중재를 제공하는 것은 가족 구성원을 위한 스트레스를 감소시키기도 한다.

중재의 잠재적 위험

PRT 중재의 활용과 관련해서 보고된 위험 요소는 없다.

중재 비용

PRT는 고도의 기술을 지닌 전문가들과 현장 교사들이 대상자와 상호작용 하기 위하여 필요한 시간을 감소시키도록 고안되었으며, 그러므로 전략의 실행은 비용, 시간, 인력에 있어서 효율적이라고 할 수 있다(Koegel, Koegel, Harrower et al., 1999). PRT의 목적은 자연적인 환경의 맥락 내에서 개별 아동의 학습을 체계적으로 촉진함으로써 훈련 시간만이 아닌 하루 전체를 통하여 독립심과 자기-교육(self-education)을 달성하는 것이다. 그러나 아동이 중심 영역에 있어서의 향상을 보임에 따라 고도의 기술을 지닌 촉진자가 덜 필요하게 되며, 가족 구성원들과 교사들이 좀 더 자연적인 지원을 제공할 수 있게 된다.

자폐 범주성 장애 아동에 대한 효율성 평가 방법

연구자들은 PRT의 효과를 제시하기 위하여 단기 및 장기 성과들을 사용해 왔다. Koegel, Koegel, Shoshan 등(1999)은 사회성 및 지역사회 기능에 있어서의 일화적이고 질적인 향상을 보고하였으며 적응행동 척도에서의 향상된 점수를 보고하기도 하였다. 또한 PRT 방법으로 교수한 학생들의 진도를 평가하기 위하여 언어 사용과 놀이 기술과 같은 개별화된 목표들에 대한 자료도 수집되었다(Koegel, Koegel, Harrower et al., 1999).

결론

PRT는 다양한 장점을 지닌다. PRT는 한 번에 한 가지의 개별 행동을 다루는 대신에 아동의 발달에 폭넓은 영향을 미칠 수 있는 기초 기술에 집중하도록 응용행동분석(ABA)의 영역을 확장시켰다(Prizant & Rubin, 1999). 뿐만 아니라, PRT는 응용행동분석을 적용할 때 지금까지는 무시되어왔지만 중요한 영역인 학생의 동기를 고려하도록 만들었다. 마지막으로, PRT는 1:1 훈련식의 전통적인 응용행동분석 접근과는 반대로 유치원 통합의 중요성을 강조한다.

PRT는 종합적인 교육 프로그램의 몇몇 구성요소들을 갖추지 못하고 있다. 그러므로 개발자들은 포괄적인 프로그램을 개발하기 위하여 PRT와 다른 접근 방법들을 함께 사용할 것을 권장한다(Prizant & Rubin, 1999). PRT는 발달주의적 체계나 교육과정을 포함하지 않는다. 뿐만 아니라, 감각 처리 및 운동기능 계획과 같은 자폐 범주성 장애를 지닌 학생들이 보이는 기타 중요한 결함 영역들은 PRT를 통하여 다루어지지 않는다. 마지막으로, 전통적인 응용행동분석과는 달리 PRT는 자연적인 구성요소들에 초점을 맞춘다(Cohen, 1999).

평가 결과: 과학적 기반의 실제(Scientifially Based Practice)

참고문헌 및 기타 참고자료

● 참고문헌

Cohen, S. (1999). Invited commentary: Zeroing in on autism in young children. *Jourtial of the Association for Persons With Severe Handicaps, 24*(3), 209-212.

Hupp, S. D. A., & Reitman, D. (2000). Parent-assisted modification of pivotal social skills for a child diagnosed with PDD: A clinical replication. *Journal of Positive Behavior Interventions, 2*(3), 183-187.

Koegel, R. L., & Frea, W. D. (1993). Treatment of social behavior in autism through the modification of pivotal social skills. *Journal of Applied Behavior Analysis, 26*(3), 369-377.

Koegel, L. K., Koegel, R. L., Harrower, J. K., & Carter, C. M. (1999). Pivotal response intervention I: Overview of approach. *Journal of the Association for Persons With Severe Handicaps, 24*(3), 174-185.

Koegel, L. K., Koegel, R. L., Shoshan, Y., & McNerney, E. (1999). Pivotal response intervention II: Preliminary long-term outcome data. *Journal of the Association for Persons With Severe Handicaps, 24*(3), 186-198.

Koegel, R. L., O'Dell, M. C., & Koegel, L. K. (1987). A natural language teaching paradigm for nonverbal autistic children. *Journal of Autism and Developmental Disorders, 17*(2), 187-200.

Koegel, R. L., Schreffirnan, L., Good, A., Cerniglia, L., Murphy, C., & Koegel, L. K. (n.d.). *How to teach pivotal behaviors to children with autism: A training manuaL* Retrieved January 19, 2004, from www.users.qwest.net/~tbharris/prt.htm

Pierce, K., & Schreibman, L. (1997). Using peer trainers to promote social behavior in autism: Are they effective at enhancing multiple social modalities? *Focus on Autism and Other Developmental Disabilities, 12*(4), 207-218.

Prizant, B. M., & Rubin, E. (1999). Invited commentary: Contemporary issues in interventions for autism spectrum disorders: A commentary. *Journal of the Association for Persons With Severe Handicaps, 24*(3), 199-208.

Sherer, M., & Schreibman, L. (1998). Deciphering variables related to positive treatment outcome: Reports of intensive pivotal response training therapy for young children with autism. In L. Schreibman (Chair), *Early intervention for children with autism: One size does not fit all.* Symposium conducted at the 24th Annual Convention for the Association for Behavior Analysis, Orlando, FL.

Stahmer, A. C. (1995). Teaching symbolic play to children with autism using pivotal response training. *Journal of Autism and Developmental Disorders, 25*(2), 123-141.

Stahmer, A. C. (1999). Using pivotal response training to facilitate appropriate play in children with autistic spectrum disorders. *Child Language Teaching and Therapy, 15*(1), 29-40.

Stahmer, A., & Gist, K. (1997). *The effects of combined language and play components in pivotal response training with children with autism/pervasive developmental disorder.* Paper presented at the Annual Association of Behavior Analysis Meeting, Chicago, IL.

Stahmer, A. C., Schreibman, L., & Palardy, N. (1994). *Social validation of symbolic play training in children with autism.* Paper presented at the 20th Annual Convention for the Association of Behavior Analysis, Chicago, IL.

● **기타 참고자료**

University of California at Santa Barbara Autism Research and Training Center: www.education.ucsb.edu/autism/

구조화된 교수 STRUCTURED TEACHING(TEACCH)

연령/능력 수준

● 대상 연령: 유치원부터 성인까지

- 대상 진단명 및 관련 특성: 경도에서 중도까지의 자폐 범주성 장애(ASD)
- 대상 능력 수준: 중도 인지장애부터 평균 지적 기능까지

중재 내용

구조화된 교수는 자폐 및 의사소통 장애를 지닌 아동과 그 가족들에게 서비스를 제공하기 위한 최초의 주(州) 규모의 전문적인 프로그램인 TEACCH(Treatment and Education of Autistic and Related Communication Handicapped Children) 프로그램에서 그 유래를 찾을 수 있다. TEACCH 프로그램은 1970년대에 Eric Schopler에 의하여 개발되었으며 Chapel Hill에 있는 북캐롤라이나 대학(University of North Carolina)에 그 본부를 두고 있다.

구조화된 교수의 기초는 자폐 범주성 장애를 지닌 사람들의 필요에 대응하기 위하여 환경을 조절하는 것이다(Schopler, Mesibov, & Hearsey, 1995). 이 과정과 관련되는 네 가지 주요 구성요소들은 다음과 같다.

- 물리적 구성
- 시각적 일과표
- 작업 시스템
- 과제 구성

물리적 구성(physical organization)이란 학업 및 지역사회 기술을 교수하기 위한 영역의 설계를 의미한다. 구성은 학생으로 하여금 특정 활동이 어디에서 일어나는지를 이해하도록 도와준다. 물리적 구성은 학생들에게 분명한 특정 경계를 제시하는 등의 예측 가능한 방법으로 자신이 해야 할 활동을 알려주는 시각적 정보를 제공하도록 계획된다. 구조화된 교실의 교사들은 학습 영역을 구분하기 위하여 카펫 위에 색깔 테이프를 붙이거나 책장 또는 분리대 등을 활용할 수 있다.

시각적 일과표(visual schedules)는 학생들에게 어떤 활동이 어떤 순서로 일어나는지를 알려준다(Scholper et al., 1995). 시각적 일과표는 학생들이 사건을 예측하도록

도와줌으로써 불안감을 감소시킨다. 시각적 일과표의 장점은 학생들이 자신의 일과를 보고 강화적인 활동이 언제 일어날 것인지를 알게 해주는 것이다. 시각적 일과표는 주의집중과 기억력, 시간과 조직력, 수용 및 표현언어, 촉진 의존성, 내적 동기에 있어서 결함을 보이곤 하는 자폐 범주성 장애를 지닌 학생들을 도와준다. 일과표는 개별 학생의 구체적(예: 실물 크기의 물건이나 작은 모형) 또는 추상적(예: 선 그림, 인쇄된 단어) 표상의 수준에 따라 개별화된다. 일과표는 짧은 시간(예: 15분)이나 긴 시간(예: 하루 종일) 동안 사용될 수 있다.

작업 시스템(work system)과 과제 구성(task organization)은 학생이 독립적으로 해야 할 작업을 결정해 준다. 작업 시스템은 학생들이 어떤 활동을 독립적인 작업 영역에서 완수해야 하는지를 알게 해준다(Schopler et al., 1995). 작업 시스템의 목적은 학생들에게 독립적으로 작업하도록 가르치는 것이다. 독립적인 작업 시스템은 어떤 작업이 완수되어야 하는지, 얼마나 많은 작업을 해야 하는지, 각각의 작업이 언제 끝나는지를 시각적으로 알려준다. 구조화된 교수의 마지막 주요 구성요소인 과제 구성은 학생에게 과제 내에서 무엇을 해야 하며, 얼마나 많은 항목들을 완수해야 하며, 최종 성과물이 무엇인지에 대한 정보를 제공한다.

보고된 혜택 및 효과

TEACCH 프로그램의 성과 자료를 설명하는 몇몇 연구들(Lord & Venter, 1992; Mesibov, 1997; Schopler, 1991; Schopler, Mesibov, & Baker, 1982; Schopler, Mesibov, DeVellis, & Short, 1981)이 출판된 것은 사실이나 구조화된 교수방법론의 혜택을 직접적으로 다루는 권위 있는 연구들이 최근에는 거의 보고되지 않고 있다. Ozonoff와 Cathcart(1998)는 학교 프로그램과 가정에서의 구조화된 교수를 함께 제공받은 학생들이 학교 프로그램만 제공받은 학생들보다 더 큰 향상을 보인 것으로 보고하였다. 이들은 또한 한 가지 이상의 방법(예: 구조화된 교수와 비연속 개별시도 교수)을 사용하는 것이 해가되지 않는다는 사실도 발견하였다. Panerai, Ferrante, Caputo, Impellizzeri(1998)는 18명의 학생들이 12~18개월 동안 구조화된 교수를 받음으로써 다양한 기술 영역(예: 의사소통, 일상생활, 사회성, 인지적 수행)에서 통계적으로 유의한 향상을 보였다고 보고하였다.

두 개의 오래된 연구들이 구조화된 교수방법에 있어서의 자폐 범주성 장애를 지닌 아동들의 부모 훈련 효과를 보여주고 있다. Marcus, Lansing, Andrews, Schopler(1987)의 연구에서는 부모들에게 구조화된 교수 원리에 따라 자폐를 지닌 아동들을 위한 교재를 선택하고 과제를 구성하고 정보를 제공하는 방법을 훈련하였다. 부모 훈련이 끝난 후에 자폐 범주성 장애를 지닌 아동과 그 부모 간의 상호작용이 더 유쾌한 경험으로 변하였으며 상호작용에서의 아동의 협력이 증가하고 부모는 더 큰 통제력을 경험하게 되었다. Short(1984)의 연구에서도 부모들이 구조화된 교수 모델에서 효과적으로 훈련받을 수 있다는 사실을 발견하였다. 구조화된 교수 훈련을 제공받은 부모들의 자녀들은 행동 향상을 보였으며 클리닉 외의 장소로 기술 일반화를 보였다.

자폐 범주성 장애 아동에 대한 활용 결과

구조화된 교수는 자폐 범주성 장애를 지닌 사람들을 고려하여 개발되었다. 특히 구조화된 교수는 청각 처리과정, 구어 표현, 주의집중, 추상적 사고, 지식과 기술의 일반화 영역에서의 결함을 극복하기 위하여 시각적 처리 과정, 시-공간 기술, 감각 운동 처리과정 등의 강점을 활용하도록 강조한다(Schopler et al., 1995). 구조화된 교수는 모든 연령 및 발달 수준에 있는 사람들에게 적절하다. 물리적 구성, 시각적 일과표, 작업 시스템, 과제 구성 등은 각 개인의 기능 수준에 따라 수정될 수 있다.

중재 실행을 위한 조건

자폐 범주성 장애를 지닌 사람들과 일하는 모든 사람들(예: 교사, 부모, 보조교사)은 구조화된 교수 중재를 실행할 수 있다. 그러나 이를 위한 훈련이 제공되고 있으며, 훈련받을 것을 강력하게 권장하고 있다.

중재의 잠재적 위험

구조화된 교수와 관련해서 알려진 위험 요소는 없다. 자폐 범주성 장애를 지닌 사람들을 교수하는 다른 방법들의 경우에서와 마찬가지로 어느 특정 중재가 개인의 개

저자	연구 설계	N	장소	연령/성별	진단	결과	비고
Ozonoff & Cathcart (1998)	실험 설계 (처치 및 통제집단)	22(각 집단에 11명씩)	가정	31~69개월/ 남 18, 여 4	자폐	복합적인 치료전략의 사용은 아동에게 해를 입히지 않음을 발견함. 학교와 함께 가정에서도 프로그램에 참여한 학생들이 학교에서만 참여한 학생들보다 더 높은 성과를 보임.	중재는 자폐 아동의 시각적 강점의 이용, 개인 일과표, 의사소통 체계, 직업 활동을 포함하는 가정에서의 구조화된 교수 기법으로 구성됨.
Panerai, Ferrante, Caputo, & Impellizzeri (1998)	실험 설계, 윌콕슨 및 x^2 검증, 다차원적 진단, 구조화된 관찰	18	주간 치료 프로그램	7~18세/ 남 17, 여 1	자폐, 정신 지체	바인랜드 적응행동검사(VABS)에 의하여 의사소통, 일상생활 기술, 사회성 영역에서 12개월과 기초선, 18개월과 기초선 간에 통계적인 차이가 발견됨. 일상생활 기술과 놀이 및 여가 영역에서는 12개월과 18개월 간에 통계적인 차이가 나타남. 교육진단검사(PEP-R)에 의하여 12개월과 기초선, 18개월과 기초선 간에 소근육 운동, 대근육 운동, 눈-손 협응, 인지적 수행 영역에서 유의한 차이가 발견됨. 모방, 대근육 운동, 인지적 수행 영역에서 12개월과 18개월 간에 유의한 차이가 나타남.	종합적인 구조화된 교수 프로그램의 결과로 일반적인 향상이 나타남.

별적인 필요와는 상관없이 모든 사람들에게 무분별하게 적용될 수 있다는 위험 요소는 존재한다. 구조화된 교수전략은 자폐 범주성 장애를 지닌 많은 사람들에게 적절한 방법일 수 있다는 가능성에도 불구하고 개별 대상자들이 이 방법을 통하여 혜택을 받는다는 것을 증명하기 위하여 반드시 자료를 수집해야 한다.

중재 비용

구조화된 교수 훈련("학급 훈련 프로그램[Classroom Training Program]")은 TEACCH를 통하여 받을 수 있다. 구조화된 교수의 예비 훈련은 일반적으로 5일 동안의 실습 중심의 연수로 이루어지며, 타 지역의 참여자들(North Carolina 주에 거주하지 않는 사람들)을 위하여 약 900달러 정도에 제공된다. TEACCH에서는 또한 심화훈련, 연차 학회, 다양한 주제(예: 고기능 자폐, 부모 훈련, 의사소통)와 관련된 훈련을 제공하고 있다. 이에 관한 정보는 TEACCH 웹사이트(www.teacch.com)에 접속하면 "Training"에서 얻을 수 있다. 구조화된 교수는 자폐 범주성 장애를 지닌 사람들을 위한 교육 환경, 가정, 직업 및 거주 환경에서 볼 수 있는 교육 및 직업 자료들을 활용한다. 이 외의 필요한 자료들은 주로 선반, 벨크로, 선 그림, 코팅 용지 등이다.

자폐 범주성 장애 아동에 대한 효율성 평가 방법

TEACCH 연구자들은 구조화된 교수 훈련이 자폐 범주성 장애를 지닌 아동들에게 미치는 영향을 결정하기 위하여 사용될 수 있는 진단 도구들을 개발해 왔다. 개정판 교육진단검사(Psychoeducational Profile-Revised)(Schopler, Reichler, Bashford, Lansing, & Marcus, 1990)와 청소년 및 성인을 위한 교육진단검사(Adolescent and Adult Psychoeducational Profile)(Mesibov, Schopler, Schaffer, & Landrus, 1988)는 자폐 범주성 장애를 지닌 사람들에게 사용하기 위하여 고안된 것이며, 교육 목표를 계획하고 진도를 점검하기 위하여 사용될 수 있다. 특정 기술과 행동 목표에 대한 직접적인 진단 역시 구조화된 교수의 효과를 평가하는데 사용될 수 있다.

결론

구조화된 교수의 원리를 활용하는 중재들은 자폐 범주성 장애를 지닌 사람들이 자신의 세상을 좀 더 잘 이해하도록 도와준다. 자폐 범주성 장애를 지닌 학생들과 일하는 사람들은 이들이 규칙이나 시간 일정, 순서, 시간 분배, 과제 완수를 이해하는데 도움이 되는 시각적 보조와 기타 형태의 구조화를 제공받을 때 가장 잘 학습한다는 사실을 발견하게 된다. 이러한 지식은 구조화된 교수방법론의 생성과 발전을 주도해 왔다. 결론적으로 구조화된 교수의 사용은 학생 좀 더 낳은 이해를 유도함으로써 자폐 범주성 장애를 지닌 사람들이 자신의 삶 속에서 좀더 독립적이고 생산적이 될 수 있도록 도와준다.

평가 결과: 성과가 기대되는 실제(Promising Practice)

참고문헌 및 기타 참고자료

● 참고문헌

Lord, C., & Venter, A. (1992). Outcome and follow-np studies of high-functioning autistic individuals. In E. Schopler & G. Mesibov (Eds.), *High-functioning individuals with autism* (pp.187-199). New York: Plenum.

Marcus, L., Lansing, M., Andrews, C., & Schopler, E. (1978). Improvement of teaching effectiveness in parents of autistic children. *Journal of the American Academy of Child Psychiatry, 17*, 625-639.

Mesibov, G. (1997). Formal and informal measures on the effectiveness of the TEACCH program. *Autism: The International Journal of Research and Practice, 1*, 25-35.

Mesibov, G., Schopler, E., Schaffer, B., & Landrus, R. (1988). *Individualized assessment and treatment for autistic and developmentally disabled children: Vol. 4. Adolescent and adult psychoeducational profile.* Austin, TX: PRO-ED.

Ozonoff, S., & Cathcart, K. (1998). Effectiveness of a home program intervention for young children with autism. *Journal of Autism and Developmental Disorders, 28*(1), 25-32.

Panerai, S., Ferrante, L., Caputo, V., & Impellizzeri, C. (1998). Use of structured teaching for treatment of children with autism and severe and profound mental retardation. *Education and Training in Mental Retardation and Developmental Disabilities, 33*(4), 367-374.

Schopler, E. (1991). *Current and past research on autistic children and their families*. TEACCH Research Report. Chapel Hill, NC: Conducted by Division TEACCH. (ERIC Documentation Reproduction Service No. ED339161)

Schopler, E., Mesibov, G., & Baker, A. (1982). Evaluation of treatment for autistic children and their parents. *Journal of the American Academy of Child Psychiatry, 21*, 262-267.

Schopler, E., Mesibov, G., DeVellis, R., & Short, A. (1981). Treatment outcome for autistic children and their families. In P. Mittler (Ed.), *Frontiers of knowledge in mental retardation. Vol.1. Social, educational, and behavioral aspects* (pp. 293-301). Baltimore, MD: University Park Press.

Schopler, E., Mesibov, G. B., & Hearsey, K. (1995). Structured teaching in the TEACCH system. In E. Schopler & G. B. Mesibov (Eds.), *Learning and cognition in autism* (pp. 243-267). New York: Plenum.

Schopler, E., Reichler, R., Bashford, A., Lansing, M., & Marcus, L. (1990). *Individualized assessment and treatment for autistic and developmentally disabled children: Vol. 1. Psychoeducational profile-Revised*. Austin, TX: PRO-ED.

Short, A. B. (1984). Short-term treatment outcome using parents as co-therapists for their own autistic children. *Journal of Child Psychiatry and Allied Disciplines, 25*(3), 443-458.

● 기타 참고자료

Division TEACCH: www.teacch.com

인지적 중재 및 치료

인지적 영역에 속하는 중재 및 치료 프로그램은 일반적으로 자폐 범주성 장애 (ASD)를 지닌 사람들이 자신의 행동과 수행을 감독하여 궁극적으로는 적절한 반응을 강화하며 적절하지 않은 경우에는 자신의 행동을 조절하도록 교수하는데 초점을 맞춘다. 그러므로 인지적 중재는 교사, 부모 및 기타 다른 사람들로부터 통제소 (locus of control)를 옮기도록 시도하는 방법이다.

인지적 중재 방법은 일반적으로 사고와 기타 인지적 과정이 개인의 행동과 수행을 조정한다고 가정한다. 따라서 행동이나 수행의 변화는 개인의 지각, 자기-이해, 믿음을 변화시킴으로써 가장 잘 이루어지는 것으로 본다. 인지적 방법은 또한 개인이 자신의 치료과정에 적극적으로 참여할 때 최적의 성과가 나타난다고 가정한다.

인지적 접근들은 자폐 범주성 장애를 지닌 모든 사람들에게 적절한 방법은 아니다. 이 방법을 사용하기 위해서는 학생들이 자기-이해 능력을 지니고 있어야 하며 기대에 따라 행동하고 수행하도록 내적 동기를 지녀야 한다. 그러므로 이러한 전략들은 자기-조절 및 자기-강화와 같은 인지적 언어기술을 지니고 있는 학생들에게 가장 효과적이며, 또한 외적 통제가 아닌 내적 통제의 동기 부여가 가능한 사람들에게 가장 효과적이다.

인지행동수정 COGNITIVE BEHAVIORAL MODIFICATION(CBM)

연령/능력 수준

- 대상 연령: 초등학교 연령부터 성인까지
- 대상 진단명 및 관련 특성: 경도에서 중등도까지의 자폐 범주성 장애(ASD), 아스퍼거 증후군, 기타 장애
- 대상 능력 수준: 경도 인지장애부터 평균 이상의 지적 능력까지

중재 내용

인지행동수정(CBM)은 자기-규제(self-regulation) 및 자기-발화(self-verbalization)와 같은 기법을 통하여 독립적인 행동 변화를 증진시키기 위하여 고안된 특정 유형의 심리학적 방법에 속하는 중재들 중 하나이다(Heflin & Simpson, 1998). 인지적 행동 접근에서는 자폐 범주성 장애를 지닌 사람들을 포함하는 모든 사람들이 자신의 행동을 조절하고 감독할 수 있는 능력과 선호도를 가지고 있다고 강조한다(Heflin & Simpson, 1998).

CBM은 자신의 행동과 성취를 조절하고 적절하게 자기-강화를 적용하도록 교수하는 것을 목표로 한다. 이러한 방법을 통하여 사람들은 증가된 행동 통제소를 지니게 되며, 따라서 교사나 부모와 같은 외부 지향적인 근거로부터 멀어지게 된다(Myles & Simpson, 1998).

CBM은 학교·직장·가정에서의 다양한 행동 변화를 일으키기 위하여 유용하게 사용된다. 또한 CBM은 정해진 시간 동안 목표행동이 발생했는지 또는 특정 과제를 완수했는지를 알게 해준다(Quinn, Swaggart, & Myles, 1994). Kaplan과 Carter(1995, p. 381)는 다른 행동 조절 방법과 차별되는 CBM의 다섯 가지 요소들을 다음과 같이 설명하였다.

1. 외적인 요소(예: 교사)가 아닌 대상자 자신이 변화를 일으키는 주요 요소이다.

2. 말로 표현하기(verbalization)는 겉으로 드러나게 행동하는 수준에서 자기-조절 (self-monitor)의 수준을 거쳐 겉으로 드러나지 않게 행동하는 수준으로 진행된다.

3. 대상자들에게 일련의 문제해결 단계를 식별하고 사용하도록 교수한다.

4. 교수의 목적을 위하여 시범 보이기(modeling)가 사용된다.

5. CBM에 관한 문헌은 자기-통제(self-control)를 촉진한다.

Quinn 등(1994)은 CBM을 실행하는 세 가지 일반적인 단계를 제안하였다. 각 단계를 간단하게 설명하면 다음과 같다.

1단계: 훈련 전 준비(Pretraining Preparation)

훈련 전 준비 기간 동안에는 목표행동과 학생에게 강화가 되는 물건들을 식별한다. 중재의 실행과 관련되는 모든 자료들을 준비하고 정리한다.

2단계: 훈련(Training)

Quinn 등(1994)에 의해서 제안된 2단계는 다음과 같은 세부 단계로 구성된다: (1) 식별 훈련(discrimination training), (2) 자기-관리 실행 및 독립성(self-management implementation and independence), (3) 중재 소거(treatment withdrawal). 첫 번째 단계에서는 식별 훈련을 통하여 학생들이 자신의 행동과 그러한 행동이 학습과 과제 완수에 미치는 영향에 대하여 인식하게 만든다. CBM 전략은 두 번째 단계인 직접 교수, 시범 보이기, 및 유도된 연습을 이용한 자기-관리의 실행과 독립성의 단계에서 적용된다. 자기-관리와 독립성 훈련은 학생으로 하여금 CBM 전략을 독립적으로 사용하도록 도와준다. 훈련의 마지막 단계인 중재 소거의 단계에서는 수용할만한 비율로 발생하는 바람직한 행동을 학생이 독립적으로 시도하도록 강조한다(Quinn et al., 1994).

3단계: 일반화(Generalization)

일반화 단계에서는 학생들이 목표행동을 다양한 상황과 활동에서 자기-조절하도록 지원한다. 이러한 지원은 새로운 환경이나 활동과 관련된 변인들이 소개될 때 주어지는 교수를 포함한다(Quinn et al., 1994).

보고된 혜택 및 효과

인지적 행동 중재들은 수십 년 동안 심리학과 교육학에서의 연구 주제가 되어왔다. 최근의 몇몇 연구들은 자폐를 지닌 학생들의 사회적 상호작용과 관련된 자기-조절의 효과를 점검하였다(Shearer, Kohler, Buchan, & McCullough, 1996; Strain, Kohler, Storey, & Danko, 1994). 마찬가지로 자기-관리 및 자기-관리와 적절한 놀이 행동과의 연계, 상동행동의 감소, 사회적 기술의 증가와 방해행동과의 관련성에 대한 연구도 수행되었다(Koegel & Koegel, 1990; Koegel, Koegel, Hurley, & Frea, 1992; Stahmer & Schreibman, 1992). 이러한 연구들은 대부분 성공적인 결과들을 주장하고 있다.

인지적 행동 중재들은 자폐를 지닌 학생들에게 사용될 때 성공적인 결과를 보이는 것으로 여겨지고 있다. 그러나 CBM의 실행이 자신의 행동 변화를 위한 계획과 진행에 적극적으로 참여하도록 촉진하기 때문에 CBM은 높은 수준의 기능을 보이면서 전문가나 부모 주도의 중재에 저항감을 지닌 학생들에게 특별히 효과가 있다고 할 수 있다(Heflin & Simpson, 1998).

자폐 범주성 장애 아동에 대한 활용 결과

인지행동수정(CBM)은 자폐 범주성 장애를 지닌 학생들을 포함한 보편적인 활용을 위하여 고안되었다. 그러나 학생의 성취는 목표한 과제를 독립적으로 수행하는 능력에 의존하기 때문에 이러한 중재는 과제와 관련된 기술 학습이 부족한 학생들에게는 적절하지 않다(Myles & Simpson, 1998). 이러한 이유로 인하여 인지행동수정은 고기능 자폐나 아스퍼거 증후군을 지닌 학생들에게 적절한 방법이라고 말할 수 있다(Heflin & Simpson, 1998). 또한 다른 모든 효과적인 중재 프로그램과 마찬가지로 이 방법도 일반화와 유지를 촉진하기 때문에 지원된 전략을 독립적으로 사용하는데 일반적인 어려움을 보이는 아스퍼거 증후군을 지닌 학생들에게 매우 적절하다(Myles & Simpson, 1998).

저자	N	장소	연령/성별	진단	결과	비고
Koegel & Koegel (1990) *자기-관리 (Self-management)	4	말/언어치료실, 지역사회(가게, 식당 등)	9~14세	자폐	새로운 환경과 치료 제공자가 없는 상황 및 유지 기간에 상동행동이 감소함.	치료 상황과 지역사회 상황에서 치료 제공자의 최소한의 참여를 통해 상동행동을 감소시키기 위한 전략으로 자기-관리를 평가하였음. 행동의 유지에 대한 평가도 포함하였음.
Koegel, Koegel, Hurley, & Frea (1992) *자기-관리 (Self-management)	4	치료실, 지역사회, 가정, 학교 (대상자에 따라 다양함)	11세 1개월, 11세 1개월 일란성 쌍생아; 6세 10개월 모두 남자	자폐	지역사회 환경에서 사회적 반응이 증가되고 방해행동이 감소함.	다양한 상황에서 치료 제공자 없이 다른 사람들이 시작하는 말에 대한 반응을 증가시키기 위한 전략으로 자기-관리를 평가하였음.
Stahmer & Schreibman (1992) *자기-관리 (Self-management)	3	치료실, 가정	7~13세/ 남 2, 여 1	자폐	치료 제공자가 없는 상황에서 적절한 놀이행동이 증가하고 부적절한 행동이 감소함.	감독되지 않은 사회적 환경에서의 놀이행동을 증가시키기 위한 전략으로 자기-관리를 평가하였음.
Strain, Kohler, Storey, & Danko (1994) *자기-관리 (Self-monitoring)	13	학교, 가정	3~5세/ 남 3; 3~5세, 장애가 없는 10명	자폐 3 일반 10	사회적 상호작용이 증가함. 어떤 사회적 행동은 가정과 학교 모두에서 동등하게 영향을 받음. 치료 패키지의 두 가지 요소(촉진과 강화)는 감소시키거나 제거함.	가정과 학교에서의 사회적 상호작용을 증가시키기 위한 전략으로 자기-관리를 평가하였음.
Shearer, Kohler, Buchan, & McCullough (1996) *자기-관리 (Self-monitoring)	12	유치원 프로그램 (작은 놀이실)	5세/ 남 3; 3~5세/ 장애가 없는 9명	자폐 3, 일반 9	성인 및 아동치료 제공자에 의해서 참여 및 사회적 상호작용이 증가함. 사회적 참여는 성인의 촉진 없이도 유지됨	참여와 자폐 범주성 장애 아동 및 장애가 없는 아동 간의 사회적 상호작용을 증진시키기 위한 전략으로 자기-관리를 평가하였음.

중재 실행 자격 및 조건

인지행동수정 접근은 가정, 학교, 및 기타 치료 상황에서 적절하게 사용될 수 있으며, 그렇기 때문에 전문가와 부모 모두에 의해서 실행될 수도 있다. 그러나 중재 충실도를 위해서는 인지행동수정을 실행하는 사람들이 인지적 행동 이론과 관련된 주요 원리에 대한 지식과 이해를 갖추는 것이 중요하다.

인지행동수정은 학생의 종합적인 중재 프로그램의 한 부분으로 실시되어야 하며 개별화 교육 프로그램(IEP) 및 기타 치료 중재 계획과 긴밀하게 연계해서 실시되어야 한다. 이러한 주의 깊은 연계는 학생의 성취감을 강화할 뿐만 아니라 학교나 생활 경험을 통하여 목표행동의 일반화 및 유지를 촉진할 것이다.

중재의 잠재적 위험

인지행동수정 중재나 프로그램의 실행은 학생이나 실행자에게 어떠한 잠재적인 위험이나 해도 끼치지 않는다. 그러나 중재-학생 간의 적합성을 확신하고 학생의 좌절을 최소화하며 학생의 성취도를 최대화하기 위해서는 인지행동수정 프로그램을 실시하고자 하는 특정 과제와 관련된 학생의 능력을 반드시 평가해야 한다.

중재 비용

인지행동수정은 최소한의 직접 경비가 소요된다. 각 개인의 필요와 부모나 전문가 자원에 따라서 시간 측정 도구(예: 녹음테이프, 스톱워치), 비디오 촬영 도구, 인지행동수정을 사용할 대상자에게 적합한 강화물(예: 사회적, 후속적 활동, 소모품)을 구입해야 하는 경우가 생긴다. 또한 인지행동수정을 처음 계획하고 실행하는 것과 관련된 개인적인 비용이 소모되기도 한다. 결과적으로 인지행동수정은 비교적 비용-효과적인 방법이라고 할 수 있다.

자폐 범주성 장애 아동에 대한 효율성 평가 방법

자료수집(자료수집 용지 및 자기-조절/관리 도구)은 모든 인지행동수정 프로그램이 효과적으로 수행되기 위한 필수적인 요소이다. 자폐 범주성 장애를 지닌 학생들을 위한 중재로서의 인지행동수정의 효율성은 중재 기간 전반에 걸쳐 형성적인 방법에 의하여 평가된다. 이때 진도가 점검되고 중재에 대한 수정이 뒤따르기도 한다.

결론

인지행동수정은 자신의 행동과 수행을 조절하고 그에 적절한 강화를 제공하는 능력을 강화시키기 위하여 고안된 중재 방법이다. 인지행동수정은 특수 아동을 포함한 모든 학생들에게 적절한 방법이지만 중재가 요구하는 선수 기술의 성격상 특별히 고기능 자폐나 아스퍼거 증후군을 지닌 학생들에게 적절한 방법이다. 연구들에 의하면 다양한 인지적 행동주의 기법들이 장애인들에게 활용될 수 있는 것으로 보고되고 있다. 그러므로 인지행동수정은 성과가 기대되는 효과적인 중재 방법으로 결론내릴 수 있으며, 앞으로의 더 많은 실증적 지원 자료들이 제시된다면 그 활용도가 더 높아질 것이다.

평가 결과: 성과가 기대되는 실제(Promising Practice)

참고문헌

Heflin, L. J., & Simpson, R. L. (1998). Interventions for children and youth with autism: Prudent choices in a world of exaggerated claims and empty promises. Part I: Intervention and treatment option review. *Focus on Autism and Other Developmental Disabilities, 13*(4), 194-211.

Kaplan, J. S., & Carter, J. (1995). *Beyond behavior modification: A cognitive-behavioral approach to behavior management in the school* (3rd ed.). Austin, TX: PRO-ED.

Koegel, R. L., & Koegel, L. K. (1990). Extended reductions in stereotypic behavior of students with autism through a self-management treatment package. *Journal of Applied Behavior Analysis, 23*(1), 119-127.

Koegel, L. K., Koegel, R. L., Hurley, C., & Frea, W. D. (1992). Improving social skills and disruptive behavior in children with autism through self-management. *Journal of Applied Behavior Analysis, 25*(2), 341-353.

Myles, B. S., & Simpson, R. L. (1998). *Asperger syndrome: A guide for educators and parents.* Austin, TX: PRO-ED.

Quinn, C., Swaggart, B. L., & Myles, B. S. (1994). Implementing cognitive behavior management programs for persons with autism: Guidelines for practitioners. *Focus on Autistic Behavior, 9*(4), 1-13.

Shearer, D. D., Kohler, F. W., Buchan, K. A., & McCullough, K. M. (1996). Promoting independent interactions between preschoolers with autism and their nondisabled peers: An analysis of self-monitoring. *Early Education and Development, 7*(3), 205-220.

Stahmer, A. C., & Schreibman, L. (1992). Teaching children with autism appropriate play in unsupervised environments using a self-management treatment package. *Journal of Applied Behavior Analysis, 25*(2), 447-459.

Strain, P. S., Kohler, F. W., Storey, K., & Danko, C. D. (1994). Teaching preschoolers with autism to self-monitor their social interactions: An analysis of results in home and school settings. *Journal of Emotional and Behavioral Disorders, 2*(2), 78-88.

인지학습전략 COGNITIVE LEARNING STRATEGIES

연령/능력 수준

- 대상 연령: 초등학교 연령부터 성인까지
- 대상 진단명 및 관련 특성: 경도에서 중등도까지의 자폐 범주성 장애(ASD), 아스퍼거 증후군, 기타 장애
- 대상 능력 수준: 중도 인지장애부터 평균 이상의 지적 기능

중재 내용

Schumaker, Deshler, Denton(1984)에 의하면 인지학습전략은 문제 상황에 체계적으로 적용함으로써 성공적인 해결을 가져다주는 기법, 규칙, 또는 원리라고 할 수 있다. 이러한 전략들은 일반적으로 특정 성과를 성취하기 위하여 완수되어야 하는 일련의 단계들로 구성된다. 인지학습전략의 목적은 다양한 환경에서 학습한 기법들을 적용함으로써 독립적으로 문제를 해결하도록 도와주는 것이다. 그러므로 일반화는 학습 전략의 중요한 요소이다.

보고된 혜택 및 효과

인지학습전략들은 정신지체(Kellas, Ashcroft, & Johnson, 1973)와 학습장애(Leon & Pepe, 1983)를 지닌 학생들과 신경학적으로 정상적인 아동들(Jones & Hall, 1982)에 의하여 성공적으로 사용되어 왔으며, 인지학습전략이 자폐를 지닌 학생들에게 미치는 영향을 조사한 연구는 거의 없다. 특별히 두 개의 연구만이 이 주제를 다루고 있는데, 이 두 개의 연구 모두 Bock(1994, 1999)에 의하여 실시되었다. 아래의 표에서 볼 수 있듯이 Bock은 자폐를 지닌 학생들에게 전략 교수를 제공함으로써 직업 기술과 함께 세 단계 범주화 전략을 습득하게 하였다. 두 개의 연구 모두 일반화와 유지 효과가 일관성 있게 나타났다.

저자	N	장소	연령/성별	진단	결과	비고
Bock (1994)	4	특수학급	12~16세/ 모두 남자	자폐	훈련받거나 받지 않은 분류 활동에서의 수행이 향상됨.	계획하지 않았음에도 불구하고 전략 사용과 함께 일반화 효과가 나타났음.
Bock (1999)	5	특수학급	6~11세/ 남 4, 여 1	자폐	고기능 및 저기능 자폐 아동 모두 범주화 전략 훈련의 혜택을 받음.	전략 사용과 함께 자발적인 일반화가 발생하였음.

자폐 범주성 장애 아동에 대한 활용 결과

자폐 범주성 장애를 지닌 아동들은 새로운 자극이나 사건을 대할 때 예측할 수 없고 제한된 독특한 접근 방법을 보이는 등의 인지적 결함을 지니고 있는 것으로 알려져 있다. 인지학습전략들은 이러한 자폐 범주성 장애를 지닌 아동들의 특성, 필요, 학습스타일과 분명하게 일치한다. 이것은 이러한 전략들이 시각적인 특성을 지니며, 예측 가능성을 제공하고, 행동주의적 기법을 이용하여 체계적으로 교수될 수 있다는 것을 의미한다. 이러한 전략들은 또한 자폐 범주성 장애를 지닌 학생들에게 문제가 되는 일반화와 유지를 촉진하기도 한다.

중재 실행 자격 및 조건

자폐 범주성 장애를 지닌 아동의 특성을 잘 알고 동시에 주요 교수방법으로 사용되는 행동주의적 기법에 대한 충분한 기초를 지니고 있는 일반교사와 특수교사들은 모두 인지학습전략을 사용할 수 있다. 교사들은 일반적으로 전형적인 교사 양성과정 및 연수과정을 통하여 인지학습전략의 적용방법과 함께 시범 보이기, 역행연쇄법(backward chaining), 촉진, 소거, 강화 절차의 사용을 위한 훈련을 받을 수 있다. 인지학습전략 사용을 위한 교수는 자료실이나 특수학급과 같은 분리된 상황에서의 1:1 학습에 의하여 이루어진다. 일단 학생들이 이렇게 제한된 상황에서 전략을 학습하고 나면 일반학급이나 지역사회 및 기타 환경에서 적용할 수 있다.

중재의 잠재적 위험

인지학습전략에 대한 잠재적인 위험이나 부작용은 알려지지도 않았을 뿐만 아니라 보고되지도 않았다.

중재 비용

인지학습전략은 집중적인 교수와 거의 방해 받지 않는 환경에서의 1:1 지원을 필요로 한다. 그러므로 초기 계획과 실행을 위해서는 비용이 소모된다. 실행자들은 인지학습전략의 일반적이고 특별한 사용을 위하여 행동주의 전략을 적용하는 방법을 훈런받아야 한다. 일반화와 유지에 대한 성과들이 보고되면서 인지학습전략들은 폭넓은 적용이 가능한 중재 방법으로 여겨지고 있다.

자폐 범주성 장애 아동에 대한 효율성 평가 방법

인지학습전략의 사용은 Bock(1994, 1999)이 제시한 분명한 방법에 의하여 평가될 수 있다. 교사의 절차 점검표(Teacher Procedural Checklist)는 전략의 교수 및 학습 단계들을 평가하는 도구이다. 그 외에도 Bock에 의하여 제시된 일반화 및 유지 기법을 통하여 효율성이 평가될 수 있다.

결론

자폐 범주성 장애를 지닌 학생들을 대상으로 하는 인지학습전략의 사용에 대한 정보가 제한되어 있음에도 불구하고 인지학습전략은 성과를 기대할 수 있는 방법이다. 이 방법은 학교 환경에서 교사들에 의하여 사용될 수 있으며 일반화와 유지의 긍정적인 결과를 가져다주는 앞으로도 지속적인 사용이 예측되는 방법이다.

평가 결과: 성과가 기대되는 실제(Promising Practice)

참고문헌 및 기타 참고자료

● 참고문헌

Bock, M. A. (1994). Acquisition, maintenance, and generalization of a categorization strategy by children with autism. *Journal of Autism and Developmental Disabilities, 24*(1), 39-51.

Bock, M. A. (1999). Sorting laundry: Categorization application to an authentic learning activity by children with autism. *Focus on Autism and Other Developmental Disabilities, 14*(4), 220-230.

Jones, B. F., & Hall, J. W. (1982). School application of the mnemonic keyword method as a study strategy by eighth graders. *Journal of Education Psychology, 74*(2), 230-237.

Kellas, G., Ashcroft, M. H., & Johnson, N. S. (1973). Rehearsal procedures in the short-term memory performance of mildly retarded adolescents. *American Journal of Mental Deficiency, 77*(5), 670-679.

Leon, J. A., & Pepe, H. J. (1983). Self-instructional training: Cognitive behavior modification for remediating arithmetic deficits. *Exceptional Children, 50*(1), 54-60.

Schumaker, J. B., Deshler, D. D., & Denton, P. (1984). *The learning strategies curriculum: The paraphrasing strategy.* Lawrence: University of Kansas Center for Research on Learning.

● 기타 참고 자료

Alberto, P. A., & Troutman, A. C. (1999). *Applied behavior analysis for teachers* (5th ed.). Upper Saddle River, NJ: Prentice Hall.

인지적 스크립트 COGNITIVE SCRIPTS

연령/능력 수준

- 대상 연령: 초등학교 연령부터 성인까지
- 대상 진단명 및 관련 특성: 경도에서 중등도까지의 자폐 범주성 장애(ASD), 아스퍼거 증후군, 기타 장애
- 대상 능력 수준: 경도 인지장애부터 평균 이상의 지적 기능

중재 내용

Abbeduto와 Short-Meyerson(2002)에 의하면 스크립트는 어떤 특정 목표를 성취하고자 하는 사람들에게는 친숙하고 반복적인 사건이다. 모든 연령대의 다양한 능력을 지닌 사람들은 누구나 사회적 상황에서 요구하거나 반응하기 위하여 스크립트나 축

사본(verbatim transcripts)을 사용할 수 있는 것으로 입증되고 있다. 이러한 스크립트는 직접 교수를 통해서 가르치거나 우발적으로 학습될 수 있다.

보고된 혜택 및 효과

자폐 범주성 장애를 지닌 아동들을 위한 인지적 스크립트의 사용에 대한 연구들은 일반적으로 크게 두 가지 범주로 나누어진다: (1) 전형적인 발달을 보이는 아동들에게 자폐 범주성 장애를 지닌 또래와의 사회적 상호작용을 시작하고 유지하도록 교수하기; (2) 자폐 범주성 장애를 지닌 아동들에게 스크립트를 가르침으로써 자신의 환경을 조절할 수 있도록 만들기. 결과적으로 두 가지 범주 모두에서 스크립트는 자폐 범주성 장애를 지닌 아동이 자신의 환경과 상호작용 하는 능력을 강화시키는 효과적인 방법이 될 수 있는 것으로 알려지고 있다.

나이가 같거나 비슷한 또래들에게 자폐 범주성 장애를 지닌 아동들과 상호작용을 할 때 스크립트를 사용하도록 성공적으로 교수할 수 있다. 실제로 상호작용의 주도자로 또래를 활용한 아홉 개의 연구 중 여덟 개의 연구에서 시간, 대상자, 환경에 대한 일반화 및 유지 효과가 나타났다(Carr & Darcy, 1990; Goldstein & Cisar, 1992; Gonzalez-Lopez & Kamps, 1997; Kamps et al., 1992; Odom, Chandler, Ostrosky, McConnell, & Reany, 1992; Pierce & Scheribman, 1995, 1997). 그러나 일반화가 발생하지 않은 나머지 하나의 연구에서도 중재 기간 동안 목표한 사회적 행동이 증가하는 성공적인 결과를 보였다(Strain, Kerr, & Ragland, 1979). 스크립트와 관련해서 가장 초기에 이루어진 이 연구는 이미 20여 년 전에 이루어진 것임을 고려해야 할 것이다.

자폐 범주성 장애를 지닌 학생들은 시범 보이기를 통하여 제시된 스크립트를 사용하거나(Krantz, McClannahan, 1993. 1998; Loveland & Tunali, 1991; Sasso, Melloy, & Kavale, 1990) 비디오로 녹화된 시나리오를 사용하여 대화(Charlop & Milstein, 1989), 공격행동에 대한 대체행동, 스트레스 감소(Sasso, Melloy, & kavale, 1990), 동정심을 나타내는 말(Loveland & Tunali, 1991), 말의 시작 및 정교화(Krantz & McClannahan, 1993, 1998) 등을 성공적으로 학습하였다.

저자	연구설계	N	장소	연령/성별	진단	결과	비고
Strain, Kerr, & Ragland (1979)	기초선 제거	4	놀이실	9~10세/ 남 3, 여 1	자폐	중재 상황에서 긍정적이고 비교할만한 행동 변화를 보였으나 일반화 평가에서는 긍정적인 사회적 행동의 증가가 나타나지 않았음.	자폐 대상자에 대한 시작행동과 반응을 증가시키기 위하여 또래에게 스크립트를 가르쳤음. 중재 기간 동안 목표행동이 증가하였으나 일반화되지는 않았음.
Charlop & Milstein (1989)	중다 기초선	3	자폐 아동을 위한 방과 후 교실	6~7세/ 모두 남자	자폐	대화 교수의 효율성이 비디오 모델링을 통하여 입증됨. 세 명 모두 중재 이후 대화하기 기술을 습득하였음.	비디오테이프를 통하여 제시된 스크립트는 다른 환경으로 일반화되었으며 15개월 후에도 유지되었음.
Carr & Darcy (1990)	중다 기초선	4	교실의 훈련 장소	4~5세/ 모두 남자	자폐	훈련 후 4명 모두 시작행동이 새로운 행동과 사물 조작을 포함한 새로운 상황으로 일반화되었음.	또래들에게 4명의 자폐 아동과 상호작용하도록 스크립트를 교수함. 중재 결과는 새로운 상황과 새로운 활동으로 일반화되었음.
Sasso, Melloy, & Kavale (1990)	중다 기초선	3	특수학급	7~14세/ 모두 남자	ADHD, 자폐	대상자 3명 모두 중재 중 대상자 3의 감정 영역을 제외한 모든 행동 영역에서 친사회적 행동의 증가를 보였음.	각 학생은 두 명의 다른 학생과 함께 시범 보이기, 역할 놀이, 수행 피드백, 숙제를 통하여 훈련받았음. 교사는 목표행동이 발생할 때 행동 형성법을 사용하였음.
Loveland & Tunali (1991)	비교	3	치료실	5~27세/ 남(자폐) 13, 여(다운 증후군) 6	자폐, 다운 증후군	ASD를 지닌 여학생보다 남학생들이 시범 보이기를 더 잘 습득하였음. ASD를 지닌 남녀 모두 다운증후군 대상자보다 더 많은 시범 보이기를 필요로 하였음.	교수방법으로 시범 보이기와 프로브를 사용하여 두 가지 목표행동에 대하여 ASD와 다운증후군을 비교하였음.
Goldstein & Cisar (1992)	중다 기초선	3	발달적으로 통합된 유치원	3~5세/ 모두 남자	자폐	사회극 놀이 중 장애가 있는 학생과 없는 학생 간의 상호작용을 강화하기 위한 체계적인 스크립트 훈련의 성과를 지지함.	자폐 아동과 짝이 된 또래들에게 사회극 놀이 중 스크립트를 가르쳤으며, 그 결과 새로운 놀이 활동과 새로운 훈련 파트너에게 일반화되었음.

〈계속〉

저자	연구설계	N	장소	연령/성별	진단	결고	비고
Kamps, Leonard, Vernon, Dugan, Delquadri, Gerson et al. (1992)	중다 기초선	3	1학년 교실	7세	자폐	대상자와 또래의 서로에 대한 반응성과 사회적 상호작용에 참여한 시간의 빈도와 지속시간이 증가하였음.	자폐 아동과 또래들에게 목표행동과 관련된 스크립트를 가르쳤으며, 그 결과 행동이 증가하고 1개월 후에도 유지되었음.
Odom, Chandler, Ostrosky, McConnell, & Reany (1992)	연속적 및 부분적 기초선 제거	3	유아특수교육교실	4~5세/ 남 3, 여 3	정신지체, 고위험 경계선급 정신지체, 언어지체	또래에게 주어진 촉진과 시각적 피드백이 체계적으로 소거되었으며, 짧은 유지 기간 중 중재 기간 수준의 사회적 상호작용이 유지되었음.	자폐 대상자와 상호작용 하도록 또래를 훈련하였으며 중재 기간 중 상호작용이 발생하지 않으면 촉진을 제공하였음. 6명 중 5명이 촉진 없이도 유지된 목표행동의 증가를 보였음.
Krantz & McClanna-han (1993)	중다 기초선		대학 부설 실험 학교	12~14세	자폐	스크립트소거 절차를 통하여 중도 사회적·구어적 결함을 지닌 아동들의 성인이나 또래에 의하여 촉진된 문맥에 맞는 또래 주도의 발생적 언어를 연습하도록 강화함.	연구 기간 중 소거된 스크립트의 사용은 4명 중 3명의 대상자에게서 시작행동을 일반화시켰으며 2개월 후에도 유지되었음.
Pierce & Schreibman (1995)	중다 기초선	2	교실	10세/ 모두 남자	자폐	중심축 반응훈련(PRT)은 복잡한 사회적 행동(시작행동)을 교수하고 복잡한 주의집중 행동(공동행동)을 강화하는 데 효과적이었음.	또래들에게 자폐 아동들과 스크립트를 사용하도록 가르쳤음. 결과는 일반화되고 2개월 후에도 유지되었음.
Gonzalez-Lopez & Kamps (1997)	반전	3	특수 학급	5~7세/ 남 2, 여 2	자폐	강화 체계와 함께 사용된 사회적 기술 훈련은 특별히 대상자의 또래 상호작용 빈도와 지속시간을 증가시키는데 효과적이었음.	자폐 아동과 12명의 또래들에게 훈련이 제공되었음. 사회적 상호작용을 강화하기 위하여 구두 피드백과 토큰 강화도 사용하였음.
Pierce & Schreibman (1997)	중다 기초선	2	일반 교실, 여가 교실	7-8세/ 모두 남자	자폐	PRT와 같은 자연적 중재는 대상자의 사회적 행동에 있어서의 긍정적 변화를 일으키는데 효과적이었음.	8명의 또래들에게 자폐 아동과 스크립트를 사용하도록 교수하여 목표행동이 증가하였으며 2개월 후에도 유지되고 새로

〈계속〉

저자	연구설계	N	장소	연령/성별	진단	결고	비고
							운 환경으로 일반화 되었음.
Krantz & McClannahan (1998)	중다 기초선	3	대학 부설 실험 학교	4~5세/ 모두 남자	자폐	스크립트 소거 절차는 대상자의 성인과의 대화를 강화하고, 성인의 언어 시범을 통하여 학습하게 하며, 빈도증가에 기여하는 언어 연습을 강화하였음.	자폐 아동들에게 구두 스크립트를 가르쳐 목표행동이 증가하고 새로운 활동으로 일반화되었음.

자폐 범주성 장애 아동에 대한 활용 결과

스크립트는 자폐 범주성 장애를 지닌 아동들의 강점이기도 한 단순 암기력을 활용한다. 또한 스크립트는 이 범주의 아동들이 예측이 가능한 환경을 만들도록 도와주는 미리 보여주기(priming)(Wilde, Koegel, & Koegel, 1992)나 상황 이야기(Gray & Garand, 1993)와 같은 일련의 다른 중재 방법들과 유사하다.

중재 실행 자격 및 조건

인지적 스크립트는 교사, 보조교사, 관련 서비스 요원, 부모에 의하여 자폐 범주성 장애를 지닌 아동들에게 교수될 수 있다. 성인들은 효과적인 교수 수단으로 사용되는 시범 보이기와 직접 교수가 자폐 범주성 장애를 지닌 아동들에게 어떻게 사용될 수 있는지를 가르쳐 주는 1회의 스크립트 활용 교육으로도 훈련이 가능하다. 스크립트를 교수하는 성인들은 학생의 스크립트가 다양한 상황에서 사용 가능하고, 동일 연령의 또래들이 사용하는 언어와 일치하며, 학생의 사회적 상호작용을 위한 욕구를 충족시키는지 반드시 확인해야 한다.

중재의 잠재적 위험

자폐 범주성 장애 아동을 위한 인지적 스크립트 사용의 잠재적 위험은 거의 존재하지 않는다. 스크립트가 다른 사람들과의 긍정적인 사회적 상호작용을 증가시킬 수 있다는 사실과 함께 자폐 범주성 장애를 지닌 아동들이 기계적인 방법으로 스크립트를 사용할 수도 있다는 우려도 대등하게 제시되고 있다.

중재 비용

인지적 스크립트는 최소한의 인력·시간·도구를 필요로 한다. 상황 이야기(다음 부분에서 소개됨)와 마찬가지로 스크립트는 학생과 그 욕구를 잘 이해하고 있는 사람들에 의해서 짧은 시간 안에 만들어질 수 있다.

자폐 범주성 장애 아동에 대한 효율성 평가 방법

스크립트의 효과는 스크립트와 관련된 목표행동을 측정함으로써 평가될 수 있다. 예를 들어서, 다른 사람들과 사회적으로 어떻게 참여하는지에 대한 스크립트를 제시한 후에 사회적 상호작용의 횟수나 형태를 측정하기 위하여 사건 기록법(event recording)이 사용될 수 있다. 또 다른 예로는 자신의 스트레스를 어떻게 감소시킬 것인지에 대한 스크립트를 학습한 후에 지속시간 기록법(duration recording)을 사용하여 성질 부리기(tantrum) 발생 시간을 측정할 수 있다.

결론

또래-주도 중재 및 직접 교수방법으로 모두 사용되고 있는 스크립트는 자폐 범주성 장애를 지닌 아동들을 위한 효과적인 중재의 가능성을 지닌다. 스크립트는 장소와 상황에 대한 일반화가 가능한 사회성 및 행동 관련 전략들을 다루기 위하여 활용 가능하다. 그러나 이러한 긍정적인 견해에도 불구하고 아직까지는 이 방법의 사용을 지지할 수 있는 지원 정보가 부족한 실정이며, 이를 위한 추가적인 연구 결과가 필요하다.

평가 결과: 지원 정보가 부족한 실제(Limited Supporting Information for Practice)

참고문헌 및 기타 참고자료

● 참고문헌

Abbeduto, L., & Short-Meyerson, K. (2002). Linguistic influences on social interaction. In A. M. Wetherby & B. W. Prizant (Eds.), *Promoting social communication: Children with developmental disabilities from birth to adolescence* (pp. 27-54). Baltimore, MD: Paul H. Brookes.

Carr, E. G., & Darcy, M. (1990). Setting generality of peer modeling in children with autism. *Journal of Autism and Developmental Disorders, 20*(1), 45-59.

Charlop, M. H., & Milstein, J. P. (1989). Teaching autistic children conversational speech using video modeling. *Journal of Applied Behavior Analysis, 22*(3), 275-285.

Goldstein, H., & Cisar, C. L. (1992). Promoting interaction during sociodramatic play: Teaching scripts to typical preschoolers and classmates with disabilities. *Journal of Applied Behavior Analysis, 25*(2), 265-280.

Gonzalez-Lopez, A., & Kamps, D. (1997). Social skills training to increase social interactions between children with autism and their typical peers. *Focus on Autism and Other Developmental Disabilities, 12*(1), 12-14.

Gray, C. A., & Garand, J. D. (1993). Social stories: Improving responses of students with autism with accurate social information. *Focus on Autistic Behavior, 8*(1), 1-10.

Kamps, D., Leonard, B., Vernon, S., Dugan, E., Delquadri, J., Gerson, B., Wade, L., & Folk, L. (1992). Teaching social skills to students with autism to increase peer interactions in an integrated first grade classroom. *Journal of Applied Behavior Analysis, 25*(2), 281-288.

Krantz, P., & McClannahan, L. (1993). Teaching children with autism to initiate to peers: Effects of a script-fading procedure. *Journal of Applied Behavior Analysis, 26*(1), 121-132.

Krantz, P., & McClannahan, L. (1998). Social interaction skills for children with autism: A script-fading procedure for beginning readers. *Journal of Applied*

Behavior Analysis, 31(2), 191-202.

Loveland, K., & Tunali, B. (1991). Social scripts for conversational interactions in autism and Down's Syndrome. *Journal of Autism and Developmental Disorders, 21*(2), 177-186.

Odom, S. L., Chandler, L. K., Ostrosky, M., McConnell, S. R., & Reany, S. (1992). Fading teacher prompts from peer-initiation interventions for young children with disabilities. *Journal of Applied Behavior Analysis, 25*(2), 307-317.

Pierce, K., & Schreibman, L. (1995). Increasing complex social behaviors in children with autism: Effects of peer-implemented pivotal response training. *Journal of Applied Behavior Analysis, 28*(3), 285-295.

Pierce, K., & Schreibman, L. (1997). Multiple peer use of pivotal response training to increase social behaviors of classmates with autism: Results from trained and untrained peers. *Journal of Applied Behavior Analysis, 30*(1), 157-160.

Sasso, G. M., Melloy, K. J., & Kavale, K. (1990). Generalization, maintenance, and behavioral co-variation associated with social skills training through structured learning. *Behavioral Disorders, 16*(1), 9-22.

Strain, P., Kerr, M., & Ragland, E. (1979). Effects of peer-mediated social initiations and prompting/reinforcement procedures on the social behavior of autistic children. *Journal of Autism and Developmental Disorders, 9*(1), 41-54.

Wilde, L. D., Koegel, L. K., & Koegel, R. L. (1992). *Increasing success in school through priming: A training manual.* Santa Barbara: University of California Press.

● 기타 참고자료

Mirenda, P., & Erickson, K. A. (2000). Augmentative communication and literacy. In A. M. Wetherby & B. M. Prizant (Eds.), *Autism spectrum disorders: A transactional developmental perspective* (pp. 333-367). Baltimore, MD: Paul H. Brookes.

상황 이야기 SOCIAL STORIES

연령/능력 수준

- 대상 연령: 유치원부터 성인까지
- 대상 진단명 및 관련 특성: 경도에서 중등도까지의 자폐 범주성 장애(ASD), 아스퍼거 증후군, 기타 장애
- 대상 능력 수준: 중등도 인지장애부터 평균 이상의 지적기능

중재 내용

상황 이야기는 특정 사회적 상황과 관련된 분명한 사회적 단서와 적절한 반응을 설명해 주는 개별화된 인지적 중재 방법이다. 이 방법은 일반적으로 다음과 같은 네 가지 요소들로 구성된다(Gray, 1994; Gray & Garand, 1993).

- 장소 · 대상 · 행동에 대한 정보를 제공하는 설명문(descriptive sentences)
- 적절한 행동 반응에 대한 지시문(directive statemeents)
- 목표 상황에서의 다른 사람들의 감정과 반응을 설명하는 조망문(perspective sentences)
- 관련 행동 및 반응과의 유사성을 제공하는 통제문(control statements)

이 외에도 Gray(1994)는 하나의 지시문에 대하여 2~5개의 설명문, 조망문, 통제문을 제시하는 비율을 권장함으로써 상황 이야기의 구조를 제안하였다. 또한 상황 이야기의 언어로 "…할 것이다", "항상"과 같은 융통성 없는 단어를 사용하지 않도록 권하고 있다.

Gray(1994)는 상황 이야기를 사용할 수 있는 몇 가지 예를 제시하였다: (1) 사회적 단서와 반응을 포함하는 상황을 비위협적인 방법으로 설명하기, (2) 사회적 기술 교수를 개별화하기, (3) 일과를 교수하거나 일과 변경에 대한 적응 교수하기, (4) 실제 사회적 상황에서 학문적 자료를 교수함으로써 일반화 돕기, (5) 공격행동, 강박행동,

공포감 등과 같은 다양한 행동 다루기. 이와 같이 상황 이야기는 자폐 범주성 장애를 지닌 아동들에게 폭넓게 적용되어 왔다.

Gray(1994) 및 Gray와 Garand(1993)에 의한 초기 문헌들은 상황 이야기가 고기능 자폐나 아스퍼거 증후군과 같은 경도장애를 지닌 아동들에게 가장 적절한 것으로 강조하고 있다. 교수의 형태와 관련해서 Gray와 그녀의 동료들은 종이 한 장에 시각적 자극 없이 이야기 전체가 제시되어야 한다고 제안하였다. Swaggart 등(1995)은 학생이 한 번에 수용해야 하는 정보의 양을 최소화하기 위하여 한 쪽에 한 문장만을 제시하는 책의 형태를 사용함으로써 상황 이야기 중재의 적용 가능성을 중등도에서 중도에 이르는 자폐를 지닌 아동들에게까지 확장하였다. 이들은 또한 상황 이야기 구성요소들에 대한 학생의 인지도를 강화하기 위하여 기호를 사용하였다. 이들의 연구에 의하면, 유사한 상황 이야기 중재가 소집단 상황에서도 사용될 수 있는 것으로 나타났다.

보고된 혜택 및 효과

상황 이야기는 이미 널리 알려지고 많이 사용되고 있는 방법임에도 불구하고 (Myles & Simpson, 2001) 전략 사용의 효율성을 측정하기 위하여 설계된 연구들이 거의 없는 실정이다. 다음의 표에서 볼 수 있듯이, 상황 이야기를 선행 사건 중재 전략으로 사용한 7개의 연구 논문이 발표되었다. 이 연구들은 공격행동과 공격행동에 대한 전조(Kuttler, Myles, & Carlson, 1998; Lorimer, Simpson, Myles, & Ganz, 2002; Swaggart et al., 1995), 손 씻기(Hagiwara & Myles, 1999), 과제 수행 행동(Hagiwara & Myles, 1999), 점심 식사하기(Bledsoe, Myles, & Simpson, 2003), 사회적 기술 훈련 /이해(Norris & Dattilo, 1999; Rogers & Myles, 2001; Swaggart et al., 1995)를 다루고 있다. 이 연구들에 의하면 상황 이야기는 목표행동을 다루는데 있어서 효과적인 것으로 나타났다.

자폐 범주성 장애 아동에 대한 활용 결과

상황 이야기의 효율성은 이 중재에 포함된 구성 요소들에 의하여 밝혀질 수 있다. 실제로 이 중재 방법은 자폐 범주성 장애를 지닌 아동들에게 효과적인 것으로 알려진

저자	N	장소	연령/성별	진단	결과	비고
Swaggart, Gagnon, Bock, Earles, Quinn, Myles et al. (1995)	3	실험 특수학급	7~11세/ 남 2, 여 1	자폐	적절한 행동은 증가하고 과도한 행동은 감소하였음.	사회적 기술 훈련 시 범과 함께 이루어졌음.
Kuttler, Myles, & Carlson (1998)	1	특수학급	12세/남	자폐, 약체 X 증후군, 간헐 폭발 장애	성질 부리기 행동의 전조를 감소시키는데 효과적이었음.	시각적 스케줄, 토큰 경제, 촉진과 함께 사용되었음.
Hagiwara & Myles (1999)	3	학교: 자료실, 통합상황	8~10세/ 모두 남자	자폐	멀티미디어 상황 이야기 중재의 효과에 대한 일관성 없는 결과가 보고되었음. 그러나 대상자 1은 장소에 대한 분명한 기술 일반화를 보였음.	하이퍼카드 소프트웨어와 목표행동에 대한 비디오 장면을 사용하여 제시하였음.
Norris & Dattilo (1999)	1	학교: 특수학급과 식당	8세/여	자폐	상황 이야기 중재는 점심시간에 또래와의 부적절한 사회적 상호작용에 대한 지연된 효과를 가져왔음.	상황 이야기를 읽은 후에 적절한 행동이 갑작스럽게 나타난 예.
Rogers & Myles (2001)	1	학교: 일반교육과 특수교육 상황	14세/남	아스퍼거 증후군	(상황 이야기 대신) 토막 만화가 사회적 상황을 해석하도록 도와주는데 가장 효과적이었음.	토막 만화는 대상자가 사회적 상황을 해석하도록 도와주는데 효과적이었음.
Lorimer, Simpson, Myles, & Ganz (2002)	1	가정	5세/남	자폐	성질 부리기 행동의 전조를 감소시키기 위하여 사용된 상황 이야기는 효과적이었으며, 또한 이전에 시도된 중재의 효과를 증진시켰음.	약식 스케줄과 함께 사용되었음. 부모와 치료사가 중재를 실시하였음.
Bledsoe, Myles, & Simpson (2003)	1	특수학급	13세/남	아스퍼거 증후군 및 ADHD	상황 이야기 중재는 대상자의 점심 식사 행동을 향상시키는데 효과적이었음.	기능 진단으로 상황 이야기의 필요성을 진단하였음.

미리 보여주기(priming) 시각적 지원, 인지적 스크립트, 인지적 사진 연습(visual picture rehearsal) 등의 다른 중재 방법들의 구성요소들을 포함한다. 상황 이야기는 학

생이 활동 상호작용을 성공적으로 완수하도록 보조하기 위하여 과제나 사건 이전에 사용하도록 고안된 미리 보여주는 방법(priming)(Bainbridge & Myles, 1999; Schreibman, Whalen, & Stahmer, 2000; Wilde, Koegel, & Koegel, 1992; Zanolli, Daggett, & Adams, 1996)을 포함한다. 시각적 지원과 관련해서 상황 이야기는 이해력을 증진시키기 위하여 사진이나 비디오테이프 등을 함께 사용할 수 있다(Hagiwara & Myles, 1999; Swaggart et al., 1995).

중재 실행 자격 및 조건

상황 이야기의 사용은 자폐 범주성 장애를 지닌 학생을 잘 알고 상황 이야기의 개념을 이해하며 학생의 견해를 근거로 이야기를 쓸 수 있는 사람은 누구나 작성하고 실행할 수 있는 비용이 적게 드는 중재 방법이다. 비공식적인 보고들과 선행 정보에 의하면 교육자, 부모, 보조교사들이 가정과 학교를 포함한 다양한 환경에서 상황 이야기를 성공적으로 사용해 왔다.

상황 이야기를 작성하고 실행하기 위한 훈련은 거의 필요하지 않다. 훈련—비디오테이프, 대학 강의, 워크숍 등을 통하여 이루어질 수 있는—은 짧은 시간으로도 가능하다. 성인들의 경우 상황 이야기를 작성하고 사용하기 위하여 약 두 시간 정도의 짧은 시간으로도 훈련이 가능하다.

중재의 잠재적 위험

적절한 계획과 실행이 전제된다면 상황 이야기 중재와 관련된 위험 요소는 없다고 할 수 있다.

중재 비용

상황 이야기는 인력·시간·도구의 측면에서 비용이 적게 드는 중재라고 할 수 있다. 이 방법은 다양한 환경에서 많은 학생들에게 비교적 쉽게 사용될 수 있는 방법이다. 경우에 따라서는 이 방법을 배우기 위하여 1일 워크숍 등에 참여하는 경우도 있지만 대부분의 경우에는 자폐 범주성 장애와 관련된 대학 정규 교육과정의 한 부분으로나 현장에서의 재교육 워크숍 등을 통하여 훈련이 제공된다. 상황 이야기 제작과 실행을 지원하기 위한 상업용 비디오의 구입도 가능하다(Gray, 1996).

자폐 범주성 장애 아동에 대한 효율성 평가 방법

상황 이야기의 효율성은 학생의 목표행동을 측정하는 전통적인 자료수집 방법을 사용하여 결정될 수 있다. 상황 이야기가 효과적인지를 결정하기 위해서는 사건 기록법, 지속시간 기록법, 시간 표집법 등의 방법들이 유용하게 사용될 수 있다. 대부분의 다른 중재들과 마찬가지로 중재의 한 부분으로 기능적 행동 진단을 수행한다면 상황 이야기의 효과는 훨씬 더 강화될 것이다.

결론

상황 이야기는 자폐 범주에 속하는 다양한 연령의 아동들이 다양한 행동에 영향을 미칠 수 있는 실행이 용이하고 폭넓게 사용될 수 있는 전략이다. 이 방법에 대하여 현재까지 축적된 자료는 상황 이야기가 교사들에 의하여 효과적으로 사용될 수 있는 중재 방법임을 보여주고 있다. 그러나 앞에서도 언급하였듯이, 이 대중적인 중재 방법에 대한 추가적인 연구들이 좀 더 이루어져야 할 것이다.

평가 결과: 성과가 기대되는 실제(Promising Practice)

참고문헌 및 기타 참고자료

● 참고문헌

Bainbridge, N., & Myles, B. S. (1999). The use of priming to introduce toilet training to a child with autism. *Focus on Autism and Other Developmental Disabilities, 14*(2), 106-109.

Bledsoe, R., Myles, B. S., & Simpson, R. (2003). Use of social story intervention to improve mealtime skills of an adolescent with Asperger Syndrome. *Autism,*

7(3), 289-295.

Gray, C. A. (1994). *Comic strip conversations: Colorful, illustrated interactions with students with autism and related disorders.* Jenison, MI: Jenison Public Schools.

Gray, C. A. (1996). *Social stories and comic strip conversations: Unique methods to improve social understanding* [Videotape]. Arlington, TX: Future Horizons.

Gray, C. A., & Garand, J. D. (1993). Social stories: Improving responses of students with autism with accurate social information. *Focus on Autistic Behavior, 8*(1), 1-10.

Hagiwara, T., & Myles, B. S. (1999). A multimedia social story intervention: Teaching skills to children with autism. *Focus on Autism and Other Developmental Disabilities, 14*(2), 82-95.

Kuttler, S., Myles, B. S., & Carlson, J. K. (1998). The use of social stories to reduce precursors to tantrum behavior in a student with autism. *Focus on Autistic Behavior, 13*(3), 176-182.

Lorimer, P. A., Simpson, R., Myles, B. S., & Ganz, J. (2002). The use of social stories as a preventative behavioral intervention in a home setting with a child with autism. *Journal of Positive Behavioral Interventions, 4*(1), 53-60.

Myles, B. S., & Simpson, R. L. (2001). Understanding the hidden curriculum: An essential social skill for children and youth with Asperger Syndrome. *Intervention in School and Clinic, 36*(5), 279-286.

Norris, C., & Dattilo, J. (1999). Evaluating effects of a social story intervention on a young girl with autism. *Focus on Autism and Other Developmental Disabilities, 14*(3), 180-186.

Rogers, M. F., & Myles, S. B. (2001). Using social stories and comic strip conversations to interpret social situations for an adolescent with Asperger Syndrome. *Intervention in School and Clinic, 36*(5), 310-313.

Schreibman, L., Whalen, C., & Stahmer, A. (2000). The use of video priming to reduce disruptive transition behavior in children with autism. *Journal of*

Positive Behavior Interventions, 2(1), 3-11.

Swaggart, B. L., Gagnon, E., Bock, S. J., Earles, T. L., Quinn, C., Myles, B. S., & Simpson, R. L. (1995). Using social stories to teach social and behavioral skills to children with autism. *Focus on Autistic Behavior, 10*(1), 1-16.

Wilde, L. D., Koegel, L. K., & Koegel, R. L. (1992). *Increasing success in school through priming: A training manual.* Santa Barbara: University of California Press.

Zanolli, K., Daggett, J., & Adams, R. (1996). Teaching preschool age autistic children to make spontaneous initiations to peers using priming. *Journal of Autism and Developmental Disorders, 26*(4), 407-422.

● **기타 참고자료**

Dettmer, S., Simpson, R. L., Myles, B. S., & Ganz, J. B. (2000). The use of visual supports to facilitate transitions of students with autism. *Focus on Autism and Other Developmental Disabilities, 15*(3), 163-169.

Gray Center for Social Learning and Understanding (2020 Raybrook SE, Suite 302, Grand Rapids, MI 49546; 616-954-9749): www.thegraycenter.org

파워 카드 POWER CARDS

연령/능력 수준

- 대상 연령: 초등학교 연령부터 성인까지
- 대상 진단명 및 관련 특성: 경도에서 중등도까지의 자폐 범주성 장애(ASD), 아스퍼거 증후군, 기타 장애
- 대상 능력 수준: 중등도 인지장애부터 평균 이상의 지적 기능

중재 내용

파워 카드 전략(Gagnon, 2001)은 적절한 행동이나 사회적 기술을 아동의 관심 영역

과 연결시키는 시각적 자극을 기초로 하는 방법이다. 이 전략은 개인용 스크립트와 파워 카드의 두 부분으로 구성된다. 스크립트는 일반적으로 자폐 범주성 장애를 지닌 아동에게 문제가 되는 사건이 발생하기 전에 읽혀지며 다음과 같은 요소들로 구성된다.

- 아동이 좋아하는 영웅이나 특별한 관심 및 아동에게 문제가 되는 행동이나 상황을 이용하여 간단한 대본을 작성한다. 이때 대본은 아동의 개별적인 이해력에 맞도록 구성한다.
- 잡지 사진, 인터넷을 통하여 컴퓨터에서 출력한 사진, 교사가 그린 그림, 학생이 그린 그림, 다양한 기호 등과 같은 아동의 특별한 관심과 관련된 사진이나 그림이 포함될 수 있다.
- 스크립트는 아동이 좋아하는 영웅이나 모델에 대한 간단한 각본을 포함하는데, 이때 영웅이나 모델은 아동이 경험하고 있는 문제와 유사한 문제를 해결하는 것을 보여준다.
- 스크립트는 영웅이나 모델을 위하여 왜 긍정적인 행동이 필요한지에 대한 당위성을 제공한다.
- 스크립트는 전략이 사용될 때 영웅이 어떻게 성취감을 경험하는지에 대하여 정확하게 묘사한다.
- 아동에게 새로운 행동을 시도하도록 격려한다.

파워 카드는 위에서 서술한 단계들을 기초로 작성된다. 카드는 아동이 전략을 사용하도록 촉진하고 장소와 사건들에 대하여 일반화시킬 수 있도록 가지고 다닐 수 있게 고안된다. 파워 카드는 다음과 같이 구성된다.

- 파워 카드는 명함과 같은 작은 크기의 카드이다. 카드는 지갑에 넣어 가지고 다닐 수 있으며 공책이나 사물함 등에 벨크로를 이용하여 붙일 수도 있다. 카드는 3~5단계 전략으로 구성된다.

- 파워 카드는 또한 아동의 특별한 관심 영역이나 영웅에 대한 내용을 포함한다. 예를 들어서, 아동이 좋아하는 영웅이 심슨(역주: 만화 주인공)이라면 파워 카드는 다음과 같은 내용으로 시작될 수 있다. "심슨은 백화점에서 좋은 시간을 보내려면 어떻게 해야 하는지 잘 알고 있습니다. 심슨은 ……:" 만일 하버드 대학에 진학하고 싶어하는 아동이 조직력이 부족한 경우에는 "하버드 대학에서 성공적인 대학 생활을 하기 위해서는 학생들은 …… 해야 합니다"라는 문장을 사용할 수 있다.
- 일반적으로 파워 카드에는 특별한 관심 영역에 대한 작은 사진들을 사용하곤 한다.

보고된 혜택 및 효과

파워 카드 전략은 비교적 새로운 방법이기 때문에(2001년에 시작되었음) 이 전략의 효율성과 관련된 연구 자료는 거의 없는 실정이다.

자폐 범주성 장애 아동에 대한 활용 결과

자폐 범주성 장애를 지닌 아동들은 흔히 아주 좁은 범위의 관심을 보이거나 특정 영역에 대한 강박적인 관심을 보이곤 한다. 파워 카드 전략은 자폐 범주성 장애를 지닌 아동이 경험하고 있는 문제를 성공적으로 해결하는 모델을 만들어 냄으로써 이러한 관심 영역을 활용하는 것이다.

중재 실행 자격 및 조건

파워 카드는 다양한 사람들에 의하여 실행될 수 있다. 전략의 개발과 실행 방법의 구성 요소들에 대하여 익숙해지고 나면 학교 교사, 부모, 또래들 모두 파워 카드 전략을 적절하게 사용할 수 있다. 파워 카드 전략은 다양한 환경에서 성공적으로 사용될 수 있다.

중재의 잠재적 위험

파워 카드 전략은 새롭게 개발된 방법이기 때문에 이 전략을 사용하는 것과 관련된 위험 요소들은 아직 보고되지 않고 있다.

중재 비용

파워 카드 전략의 비용은 중재를 개발하고 실행하는 인력과 관련된다. 사용되는 자료에 드는 비용은 무시해도 될 정도이다.

자폐 범주성 장애 아동에 대한 효율성 평가 방법

파워 카드 전략을 이용한 중재가 목표하는 행동은 조작적으로 정의되고 정기적으로 측정되어야 하며, 이렇게 함으로써 이러한 접근의 활용 가능성이 개별 학생에 따라 평가될 수 있다.

결론

융통성 있고 창의적인 인지적 전략들은 자폐 범주성 장애를 지닌 학생들에게 적합한 것으로 알려져 있다. 파워 카드는 이러한 중재 중의 하나이며 자폐 범주성 장애를 지닌 아동들을 위한 프로그램을 계획할 때 고려될 수 있는 방법이다. 그러나 그 효율성을 입증하기 위해서는 앞으로 많은 연구들이 이루어져야 할 것이다.

평가 결과: 지원 정보가 부족한 실제(Limited Supporting Information for Practice)

참고문헌 및 기타 참고자료

● 참고문헌

Gagnon, E. (2001). *Power Cards: Using special interests to motivate children and youth with Asperger syndrome and autism*. Shawnee Mission, KS: Autism Asperger.

● 기타 참고자료

Baker, M., Koegel, R., & Koegel, L. K. (1998). Increasing the social behavior of young children with autism using their obsessive behaviors. *Journal of the Association for Persons With Severe Handicaps, 23*(4), 300-308.

Charlop-Christy, M., & Haymes, L. (1998). Using objects of obsession as token reinforcers for children with autism. *Journal of Autism and Developmental Disorders, 28*(3), 189-197.

Dettmer, S., Simpson, R., Myles, B. S., & Ganz, J. (2000). The use of visual supports to facilitate transitions of students with autism. *Focus on Autism and Other Developmental Disabilities, 15*(3), 163-169.

Hinton, M., & Kern, L. (1999). Increasing homework completion by incorporating student interests. *Journal of Positive Behavior Interventions, 1*(4), 231-234, 241.

Kuttler, S., Myles, B. S., & Carlson. (1998). The use of social stories to reduce precursors to tantrum behavior in a student with autism. *Focus on Autism and Other Developmental Disabilities, 13*(3), 176-182.

Quill, K. (1992). Instructional considerations for young children with autism: The rationale for visually cued instruction. *Journal of Autism and Developmental Disorders, 27*(6), 697-714.

Quill, K. (1995). Visually cued instruction for children with autism and pervasive developmental disorders. *Focus on Autistic Behavior, 10*(3), 10-20.

Sugai, G., & White, W. (1986). The effects of using object stimulation as a reinforcer on the prevocational work rates of an autistic child. *The Journal of Autism and Other Developmental Disabilities, 16*(4), 459-471.

만화 CARTOONING

연령/능력 수준

- 대상 연령: 초등학교 연령부터 성인까지
- 대상 진단명 및 관련 특성: 경도에서 중등도까지의 자폐 범주성 장애(ASD), 아스퍼거 증후군, 기타 장애
- 대상 능력 수준: 중등도 인지장애부터 평균 이상의 지적 기능

중재 내용

만화는 추상적이고 정의하기 어려운 사건들을 사실적이고 정적인 것으로 전환시킴으로써 자폐 범주성 장애를 지닌 사람들의 사회적 이해를 강화하기 위한 시각적인 상징을 사용한다(Hagiwara & Myles, 1999; Kuttler, Myles, & Carlson, 1998). 일반적인 용어로 사용되고 있는 만화는 말/언어 병리학자들에 의하여 오래 전부터 대상자들의 이해를 강화시키기 위한 방법으로 사용되어 왔다. 그 외에도 토막 만화의 대화(comic strip conversations)(Gray, 2000), 생각 읽기(mind reading)(Howlin, Baron-Cohen, & Hadwin, 1999), 실용주의(pragmatism)(Arwood & Brown, 1999) 등을 포함하는 만화 전략을 사용한 프로그램들이 개발되어 왔다.

보고된 혜택 및 효과

만화와 관련해서는 두 개의 연구가 실시되었다. 이 두 연구는 서로 다른 방법으로 접근하였으며, 모두 긍정적인 결과를 보였다. Parsons와 Mitchell(1999)은 연구를 통하여 자폐 범주성 장애를 지닌 아동들이 만화에서의 생각 풍선을 이해할 수 있다는 사실을 발견하였다. 두 번째 연구는 토막 만화가 아스퍼거 증후군을 지닌 청소년들에게 효과적임을 발견하였다(Rogers & Myles, 2001).

자폐 범주성 장애 아동에 대한 활용 결과

만화는 사회적 사건을 설명하는데 도움이 되는 시각적 지원의 유형으로 여겨진다

저자	N	장소	연령/성별	진단	결과	비고
Parsons & Mitchell (1999)	15	학교	9~16세/ 남 13, 여 2	자폐	생각 풍선에 삽입했을 때 믿음의 내용을 맞출 수 있었음.	생각하기(행동하기가 아닌)에 대한 직접 교수가 만화를 사용해서 제공되었음.
Rogers & Myles (2001)	1	학교	14세/남	자폐	토막 만화는 사회적 상황을 해석하도록 도와주는데 효과적이었음.	토막 만화는 사회적 상황을 해석하도록 도와주는데 효과적이었음.

(Hagiwara & Myles, 1999; Swaggart et al., 1995). 시각적인 방법에 기초한 중재는 자폐 범주성 장애를 지닌 사람들에게 사회적 기술과 학업 기술을 가르치는데 효과적이라는 사실이 실증적인 자료들에 의하여 지지되고 있다(Dettmer, Simpson, Myles, & Ganz, 2000; MacDuff, Krantz, & McClannahan, 1993).

중재 실행 자격 및 조건

만화는 자폐 범주성 장애를 지닌 학생들과 라포를 형성하고 이들이 사회적 사건을 어떻게 해석하는지를 이해하는 교사, 부모, 보조교사 및 기타 다른 사람들에 의하여 실행될 수 있다. 상황 이야기(social stories)나 미리 보여주기(priming)와 마찬가지로 만화는 자폐 범주성 장애를 지닌 아동을 잘 알고 만화의 개념을 이해하고 학생의 견해에서 만화를 그릴 수 있는 사람이면 누구나 실시할 수 있는 비용이 적게 드는 중재 방법이다. 만화를 그리기 위한 훈련은 거의 또는 전혀 요구되지 않는다. Gray(1994)는 임상적으로 타당화 되지는 않았지만 만화를 사용하기를 원하는 사람들에게 도움이 될 수 있는 만화 그리기 지침을 제시하였다.

중재의 잠재적 위험

만화와 관련된 위험은 알려진 바 없다.

중재 비용

만화 전략은 일반적으로 1:1 상황에서 사용됨에도 불구하고 인력이나 시간 외에는 전혀 비용이 들지 않는 방법이다. 만화 기법을 사용하기 위한 훈련은 Gray(1994)의 문헌을 통하여 얻을 수 있으며, 자폐 범주성 장애와 관련된 대학의 교육과정이나 학교-중심의 재교육 워크숍을 통하여 제공되기도 한다.

자폐 범주성 장애 아동에 대한 효율성 평가 방법

만화의 효율성은 학생의 목표행동에 맞는 전통적인 자료수집 방법을 사용해서 쉽게 평가될 수 있다. 상황 이야기와 마찬가지로 만화를 통하여 해석된 사회적 상황에서 적절하게 반응한 횟수를 기록하기 위하여 사건 기록법(event recording)이 사용될 수 있다. 만화가 학생의 필요에 부합한지를 결정하기 위해서는 기능 평가가 매우 중요하다.

결론

토막 만화(Gray, 2000), 생각 읽기(Howlin et al., 1999), 실용주의(pragmatism)(Arwood & Brown, 1999)와 같은 만화 전략들은 자폐 범주성 장애를 지닌 아동들이 자신의 세계를 이해하도록 돕는데 유용한 방법인 것으로 여겨진다. 그러나 자폐 범주성 장애를 지닌 사람들과 그들의 환경에 대한 전략 사용을 조사하고 이러한 전략의 성공에 영향을 미치는 만화의 특정 요소들을 식별하기 위하여 좀 더 많은 연구들이 수행되어야 할 것이다.

※ 평가 결과: 지원 정보가 부족한 실제(Limited Supporting Information for Practice)

참고문헌 및 기타 참고자료

● 참고문헌

Arwood, E., & Brown, M. M. (1999). *A guide to cartooning and flowcharting: See the ideas*. Portland, OR: Apricot.

Dettmer, S., Simpson, R. L., Myles, B. S., & Ganz, J. B. (2000). The use of visual supports to facilitate transitions of students with autism. *Focus on Autism and*

Other Developmental Disabilities, 14(3), 163-169.

Gray, C. (1994). *Comic strip conversations: Colorful, illustrated interactions with students with autism and related disorders.* Jenison, MI: Jenison Public Schools.

Gray, C. (2000). *Writing social stories with Carol Gray.* Arlington, TX: Future Horizons.

Hagiwara, T., & Myles, B. S. (1999). A multimedia social story intervention: Teaching skills to children with autism. *Focus on Autism and Other Developmental Disabilities, 14*(2), 82-95.

Howlin, P., Baron-Cohen, S., & Hadwin, J. (1999). *Teaching children with autism to mind-read: A practical guide.* West Sussex, UK: John Wiley & Sons.

Kuttler, S., Myles, B. S., & Carlson, J. K. (1998). The use of social stories to reduce precursors of tantrum behavior in a student with autism. *Focus on Autism and Other Developmental Disabilities, 13*(3), 176-182.

MacDuff, G. S., Krantz, P. J., & McClannahan, L. E. (1993). Teaching children with autism to use photographic activity schedules: Maintenance and generalization of complex response chains. *Journal of Applied Behavior Analysis, 26*(1), 89-97.

Parsons, S., & Mitchell, P. (1999). What children with autism understand about thoughts and thought bubbles. *Autism, 3*(1), 17-38.

Rogers, M. F, & Myles, S. B. (2001). Using social stories and comic strip conversations to interpret social situations for an adolescent with Asperger Syndrome. *Intervention in School and Clinic, 36*(5), 310-313.

Swaggart, B. L., Gagnon, E., Bock, S. J., Earles, T. L., Quinn, C., Myles, B. S., & Simpson, R. L. (1995). Using social stories to teach social and behavioral skills to children with autism. *Focus on Autistic Behavior, 10*(1), 1-16.

● 기타 참고자료

Gray, C. A. (1996). *Social stories and comic strip conversations: Unique methods to improve social understanding* [Videotape]. Arlington, TX: Future Horizons.

사회적 의사-결정 전략 SOCIAL DECISION-MAKING STRATEGIES

연령/능력 수준

- 대상 연령: 초등학교 연령부터 성인까지
- 대상 진단명 및 관련 특성: 경도 자폐 범주성 장애(ASD), 아스퍼거 증후군, 및 기타 장애
- 대상 능력 수준: 경도 인지장애부터 평균 이상의 지적 기능

서론

자폐 범주성 장애를 지닌 아동들이 사회적 상황을 이해하는데 어려움을 경험한다는 사실은 잘 알려져 있다. 실제로 이들은 사회적 기술과 규칙에 대한 이해가 부족할 때 부적절한 행동을 보이곤 한다. 그러므로 자폐 범주성 장애를 지닌 학생들은 사회적 문제-해결 전략을 통하여 도움을 받을 수 있다. 이러한 전략은 아동이 문제나 실수를 식별하고, 대안을 찾고, 그 결과를 이해하고, 상황을 어떻게 수정할 수 있는지를 결정하도록 도와준다(Myles & Simpson, 2003). 이 부분에서는 세 가지 사회적 문제-해결 전략들을 살펴보고자 한다: (1) 사회적 분석(social autopsies), (2) 상황-선택-결과-선택-전략-모의 연습(Situation-Options-Consequences-Choices-Strategies-Simulation: SOCCSS), (3) 멈추고, 관찰하고, 생각하고, 행동하기(Stop, Observe, Deliberate, and Act: SODA).

평가 결과: 성과가 기대되는 실제(Promising Practice)

참고문헌

Myles, B. S., & Simpson, R. L. (2003). *Asperger syndrome: A guide for educators and parents.* Austin, TX: PRO-ED.

사회적 분석

중재 내용

Lavoie(1994)는 학생들이 사회적 실수를 이해하고 수정하도록 도와주기 위하여 사회적 분석(social autopsies)을 개발하였다. 이것은 사회적 문제가 발생한 후에 이를 분석하는 언어적인 (verbal) 방법으로 다음과 같은 네 단계로 구성된다: (1) 실수를 확인한다; (2) 실수로 인하여 손해 본 사람이 누구인지 결정한다; (3) 실수를 어떻게 정정할 것인지 결정한다; (4) 실수가 다시 발생하지 않도록 계획을 세운다. 성인은 학생이 자신의 사회적 행동과 다른 사람들의 반응 간의 인과관계를 이해할 수 있도록 도와주면서 이상의 네 단계를 수행하도록 보조한다. Lavoie에 의하면 이러한 전략의 성공은 연습의 구조, 즉각적인 피드백, 긍정적인 강화에 의존한다. 그러나 이 방법에 대한 실증적인 자료들은 제시되지 않고 있다.

보고된 혜택 및 효과

성인이 주도하는 이러한 중재는 자폐 범주성 장애를 지닌 아동들이 사회적 상황을 이해하고 사회적 실수를 정정할 수 있도록 도와준다. 앞에서 설명한 단계를 따르고 그 과정을 추론함으로써 이들은 자신의 행동과 다른 사람들의 반응 간의 인과관계를 이해할 수 있도록 도움을 받는다. 자폐 범주성 장애를 지닌 아동들을 대상으로 사회적 분석을 사용한 연구들은 아직 보고되지 않고 있다.

자폐 범주성 장애 아동에 대한 활용 결과

자폐 범주성 장애를 지닌 아동들은 사회적 환경을 잘 이해하지 못하기 때문에 어려움을 경험하게 된다. 따라서 사회적 분석을 통한 문제-해결과정은 학생들로 하여금 자신의 환경을 이해하고 적절한 사회적 의사 결정에 참여하도록 도와주는 효과적인 수단으로 기능할 수 있다(McAfee, 2002; Myles & Adreon, 2001; Myles & Simpson, 2001; Myles & Southwick, 1999; Winner, 2000).

중재 실행 자격 및 조건

Lavoie는 학생이 정기적으로 만나는 모든 성인들(예: 부모, 버스 운전기사, 교사, 보호자, 학교 식당에서 일하는 사람)은 기술의 습득과 일반화를 촉진하는 사회적 분석의 실행 방법을 알고 있어야 한다고 강조한다. 사회적 분석을 실시하기 위한 훈련 지침이 별도의 문서로 제시되지는 않고 있다. 이 방법은 일반적으로 사회적 실수가 발생한 후의 1:1 상황에서 사용된다.

중재의 잠재적 위험

사회적 분석 중재와 관련된 위험 요소는 보고되지 않고 있다.

중재 비용

사회적 분석 중재는 일반적으로 1:1 상황에서 사용됨에도 불구하고 인력과 시간 이외의 기타 비용은 들지 않는다.

자폐 범주성 장애 아동에 대한 효율성 평가 방법

사회적 분석의 효율성은 학생의 목표행동에 대한 전통적인 자료수집 방법에 의하여 결정된다. 사회적 실수의 횟수와 형태에 대한 사건 기록법과 그러한 정보에 대한 일화 기록법 등의 방법은 사회적 분석이 학생의 욕구를 충족시키는지를 결정할 수 있도록 도와준다.

결론

사회적 분석은 아동이 사회적 실수를 이해할 수 있도록 도와주는 긍정적인 사회적 문제-해결 전략이다. 이와 같이 긍정적이면서 비판적이지 않은 방법은 학생을 잘 아는 교사, 부모, 및 기타 다른 사람들에 의하여 사용될 수 있다. 아직까지 이 방법에 대한 실증적인 정보가 제시되지는 않고 있지만 자폐 범주성 장애를 지닌 아동들에게 적절한 방법인 것으로 여겨진다.

참고문헌

Lavoie, R. D. (1994). *Learning disabilities and social skills with Richard Lavoie: Last one picked⋯ First one picked on: Parent's guide.* Washington, DC: Public Broadcasting Service.

McAfee, J. (2002). *Navigating the social world.* Arlington, TX: Future Horizons.

Myles, B. S., & Adreon, D. (2001). *Asperger Syndrome and adolescence: Practical solutions for school success.* Shawnee Mission, KS: Autism Asperger.

Myles, B. S., & Simpson, R. L. (2001). Understanding the hidden curriculum: An essential social skill for children and youth with Asperger Syndrome. *Intervention in School and Clinic, 36*(5), 279-286.

Myles, B. S., & Southwick, J. (1999). *Asperger Syndrome and difficult moments: Practical solutions for tantrums, rage, and meltdowns.* Shawnee Mission, KS: Autism Asperger.

Winner, M. G. (2000). *Inside out: What makes the person with social-cognitive deficits tick?* San Jose, CA: Author.

상황-대안-결과-선택-전략-모의 연습

중재 내용

상황-대안-결과-선택-전략-모의 연습(SOCCSS)은 사회적이고 행동적인 주제들을 연속적인 형태로 나열함으로써 사회적 장애를 지닌 학생들이 사회적 상황을 이해하고 문제-해결 기술을 개발하도록 고안되었다(Roosa, 1995). SOCCSS는 다음과 같은 여섯 단계로 구성된다.

1. **상황(Situation)**: 사회적 문제가 발생한 후에 교사는 학생으로 하여금 누가, 무엇을, 언제, 어디서, 왜를 식별하도록 도와준다. 이 상황에 누가 포함되었는가? 실제로 어떤 일이 벌어졌는가? 언제 이 일이 일어났는가? 어디서 문제가 발생했는가? 왜 이런 일이 생겼는가?

2. **대안(Options)**: 교사와 학생은 몇 가지 행동의 가능성을 함께 생각해보고 학생은 선택을 한다. 이때 교사는 모든 학생들의 반응을 평가하지 않은 채로 수용하고 기록한다.

3. **결과(Consequences)**: 선택된 모든 행동에 대하여 그 결과를 목록으로 작성한다. 교사는 학생에게 "네가 만일 ……한다면(선택한 행동을 언급함) 어떤 일이 생길까?"라고 질문한다. 선택의 종류에 따라서는 한 가지 이상의 결과가 있을 수 있다.

4. **선택(Choices)**: 숫자나 예/아니오 등을 사용해서 선택과 결과의 우선순위를 정한다. 우선순위에 따라 학생은 자신이 (1) 할 수 있고, (2) 원하거나 필요로 하는 것을 쉽게 얻을 수 있다고 생각하는 대안을 선택하도록 촉진된다.

5. **전략(Strategies)**: 다음 단계는 문제 상황(situation)에서 대안(option)을 수행하도록 계획을 세우는 것이다. 교사와 아동은 계획 단계에서 서로 협력해야 하는 것이 사실이지만 학생이 주로 계획을 세워야 한다.

6. **모의 연습(Simulation)**: Roosa(1995)에 의하면, 모의 연습은 (1) 상상력을 사용하고, (2) 계획에 대하여 다른 사람과 함께 이야기하고, (3) 계획을 기록하고, (4) 역할 놀이를 함으로써 선택한 전략을 연습하는 것이다.

보고된 혜택 및 효과

이상과 같은 교사-주도의 전략은 학생으로 하여금 인과관계를 이해하게 해주고, 선택할 수 있는 대안들이 있다는 사실을 이해하도록 도와주며, 자신의 결정이 많은 상황들에 영향을 미칠 수 있다는 사실을 깨달을 수 있도록 도와준다. SOCCSS의 사용에 대한 연구는 아직까지 이루어지지 않고 있다.

자폐 범주성 장애 아동에 대한 활용 결과

사회적 분석의 필요성과 마찬가지로 SOCCSS 전략의 필요성은 자폐 범주성 장애를 지닌 아동들이 경험하는 사회적 의사결정 문제와 관련된다(Faherty, 2000; Leicester City Council & Leicester County Council, 1998; Moore, 2002; National Autistic Society, 2001). 이 전략은 아동이 스스로 (1) 사회적 상황과 다른 사람들의 동기를 설명해보고, (2) 하나의 특정 사회적 상황에 대한 다양한 대안들을 생각하고, (3) 원인과 결과를 이해하고, (4) 학생의 욕구를 충족시키기 위한 사회적 대안을 선택하도록 도와준다.

중재 실행 자격 및 조건

공식적인 훈련 자료가 제시된 것은 아니지만 자격 있고 잘 훈련받은 교육 및 정신 건강 전문가들은 모두 SOCCSS 전략을 사용하여 자폐 범주성 장애를 지닌 아동들이 사회적 의사 결정을 할 수 있도록 도와줄 수 있다.

중재의 잠재적 위험

SOCCSS 중재와 관련된 위험 요소는 아직까지 보고되지 않고 있다.

중재 비용

SOCCSS 중재와 관련된 비용으로는 인력과 학생의 시간만 소요된다.

자폐 범주성 장애 아동에 대한 효율성 평가 방법

SOCCSS와 같은 사회적 의사 결정 전략들은 학생의 목표행동에 따라 적절한 기록 방법(예: 성질 부리기의 횟수를 결정하기 위한 사건 기록법, 성질 부리기의 지속시간을 결정하기 위한 지속시간 기록법, 사회적 문제와 관련된 사회적 대안이나 사회적 보조 요청의 횟수를 기록하기 위한 일화 기록법)을 사용하여 평가할 수 있다.

결론

SOCCSS는 다양한 환경에서 다양한 사회적 문제에 대하여 다양한 연령층을 대상으로 사용될 수 있는 융통성 있는 사회적 의사결정 방법으로 그 잠재적인 성과가 기대되는 전략이다. 이 전략은 자폐 범주성 장애를 지닌 아동이 SOCCSS 과정에 독립적으로 참여함으로써 독립적인 문제 해결자가 되도록 도와줄 수 있는 가능성을 지닌 방법이다. 그러나 이러한 가능성을 입증하기 위해서는 그 효율성을 실증적으로 지지할 수 있는 자료들이 제시되어야 할 것이다.

참고문헌 및 기타 참고자료

● 참고문헌

Faherty, C. (2000). *Asperger's? What does it mean?* Arlington, TX: Future Horizons.

Leicester City Council & Leicester County Council. (1998). *Asperger Syndrome-Practical strategies for the classroom: A teacher's guide.* Shawnee Mission, KS: Autism Asperger.

Moore, S. T. (2002). *Asperger Syndrome and the elementary school experience: Practical solution for academic and social difficulties.* Shawnee Mission, KS: Autism Asperger.

National Autistic Society. (2001). *What is Asperger Syndrome and how will it affect me? A guide for young people.* Shawnee Mission, KS: Autism Asperger.

Roosa, J. B. (1995). *Men on the move: Competence and cooperation: Conflict resolution and beyond.* Kansas City, MO: Author.

● 기타 참고자료

Myles, B. S., & Adreon, D. (2001). *Asperger Syndrome and adolescence: Practical solutions for school success.* Shawnee Mission, KS: Autism Asperger.

Myles, B. S., & Simpson, R. L. (2001). Understanding the hidden curriculum: An essential social skill for children and youth with Asperger Syndrome. *Intervention in School and Clinic, 36*(5), 279-286.

Myles, B. S., & Southwick, J. (1999). *Asperger Syndrome and difficult moments:*

Practical solutions for tantrums, rage, and meltdowns. Shawnee Mission, KS: Autism Asperger.

멈추고, 관찰하고, 생각하고, 행동하기

중재 내용

멈추고, 관찰하고, 생각하고, 행동하기(SODA)는 자폐 범주성 장애를 지닌 아동들이 다양한 사회적 상황을 이해하기 위하여 사용할 수 있는 다목적의 시각적 전략이다(Bock, 2001). 이 전략은 자폐 범주성 장애를 지닌 아동들이 새로운 환경에서 어떻게 적응하고 행동할 것인지를 결정하는데 있어서 적극적인 의사결정자가 되도록 도와주기 위하여 고안되었다. 이 전략은 집중적인 사회적 기술 교수와 촉진이 함께 사용되지 않는다면 효과적으로 사용될 수 없다. Bock은 자폐 범주성 장애를 지닌 아동들이 SODA의 각 단계에서 자신에게 스스로 질문해야 하는 일련의 질문들을 다음과 같이 제시하였다.

1. **멈추기(Stop):** 교실 배치는 어떠한가? 활동이나 일과는 무엇인가? 관찰하기 위하여 어디로 가야 하나?

2. **관찰하기(Observe):** 사람들은 무엇을 하고 있는가? 사람들은 무슨 말을 하고 있는가? 일반적인 대화의 길이는 어떠한가? 사람들은 다른 사람들이 대화를 시작할 때 어떻게 반응하는가?

3. **생각하기(Deliberate):** 나는 무엇을 하고 싶은가? 나는 무슨 말을 하고 싶은가? 다른 사람들이 좀 더 오래 대화하고 싶어하는지 아니면 대화를 끝내고 싶어하는지를 어떻게 알 수 있는가?

4. **행동하기(Act):** 내가 만나고 싶은 사람(들)에게 접근한다. "안녕"이라고 말한다. 상대방의 말을 듣고 관련된 질문을 한다. 그 사람이 좀 더 대화하고 싶어하는지 아니면 대화를 끝내고 싶어하는지를 알려주는 단서를 찾아본다. 대화를 끝내고 걸어간다.

보고된 혜택 및 효과

SODA는 새로운 환경에서의 자신감을 증진시킬 수 있는 도구를 제공해 줄 수 있다. 새로운 상황에 참여하고자 하는 의지를 높여주며, 이러한 새로운 상황에 대한 불안감을 감소시킬 수도 있다. 그러나 SODA는 아직까지 실증적인 타당화 자료를 제시하지 못하고 있다.

자폐 범주성 장애 아동에 대한 활용 결과

SODA의 근거는 미리 보여주기(piming)(Bainbridge & Myles, 1999; Schreibman, Whalen, & Stahmer, 2000; Wilde, Koegel, & Koegel, 1992; Zanolli, Daggett, & Adams, 1996)와 인지학습전략(Schumaker, Deshler, & Denton, 1984)에서 찾아볼 수 있다. 결과적으로 SODA는 학생이 새로운 환경에 참여하도록 미리 준비시키는 인지학습전략이다.

중재 실행 자격 및 조건

SODA는 교육 및 정신건강 전문가들에 의하여 자폐 범주성 장애를 지닌 아동들에게 교수될 수 있는 전략이다. 전문가들은 학생들이 SODA의 절차를 알고 있을 뿐만 아니라 이러한 전략을 사용하기 위한 지원적인 사회적 기술들을 가지고 있는지를 확인하기 위하여 인지학습전략, SODA 전략 및 일반적인 사회적 기술 교수를 이해해야 한다. 공식적인 훈련 자료는 제시되지 않고 있지만 SODA는 학교나 치료 상황에서 개별 또는 집단으로 자폐 범주성 장애를 지닌 아동들에게 교수될 수 있다.

중재의 잠재적 위험

SODA와 관련된 위험 요소는 아직까지 보고되지 않고 있다.

중재 비용

필요한 인력과 시간 외에는 비용이 들지 않는다. SODA의 사용을 지원하기 위한 사회적 기술 교수에 상당한 양의 시간이 소모될 수 있다.

자폐 범주성 장애 아동에 대한 효율성 평가 방법

학생의 SODA 사용은 (1) SODA 절차의 충실성, (2) 전략 사용에 대한 자가 보고 (self-report), (3) 새로운 환경에서의 불안감에 대한 자가 보고, (4) 새로운 환경에의 적응 등을 포함하는 다양한 방법으로 평가될 수 있다.

결론

SODA는 사회적 기술 교수를 위한 응용 도구로 사용될 수 있는 성과가 기대되는 전략이다. SODA는 다양한 사회적 상황에서 사용되기에 충분할 정도로 융통성 있는 전략으로 그 활용성이 높다고 할 수 있다.

참고문헌

Bainbridge, N., & Myles, B. S. (1999). The use of priming to introduce toilet training to a child with autism. Focus on *Autism and Other Developmental Disabilities, 14*(2), 106-109.

Bock, M. A. (2001). SODA strategy: Enhancing the social interaction skills of youngsters with Asperger Syndrome. *Intervention in School and Clinic, 36*(5), 272-278.

Schreibman, L., Whalen, C., & Stahmer, A. (2000). The use of video priming to reduce disruptive transition behavior in children with autism. *Journal of Positive Behavior Interventions, 2*(1), 3-11.

Schumaker, J. B., Deshler, D. D., & Denton, P. (1984). *The learning strategies curriculum: The paraphrasing strategy.* Lawrence: University of Kansas Center for Research on Learning.

Wilde, L. D., Koegel, L. K., & Koegel, R. L. (1992). *Increasing success in school through priming: A training manual.* Santa Barbara: University of California Press.

Zanolli, K., Daggett, J., & Adams, R. (1996). Teaching preschool age autistic children to make spontaneous initiations to peers using priming. *Journal of*

Autism and Developmental Disorders, 26(4), 407-422.

학습경험: 유아와 부모들을 위한 대안 프로그램 LEARNING EXPERIENCES: AN ALTERNATIVE PROGRAM FOR PRESCHOOLERS AND PARENTS(LEAP)

연령/능력 수준

- 대상 연령: 유아기
- 대상 진단명 및 관련 특성: 경도에서 중등도까지의 자폐 범주성 장애(ASD), 아스퍼거 증후군, 기타 장애
- 대상 능력 수준: 중도 인지장애부터 평균 이상의 지적 기능

중재 내용

학습 경험: 유아와 부모들을 위한 대안 프로그램(LEAP)은 자폐 범주성 장애를 지닌 어린 아동들의 사회적 발달에 초점을 맞춘 유아교육 중재 방법이다. LEAP 프로그램은 통합 환경에서 사용하도록 고안되었다. 이 프로그램은 부모를 위한 행동 관리 훈련 프로그램, 전국적인 규모의 훈련, 연구와 발달 프로그램을 포함한다. Strain과 Cordisco(1993)에 의하면 LEAP은 다음과 같은 개념을 기초로 시작되었다.

- 모든 아동은 통합된 유아교육 프로그램에서 혜택을 받는다.
- 모든 아동은 발달에 적합한 교육과정을 통하여 혜택을 받는다.
- 자폐 범주성 장애를 지닌 아동은 전형적인 또래들과 함께 교육받을 때 사회적 · 언어적 · 행동적 기술들을 습득한다.
- 가정, 학교, 및 지역사회에서 제공되면서 체계적으로 계획되고 실행되는 조기 개입(early intervention)은 가장 성공적이다.
- 협력적으로 일하는 부모와 전문가들은 긍정적인 성과를 증진시킨다.

Kohler와 Strain(1999)은 통합 유치원에서 사용되는 또래-주도 중재의 효과를 강화

시키는 LEAP 프로그램 실행과 관련된 네 가지 요소들을 제시하였다: (1) 프로그램은 종합적이어야 한다(comprehensive). 이것은 중재가 모든 환경에서 이루어져야 하며 언어, 장난감의 적절한 사용, 나누기, 자조기술과 같은 기능적 기술들을 포함해야 한다는 것을 의미한다; (2) 프로그램은 집중적이어야 한다(intensive). 이것은 중재가 적절한 시간 동안 유아들의 고도의 활동 참여로 이루어져야 함을 의미한다; (3) 프로그램은 실제적이어야 한다(practical). 이것은 어떤 아동에게도 쉽게 적용될 수 있어야 함을 의미한다; (4) 프로그램은 효과적이어야 한다(effective). 이것은 또래-주도 방법을 사용하는 목적이 학생과 가족의 삶의 질을 향상시키는 것이어야 함을 의미한다.

LEAP은 모든 아동의 개별적인 교수목표를 통하여 제공되는 교육적 접근이다. 따라서 LEAP 중재에 포함된 아동들은 매일 또래 및 교사들에게 반응하고 상호작용할 수 있는 다양한 기회를 갖게 된다. 장애가 없는 또래들은 자폐 범주성 장애를 지닌 친구들과의 상호작용을 촉진할 수 있도록 훈련을 받는다. 교수목표는 기술 습득의 측정을 위하여 일반화 여부를 포함하여 기록된다. 개별화 교육 프로그램(IEP)의 교수목표들, 교실에서의 행동, 사회적 상호작용으로부터 얻은 자료를 활용하여 교수전략의 수정이 필요한지를 결정한다(Strain & Cordisco, 1993).

유아들은 1년 내내 한 주에 15시간씩 주 중에만 LEAP 유치원에 출석한다. 두 명의 교사와 한 명의 보조교사로 구성된 교사들은 일반적으로 약 13명의 아동들과 함께 일하게 되는데, 그 중 10명은 전형적인 발달을 보이는 아동들이며 세 명은 자폐 범주성 장애를 지닌 것으로 진단된 아동들이다. 학생들은 3~5세까지의 아동들이다. 이 외에도 전담 언어치료사가 교실과 가정에서 자폐 아동과 그 가족들을 위하여 함께 일한다(Kohler & Strain, 1999; Strain & Cordisco, 1993). 전형적인 발달을 보이는 또래들은 "친구의 관심을 얻는 방법"과 같은 사회적 기술 스크립트를 학습한다(Strain & Kohler, 1998). 전형적인 또래들이 중재 기술을 습득하기 위해서는 약 2주 정도 걸린다. 또래 훈련과정은 교사의 기술 설명과 시범, 성인과 함께 하는 기술 연습, 특정 아동과 함께 하는 기술 연습을 포함한다. 전형적인 또래들은 성공적인 또래 중재에 대하여 긍정적인 피드백을 제공받는다.

LEAP 교육과정은 사회적·정서적 성장을 촉진하고, 언어와 의사소통 능력을 강화

하며, 과제와 놀이 활동에서의 독립심을 증진시키고, 선택하기를 촉진하며, 이동하기 능력과 행동을 향상시키고, 전반적인 인지와 신체적인 능력을 향상시키도록 구성된다. 학습은 새로운 교재를 탐구하고 사용하면서, 또한 또래 및 교사와의 상호작용 기회를 통하여 이루어진다. Strain과 Hoyson(2000)은 사회적 기술이 지속적으로 유지되기 위해서는 2~3년 정도의 집중적인 훈련을 받도록 권하고 있다. 이 외에도 프로그램에 포함된 많은 학생들이 가정 및 지역사회 중심의 중재를 제공받고 있다.

보고된 혜택 및 효과

자폐적 성향의 감소와 함께 기능적이고 사회적인 상호작용, 언어 · 인지적인 기능 및 행동 기술에 있어서의 향상은 LEAP 프로그램에 참여한 자폐를 지닌 아동들에 대한 추후 연구들을 통하여 지속적으로 보고되고 있다(Strain & Cordisco, 1993; Strain & Hoyson, 2000). Strain과 Cordisco(1993)는 다양한 유형의 향상을 다음과 같이 보고하였다.

- 기능적 기술(Functional skills): 일과에 따라 한 활동에서 다른 활동으로 이동하는 등의 기능적 기술이 보고됨.
- 독립적인 놀이 기술(Independent play skills): 또래 시범, 과제 분석, 직접 교수, 행동 형성, 촉진 및 강화 기술을 사용함으로써 독립적인 놀이 기술이 보고됨.
- 사회적 상호작용 기술(Social interaction skills): 또래 상호작용을 촉진하기 위한 교실 환경의 구성, 상호작용을 유도하기 위한 또래 모방과 또래 중재와 교사 지원, 상호작용의 강화 및 사회극 스크립트의 활용을 통한 사회적 상호작용 기술 향상이 보고됨.
- 언어기술(Language skill): 자폐 범주성 장애를 지닌 아동과 함께 전형적인 발달을 보이는 또래들에게도 유익한 자극적인 활동 및 상호작용을 통하여 언어기술의 향상이 보고됨.
- 행동 기술(Behavior skills): 기능적 행동 분석과 함께 적절한 행동을 촉진하기 위한 긍정적 강화와 같은 중재의 적용을 통하여 행동 기술의 성공적인 교수 성과

가 보고됨.

LEAP의 가족 요소는 광범위하며 앞에서 설명한 기술들을 지원하는 역할을 한다. 자폐 범주성 장애를 지닌 모든 아동의 가족 구성원들은 전형적인 발달을 보이는 가족 구성원들과 함께 프로그램에 참여한다. 가족 구성원들은 하루 종일 적용해야 하는 전략들을 확실하게 사용할 수 있도록 행동 관리와 교수전략들에 대한 훈련을 받는다. 매달 제공되는 가족 지원 그룹 회의에서는 가족들이 지역사회 기관들에 접근할 수 있도록 도와준다.

LEAP의 혜택과 효과를 보고한 Strain과 Hoyson(2000)의 종단 연구는 연구에 참여한 여섯 명의 아동들에게서 행동에 있어서의 향상, 발달적 진보, 긍정적인 사회적 상호작용이 나타난 것으로 보고하고 있다. 이들은 아동기 자폐증 평정 척도(Childhood Autism Rating Scale: CARS)(Schopler, Reichler, & Renner, 1998)에 의하여 더 이상 자폐 범주에 속하지 않을 정도로 향상되었다. 발달상의 성취는 LEAP에 참여한 기간 동안 개월 당 1.4개월의 진보를 보였다. 또한 부모 및 기타 양육자들과의 상호작용에 있어서의 적절한 행동은 51%에서 98%로 향상되었으며, 긍정적인 사회적 상호작용의 비율은 10세에 3%에서 25%로 향상되었다.

자폐 범주성 장애 아동에 대한 활용 결과

LEAP은 또래 중재, 구조화된 유치원 교육과정 및 자료에 기초한 교육적 프로그램을 사용하는 통합 유치원 프로그램이다. 이 프로그램은 자폐가 있거나 없는 학생 모두에게 동일하게 효과적이다. LEAP 유치원 참여자들은 언어적·행동적·사회적 상호작용. 기능적 기술에 있어서의 향상을 보인다. 연구 결과에 의하면 이러한 기술들은 시간이 지나도 유지되는 것으로 보고되고 있다.

중재 실행 자격 및 조건

LEAP의 교직원들은 잘 훈련된 교사와 말/언어치료사 및 보조교사들로 구성된다. 이상적으로는 진단 전문가들이 아동과 가족들로부터 이들에 관한 자료를 수집하며,

저자	연구 설계	N	장소	연령/성별	진단	결과	비고
Strain & Hoyson (2000)	종단연구	6	유치원 (LEAP)	LEAP 종료후 4세 및 10세, 중재 프로그램 시작 연령 30개월~3세	CARS에 의한 중등도부터 중도 자폐	행동과 발달적 기능 및 사회적 상호작용 수준이 전반적으로 향상됨.	관찰과 CARS 및 Stanford-Binet를 포함하는 공식 진단이 사용됨.
Kohler & Strain (1999)	알려지지 않음	6	유치원 (LEAP)	유치원 연령	장애 아동	6개의 활동에서 참여가 증진됨. 3개월 후에 주어진 기회의 46%는 또래와, 23%는 교사와, 31%는 혼자 참여함.	장애 아동들은 교사보다 또래와 두 배로 참여함.
Strain & Cordisco (1993)	통제집단 비교 설계	알려지지 않음	유치원 연령의 아동	유치원 연령	LEAP과 비교 프로그램에 자폐를 지닌 아동 및 전형적인 또래	LEAP 참여 2년 후에 더 이상 자폐 진단 범주에 속하지 않음. 실험 및 통제 집단 아동들 모두 언어 및 인지 측정에서 진보를 보임. LEAP 학생들은 사회적 학업적으로 더 적절하게 참여함. LEAP에 참여한 전형적인 또래들은 더 나은 사회적 기술과 더 낮은 빈도의 방해 행동을 보임. 발달적 성취는 LEAP 종료 후 일반 학급에 진학한 약 50% 정도에서 유지됨. LEAP 훈련에 참여한 부모들은 중재 종료 2~3년 후 우울증과 스트레스 진단에서 향상을 보임.	보고된 결과는 대상자의 수를 밝히지 않고 있음.
Strain & Kohler (1998)	AB(기초선 중재) 설계	17	통합 유치원	자폐를 지닌 3명의 유아(3세, 4세)와 일반 또래 14명	자폐 및 일반 또래	개별 강화 이후에 아동—또래 상호작용이 유의하게 증가함. 장난감과 교재의 사용은 중재 프로그램에 있어서의 가치가 제한됨.아동의 참여 의지에 대한 교사의 예측 능력은 아동의 사회적 행동과 상관관계가 없음. 또래 중재는 자폐 학생의 사회적 상호작용의 전반적인 빈도를 증가시켰으며, 또래들이 가장 집중적으로 사회적 상호작용을 시작할 때 자폐 학생들의 사회적 상호작용도 증가하는 경향을 보임.	교사의 관찰 및 인식에 대한 초점을 포함함. 대상자의 수가 적음.

사례대표자(coordinators)는 가족들이 행동 관리 훈련을 포함한 지역사회의 자원들에 접근할 수 있도록 도와주고, 임상 감독(clinical supervisors), 기관장, 사무직원들은 프로그램을 지원하고 관리하는 역할을 한다.

중재의 잠재적 위험

LEAP 프로그램과 관련된 위험 요소들은 밝혀진 바 없다. 프로그램은 유아교육 교육과정과 활동에 근거를 둔다. 자료에 기초한 중재는 그 특성상 긍정적인 중재들이며, 비혐오적인 중재들이 권장되고 있다.

중재 비용

LEAP에 참여하기 위한 아동 개개인의 비용에 대한 정보는 제공되지 않고 있다. Strain과 Cordisco(1993)는 LEAP 훈련의 예상되는 효과와 관련해서 12년 동안 일반교육을 받게 되는 경우 한 아동 당 약 51,000달러의 비용이 절약되는 것으로 예측하였다.

자폐 범주성 장애 아동에 대한 효율성 평가 방법

LEAP은 자료에 기초한 실증적인 프로그램이다. 그러므로 이 프로그램은 프로그램 그 자체로서 아동의 성과를 진단할 수 있다.

결론

LEAP은 전형적인 또래들이 자폐 범주성 장애를 지닌 아동들과 함께 통합된 유치원 프로그램이다. LEAP과 관련된 연구들은 이 또래-주도의 프로그램이 사회적 · 언어적 기술의 향상을 포함하는 다양한 긍정적인 성과를 보이는 것으로 보고하고 있다.

평가 결과: 과학적 기반의 실제(Scientifically Based Practice)

참고문헌 및 기타 참고자료

● 참고문헌

Kohler, F. W., & Strain, P. S. (1999). Maximizing peer-mediated resources in integrated preschool classrooms. *Topics in Early Childhood Special Education, 19*(2), 92-102.

Schopler, E., Reichler, R. J., & Renner, B. R. (1998). *Childhood Autism Rating Scale.* Los Angeles: Western Psychological Resources.

Strain, P. S., & Cordisco, L. (1993). The LEAP preschool model: Description and outcomes. In S. Harris & J. Handleman (Eds.). *Preschool education programs for children with autism* (pp. 224-244). Austin, TX: PRO-ED.

Strain, P. S., & Hoyson, M. (2000). The need for longitudinal, intensive social skill intervention: LEAP follow-up outcomes for children with autism. *Topics in Early Childhood Special Education, 20*(2), 116-122.

Strain, P. S., & Kohler, F. W. (1998). Peer-mediated social intervention for young children with autism. *Seminars in Speech and Language, 19*, 391-405.

● 기타 참고자료

Simpson, R. L., & Myles, B. S. (2003). *Educating children and youth with autism: Strategies for effective practice* (2nd ed.). Austin, TX: PRO-ED.

Strain, P. S., & Kohler, F. W. (1995). Analyzing predictors of daily social skill performance. *Behavioral Disorders, 21*(1), 62-78.

Strain, P. S., Kohler, F. W., & Goldstein, H. (1996). Peer-mediated interventions for young children with autism. In P. Jensen & T. Hibbs (Eds.), *Psychosocial treatments of child and adolescent disorders* (pp. 573-587). Bethesda, MS: National Institutes of Health.

제 4 장

Physiological/Biological/Neurological
Interventions and Treatments

생리학적 · 생물학적 · 신경학적 중재 및 치료

생리학적 또는 생물학적인 근거를 두는 중재와 치료들은 자폐 범주성 장애(ASD)의 핵심에 존재하는 것으로 여겨지는 신경학적인 기능 이상이나 문제를 다루도록 계획된다. 그러므로 이러한 접근들은 개인의 신경학적 기능을 변화시키거나 내적 상태를 강조하는 데에 초점을 맞춘다. 이 장에서 소개하는 접근들은 인간의 신경체계가 정보를 처리하는 방법, 뇌에서 정보를 수용하고 처리하는 방법, 감각, 지각 및 감정과 관련된 화학 물질과 과정 등을 수정하도록 시도하는 방법들이다.

교육적이거나 행동적인 중재를 포함하여 자폐 범주성 장애를 지닌 아동들을 위한 조기 개입(early intervention)의 효과를 지지하는 수많은 증거 자료들이 이미 존재한다. 따라서 부모와 전문가들은 아동의 의사소통, 사회성, 놀이, 학업 기술의 습득에 초점을 맞출 필요가 있다. 부모와 전문가들은 특정 생물학적 치료를 하기로 결정하더라도 기술 학습 중심의 또는 기타 교육적 근거의 중재들을 지연시키거나 중단하거나 방해해서는 안 된다. 또한 한 가지 이상의 생물학적 치료를 하기로 결정했다면 나중에 그 치료의 효과를 결정할 수 있도록 상세한 자료를 수집하는 것이 매우 중요하다. 뿐만 아니라, 어떤 생물학적 중재를 하더라도 의학 전문가들의 참여가 함께 이루어져야 할 것이다.

이 책에서는 "현재 자폐 아동들에게 제공할 수 있는 가장 적합한 치료는 집중적이고도 주의 깊게 계획된 고도의 구조화된 교육 프로그램으로, 행동 수정 원리에 근거한다면 더욱 좋으며, 자폐 아동들을 위하여 제안되고 있는 모든 다른 치료들은 논쟁의 여지가 있는 것으로 여겨진다"는 Rimland(1998, p. 68))의 주장에 동의한다.

많은 생물학적 중재들이 성과를 기대할 수 있다는 사실에는 거의 의심할 여지가 없다. 그러나 이 책에서는 과학적 효율성과 관련해서 개별 생물학적 치료들에 대한 주의 깊은 분석이 이루어져야 할 것을 강력하게 주장하고자 한다. 또한 생물학적 치료들은 개별 학생을 위하여 주의 깊게 구성될 때와 다른 효과적인 전략 및 방법들과 병행해서 사용될 때 가장 효과적임을 강조하고자 한다.

참고문헌

Rimland, B. (1988). Controversies in the treatment of autistic children: Vitamin and drug therapy. *Journal of Child Neurology, 3*, 68-72.

광과민성 증후군 SCOTOPIC SENSITIVITY SYNDROME(SSS): IRLEN LENSES

연령/능력 수준

- 대상 연령: 유치원 연령부터 성인까지
- 대상 진단명 및 관련 특성: 경도에서 중도까지의 자폐 범주성 장애(ASD), 아스퍼거 증후군, 기타 장애
- 대상 능력 수준: 중도 인지장애부터 평균 이상의 지적기능

중재 내용

광과민성 증후군(SSS)이라는 용어는 1983년에 Helen Irlen이라는 사람에 의해서 소개되었다. Irlen(1983)은 내재적인 시지각 기능 장애가 광과민성으로 나타나는 것으로 이러한 기능 이상은 엷은 색깔을 넣은 비 시력교정용 렌즈의 사용으로 최소화 할 수

있다고 주장하였다. 광과민성은 빛의 근원, 반짝임, 강도, 형태, 파장, 및 색조 대비 등에 있어서의 본질적인 어려움과 관련된 지각상의 기능 이상으로 설명된다.

Irlen(1983)에 의하면 광과민성을 지닌 사람들은 다음과 같은 증상을 경험할 수 있다: 느린 읽기 속도, 비효율적인 읽기, 빈약한 읽기 이해력, 지속적으로 읽지 못함, 긴장과 피로, 고도의 지각력, 운동 성취, 야간 운전의 어려움. 광과민성을 치료하기 위하여 얼렌 렌즈 시스템(Irlen Lens System)이 개발되었다. Helen Irlen은 광과민성을 치료하기 위한 두 가지 방법을 개발하였다: (1) 읽기를 향상시키기 위한 색깔 투명 용지(color transparencies)의 사용, (2) 일반적인 환경에 대한 시지각 향상을 위한 엷은 색깔을 넣은 안경.

투명한 용지를 사용하는 것은 읽기를 수행하는 동안 지각상의 스트레스를 감소시키기 위한 것이다. 얼렌 렌즈 시스템에서는 인쇄된 활자 위에 투명 용지를 올려놓음으로써 의도적으로 하얀 배경이 두드러지는 것을 약화시키면서 흑백 간의 대조를 감소시키게 된다. 이러한 시스템을 지지하는 사람들에 의하면 투명 용지의 가장 적절한 색깔은 개인의 독특한 시지각 시스템에 따라 달라진다고 한다.

Irlen은 색깔 렌즈의 정확한 색깔을 처방하기 위한 일련의 표준화된 절차를 고안하였다. 특허 받은 얼렌 방법(Irlen Method)은 지각 과민성 및 과부하된 감각을 감소시키거나 없애기 위하여 안경의 형태로 착용하는 색깔 있는 필터를 사용한다. Irlen(1983)은 색깔이 잘못된 지각을 교정해주고, 감각 자극을 감소시켜야 할 필요성을 제거해주며, 또는 환경 자극에 의해서 세뇌되는 것을 막아줌으로써 뇌에서 처리할 수 있는 정보의 속도를 변화시킨다고 제안하였다. 그녀는 또한 개별 아동은 얼렌 방법에 의하여 결정되어지는 특정 색깔에 의해서 도움을 받을 수 있다고 가정한다.

보고된 혜택 및 효과

Irlen(1983)에 의하면 광과민성을 지닌 사람들은 인쇄된 단어들을 볼 때 읽기를 잘하는 사람들과는 다르게 보는 비효율적인 읽기 기술을 지니기 때문에 과도한 노력과 에너지를 소모하게 된다. Irlen은 이러한 가정을 적용하여 읽기에 따른 피로를 줄이고 읽기 성취도를 향상시키기 위하여 색깔 렌즈나 색깔 투명 용지를 사용할 것을 제안하였다. Irlen은 이러한 방법을 사용함으로써 읽기 속도, 정확도 및 이해력에 있어서 긍정적인 변화를 가져올 수 있는 것으로 강조하고 있다.

얼렌 렌즈의 타당도와 활용도에 대해서는 과학적인 기반의 연구가 거의 없는 실정이다. 더욱이 이 주제와 관련된 대부분의 연구들은 학습장애 및 관련 읽기장애를 지닌 사람들을 대상으로 이루어졌다. 그러므로 이 방법은 효율성을 입증할 수 있는 자료가 부족한 것 외에도 자폐 범주성 장애를 지닌 아동들에게 적용한 연구는 실제로 전혀 없는 실정이다. 다음의 표는 얼렌 렌즈와 관련된 문헌의 분석을 요약한 것이다.

자폐 범주성 장애 아동에 대한 활용 결과

얼렌 방법의 지지자들은 자폐 범주성 장애를 지닌 아동들이 적절하게 고안된 색깔 렌즈의 사용을 통하여 일반적인 도움을 받을 수 있다고 주장한다. 자폐 범주성 장애를 지닌 아동들에 대한 얼렌 방법의 사용은 작가이면서 스스로 자폐 범주성 장애를 지닌 Donna Williams에 의하여 대중화되기 시작하였다. Williams(1995)는 자신의 환경 내에서 경험하는 잘못된 지각이 자신을 기능하지 못하도록 만들었으며 얼렌 방법이 정상적으로 볼 수 있도록 도와주었다고 보고하였다. 부모, 교사, 자폐 범주성 장애를 지닌 사람들을 포함하는 다른 사람들도 얼렌 방법이 지각 및 시각 기능을 향상시킬 것이라는 믿음과 기대를 가지고 이 방법을 시도하도록 고무되어 왔다.

중재 실행 자격 및 조건

얼렌 색깔 필터를 처방받기 위한 검사는 전 세계적으로 분포된 84개의 클리닉에서 실시되고 있다. 검사는 1회로 가능하며 해마다 추후검사를 받을 것을 권하고 있다.

중재의 잠재적 위험

색깔 렌즈는 시각 문제를 교정하는 것이 아니기 때문에 얼렌 증후군을 선별하기 전에 시각 문제가 먼저 교정되어야 한다. 그러므로 얼렌 렌즈의 사용은 안경 착용의 필요성을 없애 주지는 않는다. 또한 이 방법을 사용하기로 결정한 사람들은 이 방법의 효과와 관련된 과학적인 입증 자료가 없다는 사실을 먼저 알아야 할 것이다.

저자	N	장소	연령/성별	진단	결과	비고
Irlen(1983)	107	지각 및 학습장애 클리닉 (Long Beach, CA)	18~49세/ 학습장애 성인 37명, 9~54세/ 지각 및 학습장애 클리닉에 의뢰된 70명	학습장애 성인.	읽기 속도 및 읽기 이해력과 함께 정확도와 안정감이 향상됨.	표준화된 검사가 적용되지 않았음 (Robinson & Conway, 1990).
Blaskey, Scheiman, Parisi, Ciner, Gallaway, Selznick (1990)	30	임상 치료실 (뉴욕의 Irlen Clinic과 The Eye Institute)	9~51세 (평균 23.6세)/ 남 12, 여 18	대상자 모두 읽기와 관련된 두통, 눈의 피로감, 지나치게 눈을 문지르기, 읽기 중 간헐적으로 눈이 흐려짐, 가끔씩 두 개로 보임, 종이 위의 글자가 움직임, 읽을 차례를 빈번하게 놓침, 줄 건너뛰기, 눈부심에 대한 불평, 고도의 대비에 대한 민감성, 주의집중을 지속하지 못하고 읽기에 집중하지 못하는 증상을 포함한 다양한 증세를 보이고 그에 대하여 불평함.	시력 치료 집단은 시력 기능의 향상만을 보인 반면에 두 실험 집단 모두 치료 후에 편안해 함.	얼렌 필터를 사용한 집단은 읽기 속도, 문맥에서의 단어 인식, 또는 이해력에서 유의한 향상을 보이지 않았음. 대상자 30명 중 8명은 연구에 끝까지 참여하지 않았으며, 비교적 높은 사망률(27%)을 보였음(Parker, 1990).
O' Connor, Sofo, Kendall, & Olsen(1990)	92	호주의 초등학교	읽기가 학년 수준보다 낮으면서 최소한 18개월인 2~6학년 (8~12세)	광과민성을 지닌 아동.	연구자들은 색깔 필터가 읽기 수행력, 특히 읽기 이해력에서의 향상을 가져온 것으로 제안함.	사전검사에서 표준 점수 대신 오해를 일으킬 수 있는 학년점수를 사용하였음. Solan(1990)에 의하면 이 연구는 연구에 참여할 대상자를 선정하기 전에 아동의 교사들을 광과민성 증후군에 대한 강의에 초대함으로써 대상자에 대한 선입견을 초래하였음.
Robinson & Conway (1990)	44	학교	9:1~15:11세 (평균 11, 9세)/ 남 33, 여 11	읽기 어려움을 지니고 얼렌 지각 진단척도(Irlen Diagnostic Perceptual Scale:	학생들에게 얼렌 방법에 의하여 얼렌 렌즈를 처방함. 연구자들은 읽기	정확하게 처방된 얼렌 렌즈를 착용한 기간보다 처음에 처방된 도수가 낮은

〈계속〉

저자	N	장소	연령/성별	진단	결과	비고
				IDPS에 의하여 SSS 증상을 지닌 것으로 진단된 아동.	이해력의 향상이 나타난 것으로 보고함. 학교에서의 태도와 기초 학업 기술도 향상된 것으로 보고함.	(less-than-optimal) 렌즈를 착용한 3개월의 기간 동안에 이해력에 있어서 더 큰 향상을 보임. 위약 효과임을 보고한 Solan(1990)에 의하여 상반된 결과가 제시됨.

중재 비용

얼렌 기관에서는 지각 장애를 지니고 있는지와 렌즈치료가 효과가 있을지를 결정하기 위하여 자폐 질문지(Autism Questionnaire)를 사용하고 있다. 언어 능력이 제한된 나이가 어린 아동들을 위해서는 평가자들이 서로 다른 색깔 전구를 이용한 다양한 활동을 제공하고 있다. 이들은 올바른 조명이 주어질 때 발생하는 행동의 긍정적인 변화와 얼렌 색깔 필터를 통한 향상 간에 높은 상관관계가 있다고 주장한다. 자폐 질문지와 색깔 조명 활동(Colored Light Activity)은 얼렌 기관에서 분석된다. 분석된 정보는 개인에게 다시 보내지며 광과민성 증후군(SSS) 진단검사와 색깔 필터가 유용하게 사용될 수 있는지에 대한 결과를 알려준다.

특허받은 얼렌 방법은 개인이 민감하게 반응하는 정확한 빛의 파장을 조사한다. 전 세계에 분포되어 있는 84개의 얼렌 클리닉에서는 검사를 통하여 얼렌 색깔 필터나 렌즈를 처방해 주고 있으며, 추후검사를 제공하고 있고, 렌즈에 색깔을 넣어 주기도 한다. 이러한 서비스를 받기 위한 비용은 얼렌 기관의 웹사이트(www.Irlen.com)나 이메일(Irlen@Irlen.com)을 통하여 알아볼 수 있다.

자폐 범주성 장애 아동에 대한 효율성 평가 방법

얼렌 필터는 읽기를 가르치는 교수방법이 아니기 때문에 이 방법의 효과는 행동이나 태도의 변화를 통하여 가장 잘 평가될 수 있다. 특히 학업 성취와 진도에 대한 직접적인 진단을 하도록 권장된다. 언어 능력이 제한된 자폐 범주성 장애를 지닌 아동들에 대해서는 이러한 방법의 효율성을 평가하기가 특히 어려울 수도 있다.

결론

얼렌 필터 및 렌즈 사용의 지지자들은 얼렌 필터가 인쇄된 활자를 뚜렷하게 보이게 함으로써 보기 쉽게 해준다고 주장한다. 그러므로 이들은 색깔 용지나 렌즈를 사용하게 되면 얼렌 증후군을 지닌 사람들이 왜곡이나 불편함을 감소시킬 수 있기 때문에 혜택을 얻을 수 있다는 사실에 동의한다. 더욱이 이들은 이러한 치료 방법이 중간에 쉬지 않고도 긴장이나 피로감이나 두통을 경험하지 않으면서 더 오랜 시간 동안 읽을 수 있도록 도와줄 수 있다고 주장한다. 그러나 얼렌 필터의 사용은 읽기를 가르치기 위한 교수방법이 아니기 때문에 읽기 교수나 교정의 필요성을 대체해 주지는 못한다.

Solan(1990)은 얼렌 방법이 아직까지 실험 중에 있으며 아직도 설명하지 못하고 있는 치료의 부분들이 있음을 지적하고 있다. 그 외에도 추가적인 연구들에 의하여 다양한 범위의 시각, 안과학, 시각-처리과정의 과제 사용과 관련해서 장애가 있는 사람과 없는 사람들 간의 학업 및 읽기에 있어서의 차이에 대한 일관성 없는 결과들이 제시되고 있다(Lovegrove, 1984; Stanovich, 1986).

대학이나 병원에서 연구를 수행하는 대부분의 연구자들은 색깔이 있는 용지나 렌즈의 사용이 읽기 능력을 향상시킨다는 Irlen의 가설을 지지하지 않는다. 이들의 대부분은 색깔 용지의 효과가 단순한 위약 효과이며 색깔 필터의 사용으로 나타난 향상은 동기 상의 변화에 따른 것이라는데 동의한다. 연구들을 검토한 Solan(1990)은 색깔 렌즈의 사용이 시각적 해상도, 고도의 지각력, 주변 시력 등에 있어서의 실제적인 변화를 가져온다는 내용을 지지하는 논문이 권위 있는 논문집에 한 편도 게재되지 않은 것으로 지적하였다.

Howell과 Stanley(1988)는 얼렌 방법과 관련하여 주의를 기울일 것을 당부하였다. 이들은 색깔치료의 활용에 대한 증거들을 검토한 결과 보고된 자료들만으로는 색깔의 사용이 읽기 성취도에 긍정적이거나 지속적인 영향을 미치는지에 대한 논제를 해결할 수 없다고 결론지었다. 특히 이들은 강조된 기대와 위약 효과의 가능성에 대하여 의문을 제기하였으며, 또한 보고된 많은 증상들이 눈부심에 대한 민감성이나 안구 운동의 문제에 의한 것일 수도 있다고 주장하였다. 문헌들을 검토한 결과에 의하면, 얼렌 렌즈 치료의 타당도와 관련된 논쟁의 핵심은 이 방법이 과학적인 지지를 거의 받지 못하고 있으며, 특히 자폐 범주성 장애를 지닌 아동들과 관련해서는 더욱 그러하다는 사실을 논리적으로 결론지을 수 있다는 것이다.

평가 결과: 지원 정보가 부족한 실제(Limited Supporting Information for Practice)

참고문헌

Blaskey, P., Scheiman, M., Parisi, M., Ciner, E., Gallaway, M., & Selznick, R. (1990). The effectiveness of Irlen filters for improving reading performance: A pilot study. *Journal of Learning Disabilities, 23*(10), 604-612.

Howell, E., & Stanley, G. (1988). Color and learning disability. *Clinical and Experimental Optometry, 71*, 66-71.

Irlen, H. (1983, August). *Successful treatment of learning disabilities*. Paper presented at the annual convention of the American Psychological Association, Anaheim, CA.

Lovegrove, W. (1984). Dyslexia and the vision factor. *Education News, 19*, 1.

O'Connor, P. D., Sofo, F., Kendall, L., & Olsen, G. (1990). Reading disabilities and the effects of colored filters. *Journal of Learning Disabilities, 23*, 88-96.

Parker, R. (1990). Power, control, and validity in research. *Journal of Learning Disabilities, 23*(10), 613-620.

Robinson, G., & Conway, R. (1990). The Effects of Irlen colored lenses on students' specific reading skills and their perception of ability: A 12-month validity study. *Journal of Learning Disabilities, 23*(10), 589-592.

Solan, H. (1990). An appraisal of the Irlen technique of correcting reading disorders using tinted overlays and tinted lenses. *Journal of Learning*

Disabilities, 23(10), 621-626.

Stanovich, K. E. (1986). Cognitive processes and the reading problems of learningdisabled children: Evaluating the assumption of specificity. In J. K. Torgesen and B. Wong (Eds.), *Psychological and educational perspective of learning disabilities* (pp. 81-125). New York: Academic Press.

Williams, D. (1995) *Somebody somewhere: Breaking free from the world of autism.* New York: Crown.

감각통합 SENSORY INTEGRATION(SI)

연령/능력 수준

- 대상 연령: 유아기부터 성인까지
- 대상 진단명 및 관련 특성: 경도에서 중도까지의 자폐 범주성 장애(ASD), 아스퍼거 증후군, 기타 장애
- 대상 능력 수준: 중도 인지장애부터 평균 이상의 지적 기능

중재 내용

감각통합(SI)이란 감각 자극을 내적으로 정리하는 개인의 능력을 의미한다. 감각통합 이론은 신경 체계가 들어오는 정보를 충분하게 수용하고 처리하지 못하게 만드는 신경상의 기능 이상의 문제를 경험하는 아동들이 있다는 가정에서 출발한다(Ayers, 1979). 자폐 범주성 장애를 지닌 아동들은 특히 감각통합 기능의 이상을 일으킬 가능성을 지닌 것으로 여겨지고 있다. 이러한 아동들의 경우는 감각 영역이 두뇌의 정보처리 영역(시상 및 뇌간)으로부터 적절한 정보를 수용하는데 어려움을 지니게 되며, 그 결과 행동과 반응이 손상을 받게 된다. 감각통합 기능 장애를 지닌 사람들은 환경에 반응하지 않거나, 지나치게 예민하게 반응하거나, 또는 더 많은 감각 자극을 원하기도 한다. Ayers(1979)에 의하면, 감각통합 기능 장애로 나타나는 증상들은 자극에 대한 과민성이나 과소한 반응, 비정상적으로 높거나 낮은 활동 수준, 협응 문제, 말이

나 언어 및 운동 기능에 있어서의 발달지체, 행동 문제, 빈약한 자아 개념 등을 포함한다.

감각통합 기능 장애를 지닌 학생들은 감각 자극에 대하여 과민하거나 과소한 반응을 보인다. 과민한 반응을 보이는 사람들은 두뇌의 감각 영역에서 너무 많은 정보를 수용하는 것이다. 그러므로 이들은 정보가 과부하됨으로써 다음과 같은 두 가지 행동 특성을 보이게 된다: (1) 두뇌가 정보를 제대로 이해하지 못함으로써 운동 반응을 보이지 않음, 또는 (2) 두뇌가 감각을 혐오스럽다고 생각함으로써 반응을 회피함. 그 결과 무기력함이나 과잉행동 및 부주의함을 초래하는 정서적 상태가 나타나게 된다.

감각통합을 지지하는 사람들은 이 방법의 사용과 관련된 장점과 단점 모두를 보고하고 있다(Cook & Dunn, 1998). 한 가지 장점은 이 방법이 매우 개별화된 프로그램이기 때문에 활동들이 모두 개별 아동의 독특한 발달적 욕구를 충족시키기 위하여 고안되며, 치료사들은 아동의 동기를 유발할 수 있는 것들을 사용한다는 것이다. 또한 치료는 놀이와 유사하다. 한 가지 단점은 이 방법을 실행하기 위해서는 신경 및 심리학적 체계가 어떻게 작용하며 서로 협응하는지에 대한 이해와 광범위한 훈련이 필요하다는 것이다. 또 다른 단점은 이 방법을 지지할만한 실증적인 자료가 부족하다는 사실이다.

일곱 개의 감각 체계(다음의 표 참고) 중 감각통합 치료의 주요 대상이 되는 영역은 다음과 같다: (1) 고유체위감각(proprioceptive)(근육과 관절), (2) 전정 기관(vestibular)(중력 및 움직임), (3) 촉각(tactile)(접촉)(Ayers, 1979). 이상의 세 영역은 가장 큰 감각 체계이면서 다른 감각 체계들과 가장 잘 연결되고 가장 많이 사용되기 때문에 모든 다른 능력의 중심이 되는 것으로 알려져 있다. 이러한 감각적 욕구를 다루기 위하여 스쿠터 보드 타기, 그네 이용하기, 트램폴린에서 뛰기, 천으로 싸기 등의 활동들이 고안되었다. 치료는 아동들이 자신의 욕구를 충족시키기 위하여 감각 자극을 필요로 한다는 이론에 따라 아동 주도의 놀이로 진행되기도 한다.

보고된 혜택 및 효과

감각통합의 사용을 지지하는 사람들은 정신적 처리과정(mental processing)과 감각을 관리하는데 있어서의 향상을 통하여 적응 반응과 만족도를 증진시킬 수 있다고 강조한다(Myles et al., 2000). 그러나 감각통합의 문제는 특별히 두뇌의 특정 부위와 관련되는 것이 아니기 때문에 향상된 신경학적 기능을 측정할 수 있는 객관적인 방법이 없다. 뿐만 아니라, 이 방법의 효율성과 관련된 과학적으로 타당한 연구들이 부족한 실정이다.

자폐 범주성 장애 아동에 대한 활용 결과

감각통합은 모든 연령의 사람들에게 혜택을 준다. 그러나 신경학적 형태의 변화는 7세 이전의 아동들과 최근에 뇌손상(외상성 뇌손상, 뇌졸중)으로부터 회복하고 있는

감각 체계	위치	기능
촉각 (접촉 touch)	몸 전체에 세포가 분포된 피부 밀도는 다양하며, 가장 밀도가 높은 곳은 입, 손, 성기이다.	환경 및 사물의 질에 대한 정보를 제공한다(만지기, 누르기, 질감, 단단함, 부드러움, 날카로움, 둔함, 뜨거움, 차가움, 고통).
전정 기관 (균형 balance)	내이에 위치한다. 머리의 움직임에 의하여 자극되며 다른 감각들, 특히 시각으로부터 수용된다.	공간에서 신체가 어디 있는지와 주변이 움직이고 있는지에 대한 정보를 제공한다. 움직임의 속도와 방향에 대해서도 알려준다.
고유체위감각 (신체 인식 body awareness)	근육과 관절에 위치한다. 근육의 수축과 움직임에 의하여 활성화된다.	특정 신체의 위치와 그 부분이 어떻게 움직이고 있는지에 대한 정보를 제공한다.
시각 (보기 sight)	눈의 망막에 위치한다. 빛에 의하여 활성화된다.	사물과 사람에 대한 정보를 제공한다. 시간과 공간을 통하여 움직일 때 경계를 알도록 도와준다.
청각 (듣기 hearing)	내이에 위치한다. 공기/소리 파장에 의하여 활성화된다.	환경음에 대한 정보를 제공한다(크다, 조용하다, 높다, 낮다, 가깝다, 멀다).
미각 (맛 taste)	혀의 화학물질 수용기관에 위치한다. 후각(냄새) 체계와 밀접하게 얽혀있다.	서로 다른 종류의 맛에 대한 정보를 제공한다(달다, 시다, 쓰다, 짜다, 맵다).
후각 (냄새 smell)	비강 기관의 화학물질 수용기관에 위치한다. 미각 체계와 밀접하게 연관되어 있다.	서로 다른 종류의 냄새에 대한 정보를 제공한다(곰팡이 냄새, 얼얼한 냄새, 썩은 냄새, 꽃향기, 자극적인 냄새).

출처: Myles, Cook, Miller, Rinner, & Robbins(2000). 자폐 및 아스퍼거 출판사(Autism Asperger Publishing Company)의 허락을 받아 수정함.

저자	N	장소	연령/성별	진단	결과	비고
Case-Smith & Bryan (1999)	5	알려지지 않음	5세/남 4, 4세/여 1	자폐	대상자 중 4명은 비참여 놀이의 감소를 보이고 3명은 놀이 습득의 증가를 보임.	학생들에게 감각통합 전략들(전정 움직임 및 촉각과 고유체위감각 자극)이 제공됨.
Watling, Deitz, Kanny, & McLaughlin (1999)	72	1:1 치료	2~12세	자폐	작업치료사의 95~97%가 자폐를 지닌 학생들에게 감각통합을 사용함.	작업치료사를 대상으로 자폐를 지닌 학생들에게 사용하는 중재에 대하여 조사한 연구. 95~97%가 감각통합을 사용하는 것으로 보고함.
Edelson, Edelson, Kerr, & Grandin (1999)	12	알려지지 않음	4~13세/ 남 9, 여 3	자폐 및 발달 지체	중재(안아주는 기계)(hug machine)는 긴장, 불안, 발작적 피부 반응의 감소를 가져옴.	안아주는 기계(hug machine)(몸 전체를 둘러싸서 꼭 안아주도록 고안된 기계)가 고유체위감각 자극을 제공하기 위한 중재로 사용되었음.
Baranek, Foster, & Berkson (1996)	28	알려지지 않음	7~14세/ 남 25, 여 3	자폐 및 발달 지체	촉각 방어를 보이는 아동들은 융통성 없는 행동과 반향어와 시각적 상동행동을 더 많이 보이는 것으로 나타났으며, 관련 정보에 주의집중 하는데 어려움을 보이는 것으로 보고함.	
Zisserman (1992)	1	알려지지 않음	8세/ 여	자폐 및 중도 발달 지체	사용된 중재는 대상자에게 무게가 있는 옷을 입게 하였을 때 자기-자극 행동을 11.8%까지 감소시킴.	추후 연구 없이 결과를 다른 사람들에게 일반화하기에는 연구에 참여한 대상자가 너무 적음.
McClure & Holtz-Yotz (1990)	1	알려지지 않음	13세/ 남	자폐 및 정신 지체	고도의 압력을 가하는 부목의 착용이 자해행동과 자기-자극 행동을 감소시키고 친사회적 행동을 증가시킴.	추후 연구 없이 결과를 다른 사람들에게 일반화하기에는 연구에 참여한 대상자가 너무 적음.
Ray, King, & Grandin (1988)	1	알려지지 않음	9세/ 남	자폐, 통합 운동 장애, 구음장애, 저근육 긴장도	중재(전정 기관 자극)를 통하여 발성이 증가함.	추후 연구 없이 결과를 다른 사람들에게 일반화하기에는 연구에 참여한 대상자가 너무 적음.

사람들에게서 가장 크게 나타나는 것으로 알려져 있다(McClure & Holtz-Yotz, 1990). 자폐 범주성 장애, 정신분열증, 신경학적 장애, 외상후 스트레스 장애, 뇌성마비, 기분장애 및 학습장애를 지닌 사람들이 감각통합으로부터 혜택을 받을 수 있는 것으로 여겨지고 있다. 감각통합 기능 장애를 일으킬 위험을 지니고 있으며 감각통합으로부터 혜택을 받을 수 있는 것으로 여겨지는 그 외의 사람들은 편측부전마비(hemiparesis), 절단(amputations), 또는 시각 손상을 지녔거나 전형적인 감각 경험에 완전히 참여하지 못하는 사람들이다.

중재 실행 자격 및 조건

감각통합의 적절한 실행은 신경학적 심리학적 체계가 어떻게 작동하는지에 대한 지식과 광범위한 훈련을 필요로 한다. 또한 감각통합의 어떤 형태도 실행하기 전에 아동을 평가할 수 있는 감각 기능 장애 영역에 대한 지식을 갖춘 훈련된 작업치료사가 필요하다(다음의 표 참고). 부모와 교사들은 감각 식이요법(sensory diet)을 실행할 수 있다. 그러나 이런 경우에는 감각통합의 경험이 있는 작업치료사의 긴밀한 협조가 있어야 한다.

감각통합 치료는 가정 · 학교 · 지역사회를 포함한 어떤 환경에서도 실행될 수 있다. 또한 작업치료사가 처방한 감각 전략들 중에는 다른 사람의 도움 없이 아동이 스스로 적용할 수도 있는 것들도 있다.

중재의 잠재적 위험

자격이 없고 적절하게 훈련받지 못한 사람들에 의하여 실행되는 감각통합은 위험을 초래할 수 있다(Hamilton, 1995). 감각통합의 목표가 되는 세 가지 감각 체계(고유체위감각, 전정 기관, 촉각)는 자율 신경 체계(호흡, 소화, 심장 박동 등을 책임지는 체계)와 밀접하게 연결되어 있기 때문에 비정기적인 감각 자극이 부작용(예: 구토, 초조함, 비정상적인 심장 박동)을 일으킬 수도 있다. 또한 경련장애를 지닌 사람들에게는 감각통합의 사용과 관련해서 주의 깊은 관리가 이루어져야 한다.

중재 비용

감각통합 전략들은 작업치료사들에 의하여 가장 많이 제공되고 있다. 교육적 장애를 지닌 것으로 진단된 학령기 학생들에게는 팀에 의하여 이러한 서비스가 필요하다고 결정되는 경우에 개별화 교육 프로그램(IEP)의 한 부분으로 제공되기도 한다. 사적인 감각 치료 서비스를 받기 위해서는 일반적으로 시간 당 50달러 이상의 비용이 든다.

자폐 범주성 장애 아동에 대한 효율성 평가 방법

현재까지는 감각통합 치료의 긍정적인 효과와 관련된 최소한의 연구들이 보고되고 있다. 그러므로 이 방법을 사용하는 사람들은 이러한 중재가 자폐 범주성 장애를 지닌 아동들에게 미치는 영향에 대한 자료를 수집하는 것이 매우 중요하다. 중재의 효과를 확인하기 위해서는 중재를 시작하기 전과 진행하는 중에, 또한 종료한 후에도 자료를 수집해야 한다. 예를 들어서, 교사나 부모가 고도의 근육 마사지와 관절 압박 (joint compression)의 결과로 아동의 자리에 앉아 있는 시간이 증가할 것이라고 가정한다면, 중재를 실행하는 몇 주간의 기간과 시작하기 전 한 주간 및 종료 후 한 주간 동안 매일 읽기 시간에 자리에서 일어나는 빈도를 측정할 수 있다. 또한 다음과 같은 유형의 자료들이 수집될 수도 있다: 과제 수행 시간, 자기-자극 행동(예: 손 흔들기, 근육 긴장시키기), 긴장의 빈도 및 지속시간, 신체적 접촉의 회피, 발성. 다음의 표는 감각 기능 장애를 평가하기 위하여 자폐 범주성 장애를 지닌 아동들에게 사용할 수 있는 도구들을 보여주고 있다.

결론

감각통합 치료는 자폐 범주성 장애를 지닌 아동들이 보일 수도 있는 최소한의 특정 성격이나 문제 행동을 이해하게 해주는 한 가지 방법을 제공해 준다. 감각통합 이론은 특정 행동이 왜 발생하는지에 대한 설명을 제시해 줄 뿐만 아니라 아동의 일상생활의 모든 측면에서 실행될 수 있는 중재 방법을 제공해준다. 또한 감각통합 전략들은 아동들에게 교수됨으로써 이들이 자신의 감각적 필요를 독립적으로 충족시키기 위한 좀 더 적절한 방법을 학습하도록 해준다.

제목	저자/연도	대상 연령	실행자	체점자
감각통합 프로파일 (개정판) (Sensory Integration Profile-Revised)	Reisman & Hanschu, 1992	아동기~성인기	부모와 교사를 포함하여 아동과 친숙한 사람	작업치료사, 물리치료사, 감각통합의 훈련을 받은 사람
작업 치료 점검표 (Checklist of Occupational Therapy)	작업치료협회 (Occupational Therapy Associates), 1997a, 1997b, 1997c, 1997d	신생아~성인 (4개의 척도로 구성됨)	교사, 작업치료사, 물리치료사, 언어치료사	작업치료사, 물리치료사, 감각통합의 훈련을 받은 사람
감각통합을 통한 연결 (Building Bridges Through Sensory Integration)	Yack, Sutton, & Aquilla, 1998	명시되지 않음	부모와 교사를 포함하여 아동과 친숙한 사람	작업치료사, 물리치료사, 감각통합의 훈련을 받은 사람
감각 처리 장애 지표 (Indicators of Sensory Processing Difficulties)	Abrash, n. d.	명시되지 않음	교사, 작업치료사, 물리치료사, 언어치료사	작업치료사, 물리치료사, 감각통합의 훈련을 받은 사람
학급 관찰을 위한 질문지 (Questions to Guide Classroom Observations)	Kientz & Miller, 1999	명시되지 않음	교사, 작업치료사, 물리치료사, 언어치료사	작업치료사, 물리치료사, 감각통합의 훈련을 받은 사람
동기 진단 척도 (Motivation Assessment Guide)	Durand & Crimmins, 1992	명시되지 않음	교사, 작업치료사, 물리치료사, 언어치료사	도구 사용에 대한 훈련을 받은 사람

출처: Myles et al.(2000). 자폐 및 아스퍼거 출판사(Autism Asperger Publishing Company)의 허락을 받아 수정하였음.

감각통합 전략들은 자폐 범주성 장애를 지닌 아동들에게 일상적인 일과로 실행될 수 있다. 이러한 전략들은 긍정적인 성과가 있는 것으로 나타나곤 한다. 그러나 감각통합 전략들은 그 과학적인 효과가 아직은 철저하게 조사되지 않았다는 사실을 명심해야 한다. 실제로 감각통합의 효과를 타당화 하기 위하여 자폐 범주성 장애를 지닌 아동들에게 효과가 있는지를 조사하는 연구를 포함한 더 많은 연구들이 필요하다.

평가 결과: 성과가 기대되는 실제(Promising Practice)

참고문헌 및 기타 참고자료

● 참고문헌

Abrash, A. (n.d.). Indicators of sensory processing difficulties. *Clinical Connection*, *9*(3), 7.

Ayers, A. J. (1979). *Sensory integration and the child*. Los Angeles: Western Psychological Services.

Baranek, G. T., Foster, L. G., & Berkson, G. (1996). Tactile defensiveness and stereotyped behaviors. *American Journal of Occupational Therapy, 51*(2), 91-95.

Case-Smith, J., & Bryan, T. (1999). The effects of occupational therapy with sensory integration emphasis on preschool-age children with autism. *American Journal of Occupational Therapy, 53*(5), 489-497.

Cook, D. G., & Dunn, W. (1998). Sensory integration for students with autism. In R. L. Simpson & B. S. Myles (Eds.), *Educating children and youth with autism: Strategies for effective practice*. Austin, TX: PRO-ED.

Durand, V. M., & Crimmins, D. (1992). *Motivation assessment scale*. Topeka, KS: Monaco.

Edelson, S. M., Edelson, M. G., Kerr, D. C., & Grandin, T. (1999). Behavioral and physiological effects of deep pressure on children with autism: A pilot study evaluating the efficacy of Grandin's Hug Machine. *American Journal of Occupational Therapy, 53*(2), 145-152.

Hamilton, J. (1995). *Sensory integration and the student with autism*. Workshop presented through Project Access and DESE, Columbia, MO.

Kientz, M., & Miller, H. (1999). Classroom evaluation of the child with autism. *AOTA School System Special Interest Section Newsletter, 6*(1), 1-4.

McClure, M. K., & Holtz-Yotz, M. (1990). The effects of sensory stimulatory treatment on an autistic child. *American Journal of Occupational Therapy, 45*(12), 1138-1142.

Myles, B. S., Cook, K. T., Miller, N. E., Rinner, L., & Robbins, L. A. (2000).

Asperger syndrome and sensory issues. Shawnee Mission, KS: Autism Asperger.

Occupational Therapy Associates. (1997a). *Adolescent/adult checklist of occupational therapy.* Watertown, MA: Author.

Occupational Therapy Associates. (1997b). *Early intervention checklist of occupational therapy for infants and toddlers: Ages 0－2.11 years.* Watertown, MA: Author.

Occupational Therapy Associates. (1997c). *Preschool checklist of occupational therapy: Ages 3-4.11 years.* Watertown, MA: Author.

Occupational Therapy Associates. (1997d). *School-age therapy checklist of occupational therapy: Ages 5-12 years.* Watertown, MA: Author.

Ray, T. C., King, L. J., & Grandin, T. (1988). The effectiveness of self-initiated vestibular stimulation in producing speech sounds in an autistic child. *Occupational Therapy Journal of Research, 8*(3), 186-190.

Reisman, J., & Hanschu, B. (1992). *Sensory integration-Revised for individuals with developmental disorders: User's guide.* Hugo, MN: PDP Press.

Watling, R., Deitz, J., Kanny, E. M., & McLaughlin, J. F. (1999). Current practice of occupational therapy for children with autism. *American Journal of Occupational Therapy, 53*(5), 498-505.

Yack, E., Sutton, S., & Aquilla, P. (1998). *Building bridges through sensory integration.* Weston, ONT: Authors.

Zisserman, L. (1992). The effects of deep pressure on self-stimulatory behaviors in a child with autism. *American Journal of Occupational therapy, 46*(6), 547-551.

● 기타 참고자료

Simpson, R. L., & Myles, B. S. (1998). *Educating children and youth with autism: Strategies for effective practice.* Austin, TX: PRO-ED.

청각통합훈련 AUDITORY INTEGRATION TRAINING(AIT)

연령/능력 수준

- 대상 연령: 유치원 연령부터 성인까지
- 대상 진단명 및 관련 특성: 경도에서 중도까지의 자폐 범주성 장애(ASD), 아스퍼거 증후군, 기타 장애
- 대상 능력 수준: 중도 인지장애부터 평균 이상의 지적 기능

중재 내용

청각통합훈련(AIT)은 소리 민감성과 청각 처리과정에 있어서의 결함을 보완함으로써 행동과 의사소통과 삶의 질을 향상시키기 위한 목적으로 실시되는 아직까지 논쟁의 여지가 있는 비교적 비용이 많이 드는 중재 방법이다. 이 중재는 1960년대에 청각 처리과정에 있어서의 어려움을 경험하고 있는 사람들을 도와주기 위한 목적으로 청각통합 훈련을 개발한 이비인후과 의사 Guy Berard가 살았던 프랑스에서 시작되었다(Edelson, 1995). 1990년대 초에 자폐연구소(Autism Research Institute)의 Bernard Rimland는 Berard의 협조로 AIT를 미국에 소개하였다. 그 후에 AIT는 Annabel Stehli(1991)가 자신의 딸이 AIT를 통하여 어떻게 극적으로 회복되었는지에 대하여 쓴 『기적의 소리: 자폐를 극복한 아동(The sound of Miracle: A child's Triumph over Autism)』이라는 책을 통하여 널리 알려지게 되었다.

AIT에는 세 가지 기본적인 형태가 있다: Tomatis 방법, Berard 방법, Clark 방법(Fabry et al., 1994). 이 책에서는 가장 보편적인 방법인 Berard 방법에 대하여 설명하고자 한다. Berard의 이론은 학습, 정서, 및 행동상의 문제들이 특정 주파수에서의 비정상적인 듣기 능력의 결과로 인하여 발생할 수도 있다고 가정한다(Zionts & Shellady, 2000). Berard는 이러한 극단적인 주파수의 수용 또는 청각적 최대치(auditory peaks)는 불편함과 고통을 일으키며 사람에 따라서는, 특히 자폐 범주성 장애를 지닌 사람들의 경우 인지 처리과정을 방해하기도 한다. AIT는 헤드폰을 통하여 전달되는 카세트테이프나 CD의 음악을 조절하는 30분짜리 집중적인 회기를 통하여

이러한 청각적 최대치를 정상화하는데 목적을 둔다. 특별히 고안된 전자 기기가 특수 제작된 필터를 통하여, 다음에는 헤드폰을 통하여 고주파와 저주파를 방출함으로써 음악을 무선적으로 변형시킨다. 이때 사용되는 필터는 치료 대상자의 청각적 최대치로 확인된 주파수를 완전히 또는 부분적으로 차단한다. 개인별 청각적 최대치는 AIT를 시작하기 전에 실시되는 청력검사에 의하여 확인된다.

AIT의 표준 절차는 10~20일간 진행되는 30분짜리 12회의 회기들로 구성된다. 많은 연구들이 하루에 오전 오후 2회씩 10일간 진행되는 치료에 대하여 보고해 왔다. 듣기 훈련을 시작하기 전에 청력도(audiogram)(청력 검사의 일종)를 통하여 청각적 최대치가 존재하는지를 진단한다(Edelson, 1995). 5시간의 듣기를 마친 후에 청각 최대치가 아직 남아있는지를 재검사하게 되며 새로운 최대치를 진단한다. 마지막 청력도는 듣기 시간이 끝난 후 모든 주파수가 균일하게 되거나 정상화되었을 때 실시한다(Edelson, 1995).

AIT는 말과 언어, 소리 민감성, 주의집중 시간, 눈 맞춤, 사회적 인식 등을 포함하는 다양한 사회적 행동 및 학습 행동과 관련된 향상을 가져오는 것으로 보고되고 있다(Fabry et al., 1994). 그러나 이러한 성과는 대부분이 임상적으로 타당한 실험 연구들을 통하여 입증되지 않았기 때문에 AIT에 대해서는 아직까지 많은 상반된 논쟁이 이루어지고 있다.

AIT와 관련된 많은 이론들이 제시되고 있음에도 불구하고 현재까지는 AIT가 어떻게 또는 왜 개인의 행동에 영향을 미칠 수 있는지에 대한 결론적인 증거가 존재하지 않는다(Edelson, 1995). AIT의 사용을 지지하는 사람들은 AIT를 통하여 심각하고 불편한 소리의 방해를 제거할 수 있으며, 이를 통하여 자폐를 지닌 아동의 집중력을 향상시킴으로써 학습과 행동을 강화할 수 있다고 주장한다(Zionts & Shellady, 2000). Edelson(1995)은 다음과 같은 세 가지 가설을 제시하였다: (1) AIT는 아동이 자신의 관심을 "이동(shift)"하거나 조절하도록 훈련시킴으로써 소리 및 움직임과 관련된 새로운 이해와 향상된 주의집중을 가져온다, (2) AIT는 아동에게 "소리 조절(tune in)"을 훈련시킴으로써 자폐장애와 관련된 "잘못된(tuned out)" 행동을 교정하게 한다, (3) AIT는 말소리와 말소리가 아닌 소리를 수용하는 능력을 향상시킴으로써 "소리—

행동/사물/행위/사건 관계"를 학습하는 능력을 향상시킨다. AIT는 자폐 범주성 장애를 지닌 아동들에게 폭넓게 사용되고 있는 것으로 알려져 있으나 다양한 학습 및 행동장애와 주의집중 장애를 지닌 아동들에게도 그 사용이 권장되고 있다(Fabry et al., 1994)

보고된 혜택 및 효과

AIT가 다양한 청각, 학습 및 발달장애를 지닌 아동들에게 미치는 영향을 조사하는 몇몇 연구들이 수행되었다. 그러나 AIT가 실제로 행동과 기능의 변화를 일으켰는지에 대한 과학적인 증거를 확실하게 제시해 주는 연구는 거의 없는 실정이다.

자폐 범주성 장애 아동에 대한 활용 결과

소리 민감성을 포함하는 청각 체계의 장애는 자폐 범주성 장애와 관련되는 보편적인 문제이다(Rimland & Edelson, 1994). 또한 학습 및 행동 문제도 이러한 청각 문제의 결과로 나타나는 것으로 여겨지고 있다. 이러한 이유로 청각 통합 훈련은 자폐 범주성 장애를 지닌 아동들의 학습과 행동을 향상시킬 수 있는 성과가 기대되는 실제인 것으로 알려져 왔다. 그러나 현재까지 AIT가 실제로 이러한 치료를 받은 자폐 범주성 장애를 지닌 아동들의 청각 체계를 재훈련한다는 것을 증명할 수 있는 과학적 자료가 없는 실정이다(Zionts & Shellady, 2000).

중재 실행 자격 및 조건

기술적인 측면과 관련해서 AIT는 전적으로 훈련된 전문가에 의하여 실시되어야 한다. AIT의 Berard 방법의 실행에 관심 있는 사람들을 위한 훈련은 미국의 승인된 전문가들에 의해서만 실시되고 있다. 이 훈련은 4일에 걸쳐서 이루어지는 과정으로 AIT 대상자의 선정, AIT 이론, 치료 절차, 청력 진단 등을 강조한다(Fabry et al., 1994).

현재 AIT 방법은 미국 전역과 기타 많은 다른 나라에서도 실시되고 있다. 미국 내 AIT 전문가들의 목록은 자폐연구소(Autism Research Institute)와 청각통합협회(Society for Auditory Integration)를 통하여 얻을 수 있다.

저자	N	장소	연령/성별	진단	결과	비고
Rimland & Edelson (1994)	445	자폐 연구소 (Center for the Study of Autism)	4~41세 (평균 10.73세)/ 남 359, 여 86	1차 및 2차 자폐 진단	듣기/소리 민감성 및 행동과 관련된 긍정적인 결과를 보임.	AIT가 듣기/소리 민감성 및 행동에 미치는 영향을 조사함. 1991년에 행해진 선행연구를 기초로 수행된 대규모 연구로 1991년에서 1993년까지 실시됨.
Rimland & Edelson (1995)	17	대학 실험실	4~21세/ 남 11, 여 6	1차 자폐 진단	적응행동 기능과 관련된 긍정적인 결과를 보임. 소리 민감성의 변화는 없음.	AIT가 적응행동과 소리 민감성에 미치는 영향을 조사함. 선행연구가 1991년에 실시되었음.
Bettison (1996)	80	자폐 아동을 위한 학교의 조용한 주차장에 주차한 자동차 내부의 조용한 듣기 공간	3:9~17:1세/ 남 66, 여 14	자폐 또는 아스퍼거 증후군	행동, 자폐 증상, 및 비전형적인 감각 반응과 관련된 몇 가지 향상을 보임.	AIT의 광범위한 성과를 조사함.
Gillberg, Johansson, Steffenburg, & Berlin (1997)	9	알려지지 않음	3~16세/ 남 8 여 1	자폐성 장애	자폐의 전반적인 증상에 대한 유의한 변화는 보이지 않음. 감각 증상의 유의하지 않은 변화를 보임.	AIT가 자폐의 증상(특히 감각적 증상)에 미치는 영향을 조사함.
Link (1997)	3	가정	6, 7, 15세/ 모두 남자	자폐	행동 또는 소리 민감성과 관련해서 변화가 없거나 거의 변하지 않음.	AIT가 행동과 소리 민감성에 미치는 영향을 조사함.
Zollweg, Palm, & Vance (1997)	30	소리-치료실(청력도 자료수집), 시설(Chileda Habilitation Institute)(행동 자료수집)	7~24세/ 남 22, 여 8	중복장애 (인지 장애 21, 자폐 9)	듣기 또는 행동의 유의한 변화를 보이지 않음.	AIT가 소리 민감성, 소리의 크기에 대한 인내심, 행동에 미치는 영향을 조사함.
Brown (1999)	2	알려지지 않음	5세(남), 3.5세(여), 오누이	자폐	주의집중, 각성 및 감각 조절, 균형 및 움직임 지각, 말/언어, 배열, 눈 맞춤과 관련된 향상을 보임.	AIT가 행동, 의사소통, 감각 반응, 및 기타 자폐와 관련된 9개의 특정 영역에 미치는 영향을 조사함.

〈계속〉

저자	N	장소	연령/성별	진단	결과	비고
Edelson, Arin, Bauman, Lukas, Rudy, Sholar et al. (1999)	19	알려지지 않음	4~39세 (평균 11.58세)/ 남 17, 여 2	자폐	유의한 긍정적 행동 변화와 전자 두뇌 활동의 향상을 보임. 청각 체계에 대한 효과와 관련된 결과는 없음.	좁은 필터를 사용하지 않은 AIT의 효과와 행동, 전자 두뇌 활동, 청각 체계에 대한 중재 효과를 조사함.
Mudford, Cross, Breen, Cullen, Reeves, Gould et al. (2000)	16	Keele 대학의 4m×4m 사무실	5~14세 (평균 9.42세)/원래의 대상자 21명 중 남 17, 여 4	자폐	치료로부터 아무런 혜택도 받지 못함. Rimland와 Edelson (1994, 1995) 연구의 긍정적인 결과가 반복되지 않음.	Rimland와 Edelson (1994, 1995) 연구의 복사 및 확장을 시도함. 원래의 21명의 대상자 중 5명은 연구를 완료하지 못하였음.

중재의 잠재적 위험

AIT는 개별 대상자의 청각 체계에 해가 될 수도 있는 음파(decibels)의 소리를 만들어 내는 도구를 사용한다. 따라서 이 중재 방법은 훈련된 AIT 전문가의 지시에 의해서만 이루어져야 한다. 특히 AIT 실행자들은 치료 시 AIT 대상자가 위험한 수준의 소리에 노출될 어떤 가능성도 배제하도록 주의해야 한다. AIT 방법은 또한 비현실적인 기대와 성과를 기대하는 사람들에게 잠재적인 위험 요소가 될 수도 있다는 사실이 논쟁의 여지가 되고 있다.

중재 비용

AIT는 자폐 범주성 장애의 치료 방법 중 매우 비용이 많이 드는 방법의 하나이다. 전형적인 치료 절차를 위해서 드는 비용은 약 1,000달러에서 2,000달러 정도이다. 이 외에도 훈련 장소까지 가는 교통비와 치료를 받는 동안 드는 체제비가 별도로 들 수 있다. 전문가들에 따라서는 많은 아동들이 약 10회기의 AIT 치료를 받으면 치료적 효과를 보일 수 있다고 기대하기도 한다. 이러한 주장을 따른다면 AIT는 비교적 시간이 적게 든다는 효율성을 지닐 수도 있다.

자폐 범주성 장애 아동에 대한 효율성 평가 방법

AIT는 자폐 범주성 장애를 지닌 아동들의 학습과 행동 문제를 일으키는 소리 민감성과 청각 처리과정의 결함을 교정하기 위한 목적을 지닌다. 그러므로 중재의 효율성과 관련된 진단은 목표행동의 평가를 포함해야 한다. 따라서 직접적인 행동 관찰과 행동 점검표는 이 중재 방법의 효율성을 평가하기 위한 적절한 방법으로 여겨진다.

결론

AIT는 개인의 청각 체계를 재훈련하거나 교정하기 위하여 고안된 생물학적 기반의 치료이다. 부모와 전문가들은 AIT에 대하여 광범위한 관심을 보여 왔으며, AIT가 자폐 범주성 장애를 지닌 아동들의 행동을 긍정적으로 변화시켰다는 수많은 보고들이 제시되어 왔다. 그러나 이 방법은 현재까지 실증적인 연구 결과를 통하여 타당화 되지 못하고 있다.

평가 결과: 지원 정보가 부족한 실제(Limited Supporting Information for Practice)

참고문헌 및 기타 참고자료

● 참고문헌

Bettison, S. (1996). The long-term effects of auditory training on children with autism. *Journal of Autism and Developmental Disorders, 26*(3), 361-374.

Brown, M. M. (1999). Auditory integration training and autism: Two case studies. *British Journal of Occupational Therapy, 62*(1), 13-18.

Edelson, S. M. (1995). *Auditory integration training: Additional information.* Center for the Study of Autism. Retrieved January 26, 2004, from www.autism.org/ait2.html

Edelson, S. M., Arin, D., Bauman, M., Lukas, S. E., Rudy, J. H., Sholar, M., et al. (1999). Auditory integration training: A double-blind study of behavioral and electrophysiological effects in people with autism. *Focus on Autism and Other Developmental Disabilities, 14*(2), 73-81.

Fabry, D., Tharpe, A. M., Cherow, E., Conway-Del Polito, C., Madell, J. R., Veale, T. K. et al. (1994). Auditory integration training. *American Speech-Language-Hearing Association (ASHA) Supplement, 36*(11), 55-58.

Gillberg, C., Johansson, M., Steffenburg, S., & Berlin, O. (1997). Auditory integration training in children with autism: Brief report of an open pilot study. *Autism: The International Journal of Research and Practice, 1*(1), 97-100.

Link, H. M. (1997). Auditory integration training (AIT): Sound therapy? Case studies of three boys with autism who received AIT. *British Journal of Learning Disabilities, 25,* 106-110.

Mudford, O. C., Cross, B. A., Breen, S., Cullen, C., Reeves, D., Gould, J., et al. (2000). Auditory integration training for children with autism: No behavioral benefits detected. *American Journal on Mental Retardation, 105*(2), 118-129.

Rimland, B., & Edelson, S. M. (1994). The effects of auditory integration training on autism. *American Journal of Speech-Language Pathology, 3,* 16-24.

Rimland, B., & Edelson, S. M. (1995). Brief report: A pilot study of auditory integration training in autism. *Journal of Autism and Developmental Disorders, 25*(1), 61-70.

Stehli, A. (1991). *The sound of a miracle: A child's triumph over autism.* New York: Doubleday.

Zionts, L., & Shellady, S. (2000). Language interventions for individuals with autism. In R. L. Simpson & P. Zionts (Eds.), *Autism: Information and resources for professionals and parents* (2nd ed., pp. 123-135). Austin, TX: PRO-ED.

Zollweg, W., Palm, D., & Vance, V. (1997). The efficacy of auditory integration training: A double blind study. *American Journal of Audiology, 6*(3), 39-47.

● 기타 참고자료

Autism ADD Resources, Inc. (n.d.). *What is auditory training?* Retrieved January 26, 2004, from www.aitresources.com/whatsait.htm

Autism Research Institute (information on Auditory Integration Training): www.autism.com/ari/

Berard, G. (Trans.). (1993). *Hearing equals behavior.* New Canaan, CT: Keats. (Original work published 1982)

Center for the Study of Autism (basic information about AIT): www.autism.org/ait.html

Edelson, S. M. (1995). *Basic information about auditory integration training (AIT).* Center for the Study of Autism. Retrieved January 26, 2004, from www.autism.org/ait.html

Society for Auditory Intervention Techniques (SAIT): www.up-to-date.com/saitwebsite/table.html

대용량비타민치료 MEGAVITAMIN THERAPY

연령/능력 수준

- 대상 연령: 모든 연령
- 대상 진단명 및 관련 특성: 경도에서 중도까지의 자폐 범주성 장애(ASD), 아스퍼거 증후군, 기타 장애
- 대상 능력 수준: 모든 수준

중재 내용

비타민치료 또는 정분자(正分子) 정신의학(orthomolecular psychiatry)은 생화학적인 오류와 관련된 장애가 존재한다는 가설을 전제로 한다(Pauling, 1968). 따라서 다양한 비타민과 무기질의 영양적인 결핍은 지각, 정보 처리, 감각통합에 부정적인 영향을 미칠 수도 있는 신진대사 이상을 초래하는 것으로 여겨진다(Rimland & Larson,

1981). 이러한 영양상의 결핍은 부적절한 식사나 장(腸) 질환에 의한 흡수 문제로 인하여 정상적인 양보다 더 많은 특정 비타민과 무기질을 요구하게 되는 생리학적 욕구의 결과로 나타난다.

자폐 범주성 장애 아동에 대한 활용 결과

자폐 범주성 장애를 지닌 사람들 중에 영양 흡수를 감소시킬 수도 있는 장(腸) 질환을 지닌 사람들이 있다는 사실은 잘 알려져 있다(Anthony et al., 2000; Drachenber, Horvath, Papadimitriou, Rabsztyn, & Tildon, 1999). 또한 자폐 범주성 장애를 지닌 아동들은 전형적인 자폐 증상인 제한된 관심 및 행동과 함께 음식의 종류를 제한함으로써 스스로 식사를 제한하여 한 가지 이상의 필수 영양소의 결핍을 보이는 매우 보편적인 현상을 보이곤 한다(Adams & McGinnis, 2001).

자폐 범주성 장애를 지닌 사람들이 영양상의 결핍을 보일 수도 있으며 이들의 증상들은 대용량비타민치료, 특히 비타민 B6와 마그네슘의 복합 처방에 의하여 향상될 수도 있다는 가설은 몇몇 연구에 의하여 지지되고는 있으나 아직까지 논쟁의 대상이 되고 있다. 미국 샌디에고에 있는 아동행동연구소(Institute for Child Behavior Research)에서는 자폐 범주성 장애로 진단된 아동들에게 처방된 다양한 대용량비타민치료의 효과에 대하여 1967년 이후의 부모 보고 자료들을 수집하여 왔다. 연구소 소장인 Rimland(1988)는 질문지에 응답한 부모들의 43%가 비타민 B6와 마그네슘의 복합치료가 향상을 가져왔다고 보고한 것으로 설명하였다. 반대로 응답자의 5%는 아동의 상태를 더 악화시킨 것으로 보고하였다. Rimland, Callaway, Dreyfus에 의하여 1978년에 실시된 초기 연구에 의하면 자폐를 지닌 16명의 아동들에게서 비타민 B6의 처방이 행동에 긍정적인 영향을 미친 것으로 나타났다. 그러나 이 연구는 표집 오류, 신뢰할 수 없는 행동 평가, 진단 기준을 제시하지 못함, 대상자에게 주어진 기타 약물 치료에 대한 정보를 제공하지 못함, 간섭 변인(confounding variables)의 통제 등을 포함한 방법론적인 결함으로 인하여 비판을 받아 왔다(Pfeiffer, Norton, Nelson, & Shott, 1995).

Pfeiffer 등(1995)은 자폐 범주성 장애를 지닌 아동들에게 사용된 비타민 B6와 마그네슘의 복합 처방 중재에 대한 연구들을 검토하고 요약하였다. 12개 연구에 대한 이들의 검토에 의하면 연구들은 방법론적인 약점을 지니고 있는 것이 사실이지만 결과적으로는 "B6-Mg 치료는 자폐의 치료에 성과를 기대할 수 있는 한 부분이 될 수 있으며" "B6-Mg은 몇몇 신경 전달 체계와 관련된 작용에 영향을 미칠 수도 있다"고 결론지었다. 그러나 Rimland(in Shaw, 2002)는 아동들에게 한 달 동안 단순히 비타민 B6와 마그네슘 보조제를 복용하게 하고 향상이 있는지를 지켜보라고 권하고 있다.

Dolske, Lancashire, McKay, Spollen과 Tolbert(1993)는 비타민 C 보조제와 관련된 연구에서 자폐 범주성 장애를 지닌 18명의 대상자들이 다양한 성과 측정에서 유의한 향상을 보인 것으로 보고하였다. Megson(2000)은 자폐 범주성 장애를 지닌 아동의 눈 맞춤과 기타 행동들이 비타민 A가 충분히 들어 있는 대구 간유의 처방 이후에 향상되었다는 두 개의 사례 연구를 보고하였다. 그러나 이와 같이 대용량비타민 보조제가 자폐 범주성 장애를 지닌 아동들에게 효과적일 수도 있다는 사실을 뒷받침해주는 연구 결과들이 제시되고 있음에도 불구하고 이 치료 방법은 아직까지 그 과학적인 입증 자료가 부족하다고 할 수 있다.

중재 실행 자격 및 조건

아동에게 약물을 복용시킬 때에는 어떤 종류의 약물도 복용 전에 의사의 지시를 필요로 하지만 의학적 보조제는 이러한 의사의 지시를 필요로 하지 않는다. 실제로 모든 비타민 보조제는 시장에서 쉽게 구입할 수 있다.

중재의 잠재적 위험

비타민 B6와 마그네슘을 대량으로 복용하는 것에 대한 안전성에 대하여 많은 논의가 이루어지고 있으며, 자폐 범주성 장애의 치료를 위하여 이러한 대용량비타민을 사용하는 것에 대해서 동의하는 의사들은 거의 없다. 의학적 전문가들은 비타민 B6가 기능하는 정확한 기제들이 알려져 있지 않을 뿐만 아니라 이러한 치료의 장기적인 효과가 비타민을 사용하기 전에 좀 더 잘 알려져야 한다는 사실에 동의한다. 또한 비타민 A와 C의 경우도 이들의 사용을 지지해주는 최소한의 과학적인 입증 자료만이 제시되고 있다. 비타민과 같이 누구나 쉽게 구입할 수 있는 치료제의 복용양이나 방법을 조절해 줄 수 있는 FDA 규정이나 의학적인 지침 및 연구 등은 없는 실정이다. 많은 회사들이 자폐 범주성 장애를 지닌 아동들을 위한 대용량비타민을 생산하여 판매하고 있다.

많은 전문가들은 또한 가족들에게 잘못된 희망을 갖게 하는 것은 해로울 수 있기 때문에 대용량비타민치료가 다른 의학적인 치료보다 덜 효과적인 것으로 여긴다 (Morgan, 1986). 대용량비타민 보조제의 장기적인 효과에 대해서는 거의 알려지지 않고 있다.

중재 비용

대용량비타민치료에 드는 비용은 비타민 보조제를 구입하는데 드는 비용이며, 의사의 소견이나 지침을 구하기 위한 비용이 들기도 한다.

결론

대용량비타민치료가 자폐 범주성 장애를 지닌 아동들의 치료에 실제로 역할을 하는지는 분명하지 않다. 첫째, 목표한 성취와 관련된 대용량비타민치료의 작용은 과학적으로 확실하지 않다. 둘째, 대부분의 비타민이 안전하다고 여겨지고 있지만 특정 비타민의 경우 많은 양을 복용했을 때 다른 약물이나 의학적인 상태에 반응을 일으킬 수도 있는 것이 사실이다. 그러나 대용량비타민치료가 자폐 범주성 장애를 지닌 아동들에게 기여할 가능성이 있는 것은 분명하다.

평가 결과: 지원 정보가 부족한 실제(Limited Supporting Information for Practice)

참고문헌 및 기타 참고자료

● 참고문헌

Adams, J., & McGinnis, W. (2001). Vitamins, minerals & autism. *Advocate, 34*(4), 21-22.

Anthony, A., Berelowitz, M., Davies, S., Montgomery, S. M., March, S. H., O' Leary, J. J. et al. (2000). Enterocolitis in children with developmental disorders. *American Journal of Gastroenterology, 95*(9), 2285-2295.

Dolske, M. C., Lancashire, E., McKay, S., Spollen, J., & Tolbert, L. (1993). A preliminary trial of ascorbic acid as supplemental therapy for autism. *Progress in Neuro-Psychopharmacology Biological Psychiatry, 17*(5), 765-774.

Drachenber, C., Horvath, K., Papadimitriou, J. C., Rabsztyn, A., & Tildon, J. T. (1999). Gastrointestinal abnormalities in children with autistic disorder. *Journal of Pediatrics, 135*(5), 559-563.

Megson, M. N. (2000). Is autism a G-alpha protein defect reversible with natural vitamin A? *Medical Hypothesis, 54*(6), 979-983.

Morgan, S. (1986). Early childhood autism: Changing perspectives. *Journal of Child and Adolescent Psychiatry, 3,* 3-9.

Pauling, L. (1968). Orthomolecular psychiatry. *Science, 160,* 265-271.

Pfeiffer, S. I., Norton, J., Nelson, L., & Shott, S. (1995). Efficacy of vitamin B6 and magnesium in the treatment of autism: A methodology review and summary of outcomes. *Journal of Autism and Developmental Disorders, 25*(5), 481-493.

Rimland, B. (1988). Controversies in the treatment of autistic children: Vitamin and drug therapy. *Journal of Child Neurology, 3,* 68-72.

Rimland, B., Callaway, E., & Dreyfus, P. (1978). The effects of high doses of vitamin B6 on autistic children: A double-blind crossover study. *American Journal of Psychiatry, 35, 472-475.*

Rimland, B., & Larson, G. E. (1981). Nutritional and ecological approaches to the reduction of criminality, delinquency and violence. *Journal of Applied Nutrition, 33,* 117-137.

Shaw, W. (Ed.). (2002). *The biological treatments for autism and PDD*. Lenexa, KS: Great Plains Laboratory, Inc.

● 기타 참고자료

Rimland, B. (1987). *Vitamin B6 (and magnesium) in the treatment of autism*. Retrieved January 26, 2004, from www.autism.org/vitb6.html

Schaumburg, H., Kaplan, J., Windebank, A., Vick, N., Rasmus, S., Pleasure, D., & Brown, M. J. (1983). Sensory neuropathy from pyridoxine abuse. *New England Journal of Medicine, 309,* 445-448.

약물치료 PHARMACOLOGY

연령/능력 수준

- 대상 연령: 모든 연령
- 대상 진단명 및 관련 특성: 경도에서 중도까지의 자폐 범주성 장애(ASD), 아스 퍼거 증후군, 기타 장애
- 대상 능력 수준: 모든 수준

중재 내용

자폐 범주성 장애를 지닌 아동들이 보이는 문제가 되는 증상들을 위하여 약물을 사용하는 것은 보편적인 방법이면서도 부모와 전문가들 사이에 논쟁이 되고 있다(Tsai, 2000). 이러한 논쟁들 중에는 위장에서 분비되는 펩티드 호르몬인 시크리틴(secretin)과 같은 특정 물질의 사용에 대한 일관성 없는 결과도 포함된다. 이 책에서는 자폐 범주성 장애를 지닌 아동들에게 많이 처방되는 몇 가지 약물과 그 사용에 대하여 간단하게 알아보고자 한다. 이러한 정보는 부모, 교육자, 및 기타 비의료진에게 일반적인 정보를 알리기 위한 것이다. 모든 약물들을 다 소개할 수는 없으며, 가장 많이 처방되고 있는 몇 가지 약물로 제한하였다. 아동에게 약물을 사용하기 위한 결정은 부모와

의사들에 의하여 이루어지는 것이 사실이지만 자폐 범주성 장애를 지닌 아동들과 관련된 교사 및 기타 영역의 전문가들에게도 정신약리학적 약물에 대한 기본적인 지식은 매우 중요하다. 이러한 약물의 사용에 대한 이해는 치료 팀 구성원들이 행동 변화와 학습에 미치는 영향을 조절하기 위하여 노력할 때 도움이 될 수도 있다(Forness, Sweeney, & Toy, 1996; Tsai, 1998).

특정 약물의 경우에는 자폐 범주성 장애를 지닌 아동들에게서도 나타날 수 있는 것들을 포함하여 다양한 신경정신과학적 장애(예: 우울증, 강박장애, 틱장애 등)를 치료하는데 매우 효과적이라는 확고한 자료가 제시되고 있다. Tsai(2000)에 의하면, 자폐 범주성 장애를 지닌 아동의 60%가 주의집중 문제를 지니고 있으며 40%는 과잉행동을 보이고, 43~88%는 비정상적인 편견을, 37%는 망상을, 16~86%는 강박적이거나 의식적인 행동을, 50~89%는 음성 상동행동을, 70%는 상동행동을, 17~74%는 불안이나 공포를, 9~44%는 기분장애를, 11%는 수면장애를, 24~43%는 현재나 과거에 자해행동을, 8%는 틱장애를 보이는 것으로 나타났다(Tsai, 1996). 약물로 이러한 장애를 치료하는 것은 특정 증상을 없애는데 도움이 될 수 있으며, 따라서 학교, 사회적 관계, 직장, 가정에서의 성취를 강화할 수 있다. 중요한 것은 자폐의 사회적 및 언어적 손상을 목표로 하는 특정 약물은 없다는 사실을 반드시 기억해야 한다는 것이다(Gringas, 2000). 그러나 아동들 중에는 약물이 효과적으로 잘 사용될 때 행동 및 교육 중재에 더 잘 반응하는 경우도 있다(Tsai, 1998, 2000).

보고된 혜택 및 효과

앞에서도 언급하였듯이 이 부분에서 제시하는 정보는 피상적이면서도 몇 가지 선정된 약물로만 제한된다. 이 책에서 제시하는 정보는 독자들로 하여금 약물의 분류와 부작용, 특정 약물이 어떤 행동에 영향을 미치는지 등에 대하여 익숙해지도록 하는데 목적을 지닌다.

Tsai(1998)는 약물의 사용이 의사, 심리학자, 특수교사, 작업 및 물리치료사, 부모, 언어치료사 등의 협력을 통하여 치료 계획의 한 부분으로 포함되어야 한다고 강조한다. 자폐를 지닌 아동들의 교사는 이들에 대한 약물 사용이 매우 보편적이라는 사실을 확인할 수 있다. 때때로 교사들은 학생의 약물 복용과 관련해서 자료를 수집하거나 행동 변화에 대하여 보고해 달라는 요청을 받기도 한다(Gringas, 2000). 그러므로 교사들은 약물의 종류에 대한 기본적인 지식을 지니고 있어야 하며 약물의 사용 의도 및 발생 가능한 부작용 등에 대해서도 알고 있어야 한다.

이 책에서 제시하고 있는 약물의 종류는 다음과 같다: (1) 항경련제(anticonvulsants), (2) 항우울제(antidepressants), (3) 항히스타민제(antihistamines), (4) 항고혈압제(antihypertensives), (5) 항정신병제(antipsychotics), (6) 불안제거제(anxiolytics), (7) 베타 아드레날린 길항제(β adrenergic antagonists[베타 차단제 beta-blockers]), (8) 기분 안정제(mood stabilizers), (9) 마취 길항제(narcotic antagonists), (10) 진정제(sedatives), (11) 흥분제(stimulants)(Forness, Sweeney, & Toy, 1996; Sweeney, Forness, & Levitt, 1998; Tsai, 1998). 이상의 약물들에 대해서는 다음의 표에서 설명하였으며, 각 약물에 대한 좀 더 자세한 정보도 각각 제시하였다. 이 책에서는 시크리틴(secretin)에 대한 내용도 포함하였다. 모든 약물은 약물 자체의 원래 이름이 아닌 좀 더 보편적으로 인식되고 있는 제품 이름으로 소개하였다.

항경련제

항경련제는 발작을 감소시키고 조절하기 위하여 사용된다. 경우에 따라서는 양극성 장애(bipolar disorders)와 공격행동을 치료하는 데에도 효과적이다. 뚜렛 증후군(Tourette syndrome)을 지닌 사람들에게 있어서 항경련제는 주의집중 문제를 다루는 데 유용하다(Sweeney et al., 1998). 보편적으로 많이 사용되는 항경련제로는 클로노핀, 데파킨, 다일란틴, 펠바톨, 루미날, 미솔린, 뉴로틴, 테그레톨 및 자론틴 등이 있다 (Forness et al., 1996; Sweeney et al., 1998; Tsai, 1998). 항경련제와 관련된 부작용으로는 백혈구 감소와 간 기능 손상이 포함된다(Sweeney et al., 1998).

항우울제

다음의 증상들은 항우울제를 통하여 효과적으로 다루어질 수 있다: 주의력 결핍 과잉행동 장애(ADHD), 강박장애(OCD), 유뇨증, 학교 공포증, 부주의, 과잉행동, 보속

약물 종류	약품명	증상
항경련제 (Anticonvulsants)	클로노핀(clonazepam), 데파킨(valporic acid), 다일란틴(phenytoin), 펠바톨(felbamate), 루미날(phenobarbital) 미솔린(primidone), 뉴로틴(gabapentin) 테그레톨(carbamazepine) 자론틴(ethosuximide)	항경련제는 발작, 공격행동, 양극성 장애의 증상을 조절하거나 감소시킨다. 뚜렛 증후군을 지닌 사람들의 주의 집중을 향상시킨다.
항우울제 (Antidepressants)	카타프레스(clonidine) 데시렐(trazodone), 이펙사(venlafaxine) 엘라빌(amitriptyline) 파멜로(nortriptyline), 테넥스(guanfacine) 토프라닐(imipramine)	과잉행동과 충동성을 억제하고 주의집중을 향상시키며, 뚜렛 증후군을 치료하는데 효과적이다. 토프라닐은 학교 공포증과 유뇨증에 사용된다.
	레비아(naltrexone)	공격행동과 자해행동을 감소시킨다.
	노르프라민(desipramine)	과민성, 불면증, 웃기 및 울기 행동을 감소시킨다.
	아나프라닐(clomipramine), 이펙사(venlafaxine), 인뎁(amitrptyline) 루디오밀(marprotiline), 루복스(fluvoxamine), 팍실(parozetine), 페르토프레인(despiramine), 프로작(fluoxetine), 웰부트린(bypropion), 유토닐 및 졸로프트(sertraline)	변화에 대한 저항, 보속증(保續症)(perseveration), 의식적이고 강박적인 행동을 감소시킨다.
항히스타민제 (Antihistamines)	아트락스(hydroxyzine), 베나드릴(diphenhydramine), 비스타릴(hydroxyzine)	항히스타민제는 불면증과 불안을 감소시킨다.
항고혈압제 (Antihypertensives)	카타프레스(clonodine)	항고혈압제는 부주의, 과잉행동, 과민성, 상동행동, 부적절한 말 및 반항적인 행동을 감소시킨다.
항정신병제 (Antipsychotics)	할돌(haloperidol) 오렙(primozide)	상동행동이나 틱을 감소시키며, 뚜렛 증후군의 치료에 사용된다.
	리스페달(resperidone)	공격행동, 자해행동, 반항, 과잉행동, 충동성을 감소시킨다.
	클로자릴(clozapine), 멜라릴 Thorazine(chlorpromazine)	과잉행동, 거절증(negativism), 공격 행동, 및 의사소통을 감소시킨다.
불안제거제 (Anxiolytics)	아티반, 부스파(buspirone), 카타프레스, 클로노핀, 리브렉스 또는 리브리움 (chlordiazeperoxide), 바리움(diazepam) 자낙스(alprazolam)	불안을 제거한다.

〈계속〉

약물 종류	약품명	증상
베타 아드레날린 길항제 (βadrenergic antagonists)	인데랄(propranodol), 티모롤(nadolol)	공격행동과 자해행동을 감소시킨다.
기분 안정제 (Mood Stabilizer)	리튬	공격행동, 편집증, 자해행동을 감소시킨다.
마취 길항제 (Narcotic antagonists)	나칸, 레비아(naltrexone), 트렉산	자해행동을 감소시킨다. 날트렉손은 사회적 위축을 감소시킨다.
진정제(Sedatives)	앰비언, 베나드릴	불면증을 감소시킨다.
홍분제 (Stimulants)	아더롤, 싸이러트(pemoline), 덱서드린(dextroamphetamine), 리탈린(methylphenidate)	충동성과 과잉행동을 감소시키며, 주의집중을 향상시킨다.

증(perseveration), 의기 소침, 충동 조절, 공황장애, 식욕부진, 식욕 이상 항진, 자해행동. 토프라닐(Tsai, 1998)은 노르프라민, 웰부트린, 아나프라닐, 프로작(Sweeney et al., 1998), 페르토프레인, 엘라빌, 인뎁, 파멜로, 루디오밀, 유토닐(Tsai, 1998; Forness et al., 1996), 이펙사(Hollander, Kaplan, Cartwright, Reichman, 2000) 등과 함께 아동들에게 자주 사용되는 약품이다.

항우울제에는 다음과 같은 네 가지 유형이 있다: (1) 세로토닌 재흡수 차단제(serotonin reuptake inhibitors: SRI), (2) 삼환계 항우울제(tricyclic antidepressants: TCA), (3) 모노아민 산화효소 억제제(monoamine oxidase inhibiors: MAOI), (4) 비전형적 항우울제(Forness et al., 1996). SRI는 두뇌의 세크로닌 수준을 높임으로써 작용한다(MedicineNet, Inc., 1996~2004). TCA 항우울제는 "노르에피네프린(역주: 부신 속에 있는 호르몬)과 세크로닌의 재흡수를 막음으로써 두뇌로 집합시키는 역할을 한다"(Forness et al., 1996, p. 7). MAOI 항우울제는 "모노아민 산화효소를 억제한다"(Forness et al., 1996, p. 8). 아동에게 MAOI를 사용하는 것에 대해서는 그 효과와 안전성이 증명되지 않았다(Tsai, 1998). 비전형적인 항우울제로는 프로작, 졸로프트, 팍실과 같은 몇몇 세로토닌 재흡수 차단제와 다른 종류의 항우울제와는 그 화학적 구성 요소가 유사하지 않은 추가적인 몇몇 약품들이 있다. 후자의 약품에는 웰부트린과 데시렐 등이 포함된다(Forness et al., 1996).

항우울제와 관련된 많은 부작용이 보고되고 있다. 다음과 같은 경우 부작용이나 사용 금지가 보고되었다: (1) 부정맥, (2) 증가된 발작 활동, (3) 진전(tremor), (4) 졸리고 나른함(drowsiness), (5) 변비, (6) 구역질. 이 외에도 항우울제는 정신병을 지닌 사람들에게는 그 사용이 권장되지 않고 있다(Sweeney et al., 1998).

항히스타민제

항히스타민제는 알레르기 및 감기 증상에 많이 사용되는 약물이다. 그러나 자폐를 지닌 사람들의 불면증과 불안을 치료하기 위해서도 사용되어 왔다. 이러한 목적으로 사용된 항히스타민제는 베나드릴과 아트락스 등이다(Sweeney et al., 1998; Tsai, 2000). 베나드릴은 의사의 처방 없이도 쉽게 구입할 수 있는 약품이다. 항히스타민제의 부작용으로는 약물에 의한 진정작용(sedation), 입 마름, 또는 가만히 있지 못하고 항상 움직임 등이 보고되고 있다.

항고혈압제

공격행동, ADHD, 강박적 행동, 과잉행동, 또는 과민성 등의 증상을 보이는 자폐를 지닌 사람들이나 뚜렛 증후군을 지닌 사람들은 카타프레스와 같은 항고혈압제의 복용으로 효과를 볼 수 있다(Sweeney et al., 1998; Tsai, 1998). Tsai(1998)는 이 약물을 사용하게 되면 처음에는 졸음과 무기력함이 나타날 수 있으나 점점 감소될 것이라고 보고했다. FDA는 아직까지 아동이나 청소년에게 카타프레스를 사용하도록 권장하지 않는다(Sweeney et al., 1998).

카타프레스 치료와 관련해서 몇 가지 부작용이 보고되고 있다: (1) 치료 상의 고혈압 상태가 완전히 중단됨, (2) 혈압 저하, (3) 졸리고 나른함, (4) 아동에 의한 반창고(치료의 방법) 제거(Sweeney et al., 1998), (5) 입 마름, (6) 두통, (7) 구역질(Batshaw, 1997). 이 외에도 리탈린과 항고혈압제를 동시에 사용하는 것은 권장되지 않는다.

항정신병제

신경이완제 또는 신경안정제로도 알려져 있는 항정신병제는 정신병을 지닌 성인들의 치료에 주로 사용된다. 이 종류의 약물과 관련된 신경학적 및 발달적 효과로 인하여 아동을 대상으로 그 사용의 확장이 고려되고 있다. 자폐를 지닌 아동들에게 있어서 할돌과 오랍과 같은 약물은 공격적이고 과다한 행동을 감소시킨다. 다른 항정신병제 약품으로는 쏘라진, 멜라릴, 클로자릴(Forness et al., Sweeney et al., 1998)과 리스페달(Tsai, 1998) 등이 있다.

항정신병제의 사용과 관련된 일반적인 부작용은 (1) 졸음, (2) 불수의적인 근육 움직임, (3) 근육 경직, (4) 손상된 정신적 예민함(Sweeney et al., 1998), (5) 발작을 일으키는 최소역치의 감소(Batshaw, 1997), (6) 부정맥, (7) 사회적 위축, (8) 간 중독, (9) 갑작스러운 사망(Forness et al., 1996).

불안 제거제

Sweeney 등(1998)에 의하여 "작은 신경안정제(minor tranquilizers)"(p. 146)로 불리는 불안 제거제는 자폐를 지닌 사람들의 불안, 공격행동, 경련장애를 완화시키는데 사용된다. 불안 제거제에는 졸음과 진정작용과 의존성을 일으킬 수 있는 종류와 의존성의 위험 없이 진정작용을 일으키지 않는 새로운 종류의 두 가지 종류가 있다. 전자는 아티반, 클로노핀, 자낙스 등의 약품을 포함하며, 청소년들에게도 사용될 수 있다. 바리움과 리브리움은 6세 이상의 아동들에게 사용될 수 있는 약품으로 이 약품들은 진정제를 포함하고 있다. 새로운 종류인 후자는 아직까지 아동과 청소년들에게 그 사용이 입증되지 않은 부스파 등이다(Sweeney et al., 1998, Tsai, 1998). 불안 제거제의 사용과 관련된 부작용으로는 진정효과, 심리적 의존성의 가능성, 졸리고 나른함, 손상된 균형, 행동 불억제(행동 억제 기능의 결여) 등이 보고되고 있다(Sweeney et al., 1998).

베타 아드레날린 길항제

심작 박동 및 혈압을 조절하기 위하여 사용되는 베타 아드레날린 길항제(흔히 베타 차단제(beta-blockers)로 알려져 있음)는 자해행동과 공격행동을 치료하기 위하여 처방되어 왔다. 사람에 따라서는 일테랄이나 티모롤과 같은 베타 차단제가 공격행동의 감소를 가져오기도 한다. 그러나 베타 차단제는 아직까지 공격행동을 치료하기 위한 효과가 충분히 입증되지 않고 있으며, 더 많은 실험을 필요로 한다(Sweeney et al., 1998; Tsai, 1998). 일데랄과 티모롤은 천식, 졸리고 나른함, 느린 심장 박동, 저혈압 등을 악화시킬 수도 있다(Sweeney et al., 1998).

기분 안정제

기분 안정제는 양극성 장애(bipolar disorder)와 같은 주기적인 기분장애의 치료에 효과적이다. 이 종류의 약물들은 자해행동과 공격행동의 발생을 감소시키기 위하여 자주 사용된다(Batshaw, 1997). 리튬은 가장 흔하게 사용되는 기분 안정제 중의 하나 이다.

리튬의 사용과 관련된 부작용은 진전(tremors), 갈증, 및 잦은 소변 보기 등이다. 이 보다는 덜 빈번하게 발생하지만 더 심각한 부작용으로는 설사, 발작, 피부 문제, 갑상 선 이상, 체중 증가 등이 있다(Silverman, 2002; Tsai, 1998).

마취 길항제

날트렉손(naltrexone)은 원래 마약 중독자의 치료를 위하여 개발되었다(MedicineNet, Inc., 1996~2004). 마취 길항제인 트렉산과 나칸(Sweeney, et al., 1998, p. 148), 레비 아(Posey & McDougle, 2000)는 자폐를 지닌 사람들의 과잉행동과 자해행동을 감소 시키고 "대상 관계(object relations)"를 향상시키기 위하여 사용된다(Sweeney et al., 1998, p. 148). FDA는 아직까지 자폐인들의 자해행동 치료를 위한 이 약품의 사용을 승인하지 않고 있지만 다른 치료에 저항을 보이는 사례의 경우에는 그 사용이 허용되 고 있다.

트렉산과 나칸의 부작용으로는 무기력함, 과민성, 식욕 저하 등이 보고되고 있다 (Sweeney et al., 1998). Batshaw(1997)에 의하면 레비아는 아편 유사제(opioid)(역주: 아편과 같은 작용을 하는 펩티드)가 없는(약물에 중독되지 않은) 사람들에게는 부작 용을 일으키지 않는다.

진정제

자폐 범주성 장애와 관련된 문헌에 의하면 진정제는 불면증을 치료하고 활동, 공격 행동, 불안을 감소시키기 위하여 가장 많이 사용되는 약물이다(Tsai, 1998, 2000). 불면증에 사용되는 경우에는 앰비언과 베나드릴이 비정상적인 수면 유형에 효과적인 것으로 보고되고 있다.

진정제와 관련된 부작용으로는 우울증(Silverman, 2002; Tsai, 1998), 유행성 감기 증상, 코점굴점막자극(sinus membrane irritation), 변비, 무기력 등이 보고되고 있다 (Silverman, 2002). 베나드릴은 또한 항히스타민제로 아동에 따라서는 흥분을 일으키기도 하는 것으로 알려져 있다(Tsai, 1998, 2000). 앰비언은 아동들의 좀 더 심각한 수면 문제가 있을 때 처방된다(Tsai, 2000).

흥분제

리탈린, 엑서드린, 아더롤과 같은 흥분제들은 학업 생산성을 증가시키거나 사회적 행동을 촉진하지는 않는다. 그러나 자폐 범주성 장애를 지닌 아동들의 주의집중을 강화하고 과잉행동과 충동성을 감소시키는 효과를 보이기도 한다. Tsai(1998)에 의하면 이러한 효과는 고기능 아동들에게 가장 두드러지게 나타난다.

흥분제는 침 흘리기, 손가락 물기나 꼬집기, 불면증, 식욕 감퇴, 정서적 민감성, 두통, 어지러움, 복부 통증, 반점, 비정상적인 성장, 주의집중 및 학교 활동에 대한 부정적인 영향, 틱의 증가, 상동행동의 증가와 같은 수많은 부작용을 일으킬 수 있다(Tsai, 1998).

시크리틴

시크리틴(secretin)은 1990년대에 자폐 치료 물질로 많은 관심을 받게 된 위장 펩티드 호르몬이다. 최근에는 대중 매체를 통하여 치료 효과가 있는 것으로 보고되고 있다.

시크리틴은 소장에서 분비되며, 중추신경계(CNS)에서도 발견된다. 시크리틴이 어떻게 두뇌 기능에 영향을 미치는지는 아직까지 알려지지 않고 있지만, 신경전달물질(neurotransmitters)의 생산과 관련된 어떤 조절을 하는 것으로 여겨지고 있다. 시크리

저자	연구 설계	N	중재	장소	연령/성별	진단	결과	비고
Horvath et al. (1998)	알려지지 않음	3	시크리틴의 투여	알려지지 않음	알려지지 않음	자폐	행동 및 인지에 있어서의 유의미한 변화.	ASD를 지닌 다른 사람들에게 일반화하기에는 대상자 수가 너무 적음.
Lamson & Plaza(2001)	사례 연구	1	매일 피부에 바르는 크림에 시크리틴 호르몬 함유	알려지지 않음	2세/남	자폐 및 실어증	24시간 내에 말과 행동의 향상이 보고됨. 시크리틴 복용이 중단된 후 말과 행동이 급격하게 퇴보함. 시크리틴이 다시 투여된 후 24시간 내에 향상됨.	다른 아동에게 치료를 일반화하기에는 1명의 대상자에 대한 결과로는 충분하지 않기 때문에 복사 연구가 수행되어야 함.
Owley et al. (2001)	무선 이중검맹법의 위아 효과를 통제한 교차설계	56	연구를 시작할 때와 4주 후에 시크리틴이나 위아을 투여	알려지지 않음	알려지지 않음	자폐	위아과 비교했을 때 시크리틴의 치료 효과는 없었음.	시크리틴은 대상자들의 변화를 일으키는데 효과적이지 못하였음.
Roberts, Weaver, & Brian(2002)	무선(배치를 알리지 않음) 이중검맹법으로 위아 효과를 통제한 10주 유지 회기	68	6주 간격으로 34명은 2회 이 정맥 주사를 통하여 시크리틴을 투여받고 34명은 위아을 투여받음	병원	2~7세/ 남 57, 여 11	자폐, ASD, 또는 전반적 발달장애 (PDD)	94%의 아동들이 연구를 마쳤음. 폐지의 시크리틴과 가짜 약물에 대한 치료 효과의 차이가 없었음.	아무런 향상도 발견되지 않았음.
Sandler et al. (1999)	이중검맹법	60	합성 시크리틴 또는 가짜 약물	알려지지 않음	3~14세	자폐 또는 PDD	유의미한 변화가 없었음	치료는 효과적이지 못한 것으로 입증됨

틴은 중추신경계와 위장 기능에 영향을 미치는 것 외에도 심장과 신장의 기능에 영향을 미친다(Horvath, 1999). Horvath(1999)는 시크리틴이 자폐를 지닌 아동들이 보이는 위장·행동·발달적인 문제에 긍정적인 영향을 미칠 수도 있다는 사실을 이론으로 제시하였다. 다음의 표에서 볼 수 있듯이, 대부분의 연구들이 시크리틴 치료와 관련된 혜택이 없는 것으로 보고하고 있다.

자폐 범주성 장애 아동에 대한 활용 결과

약물은 특정 행동을 감소시키고, 기분장애를 개선하고, 과제에 대한 주의집중력을 향상시키는데 효과적인 중재이다. 각각의 약물은 자폐 범주성 장애를 지닌 아동들의 최대의 효과와 안전성을 보장하기 위하여 의사의 처방에 따라 주의 깊게 선정되어야 한다.

중재 실행 자격 및 조건

이 책에서 설명한 대부분의 약물들은 자격 있는 의사나 기타 의료전문가의 처방을 필요로 한다. 부모, 보건교사, 아동 양육자들은 의사 및 기타 의료전문가들에 의하여 적절하다고 판단될 때에만 약물을 사용해야 한다. 이러한 약물을 복용하는 아동들과 정기적으로 접촉하는 사람들은 아동의 개별적인 진도와 발생 가능한 부작용에 대하여 잘 살펴보아야 한다.

중재의 잠재적 위험

의사와 부모/양육자는 자폐 범주성 장애를 지닌 아동들에게 약물을 사용하기로 결정하게 되는 경우 그 혜택과 함께 부작용에 대해서도 동등하게 주의를 기울여야 한다. 많은 약물들은 가벼운 반점으로부터 발작 및 위험한 상태를 초래하는 부작용을 지니고 있다.

중재 비용

약물의 사용을 위하여 드는 비용은 매우 다양하다. 약물 사용과 관련된 비용은 진료비, 검사비, 및 실제 약품 구입비 등을 포함한다.

자폐 범주성 장애 아동에 대한 효율성 평가 방법

자폐 범주성 장애를 지닌 아동들을 위한 약물 사용은 우선적으로 부모/양육자와 의료 전문가들에 의하여 결정된다. 분명한 사실은 이러한 결정을 위하여 개별 아동의 필요가 주요 초점이 되어야 한다는 것이다. 또한 치료과정 전반에 걸쳐 약물의 효과가 평가되어야 한다. 약물의 효과에 대한 평가는 혈액검사와 같은 의학 실험실 검사, 학교와 가정과 지역사회에서의 행동 변화에 대한 관찰, 행동 점검표, 및 약물로 변화시키고자 의도했던 행동을 평가하기 위해서 고안된 자료수집 측정을 포함한다.

결론

약물치료는 자폐 범주성 장애를 지닌 아동들에게 많이 사용된다. 실제로 대부분의 자폐를 지닌 아동들은 생애의 어느 특정 시기에 약물치료를 받게 될 것이다. 이러한 치료는 자폐를 치료하는 것이 아닐 뿐만 아니라 사회적 상호작용 및 의사소통 문제를 포함하는 자폐 장애의 독특한 특성 그 자체를 완화시키는 것이 아니다. 그러나 종합적인 치료 계획의 한 부분으로 약물이 사용되는 경우에는 약물에 의한 혜택을 얻을 수 있다. 또한, 아마도 더 중요하게는, 자폐 범주성 장애를 지닌 아동들을 위한 의학의 발전과 치료의 잠재적인 영향의 가능성은 그 가족들에게 가장 큰 희망을 주고 있다.

평가 결과: 성과가 기대되는 실제(Promising Practice)

참고문헌 및 기타 참고자료

● 참고문헌

Batshaw, M. L. (1997). *Children with disabilities* (4th ed.). Baltimore, MD: Paul H. Brookes.

Forness, S. R., Sweeney, D. P., & Toy, K. (1996). Psychopharmacologic medication: What teachers need to know. *Beyond Behavior: A Magazine Exploring Behavior in Our Schools, 7*(2), 4-11.

Gringas, P. (2000). Practical paediatric psychopharmacological prescribing in autism: The potential and the pitfalls. *National Autistic Society, 4*(3), 229-247.

Hollander, E., Kaplan, A., Cartwright, C., & Reichman, D. (2000). Venlafaxine in children, adolescents, and young adults with autism spectrum disorders: An open retrospective clinical report. *Journal of Clinical Neurology, 15*(2), 132-135.

Horvath, K. (1999). The effect of secretin on the brain and gastrointestinal functions. *Journal of Developmental and Learning Disorders, 3*(2), 127-145.

Horvath, K., Stefanatos, G., Sokolski, K. N., Wachtel, R., Nabors, L., & Tildon, J. T. (1998). Improved social and language skills after secretin administration in patients with autism spectrum disorders. *Journal of the Association of Academy of Minority Physicians, 9*, 9-15.

Lamson, D. W., & Plaza, S. M. (2001). Transdermal secretin for autism-A case report. *Alternative Medicine Review, 6*(3), 311.

MedicineNet, Inc. (1996-2004). *Medical dictionary.* Retrieved March 3, 2004, from www.medicinenet.com

Owley, T., McMahon, W., Cook, E. H., Laulhere, T., South, M., Mays, L. Z., et al. (2001). Multisite, double blind, placebo-controlled trial of porcine secretin in autism. *Journal of the American Academy of Child and Adolescent Psychiatry, 40*(11), 1293-1299.

Posey, D. J., & McDougle, C. J. (2000). The pharmacotherapy of target symptoms associated with autistic disorder and other pervasive developmental disorders. *Harvard Review Psychiatry 8*, 45-63.

Roberts, W., Weaver, L., & Brian, J. (2002). Repeated doses of porcine secretin did not improve symptoms, language, or cognitive functioning in children with autism or autism spectrum disorder. *Evidence-Based Mental Health, 5*(1), 22.

Sandler, A., Sutton, K. A., DeWeese, J., Girardi, M. A., Sheppard, C., & Bodfish, J. W. (1999). Lack of benefit of a single dose of synthetic human secretin in the treatment of autism and pervasive developmental disorder. *New England Journal of Medicine, 341,* 1801-1806.

Silverman, H. M. (Ed.). (2002). *The pill book* (10th ed.). New York: Bantam Books.

Sweeney, D. P., Forness, S. R., & Levitt, J. G. (1998). An overview of medications commonly used to treat behavioral disorders associated with autism, Tourette syndrome, and pervasive developmental disorders. *Focus on Autism and Other Developmental Disabilities, 13*(3) 144-150.

Tsai, L. (1996). Comorbid psychiatric disorders of autistic disorder. *Journal of Autism and Developmental Disorders, 26,* 159-162.

Tsai, L. (1998). Medical interventions for students with autism. In R. L. Simpson & B. S. Myles (Eds.), *Educating children and youth with Autism* (pp. 277-314). Austin, TX: PRO-ED.

Tsai, L. (2000). Children with autism spectrum disorder: Medicine today and in the new millennium. *Focus on Autism and Other Developmental Disabilities, 15*(3), 138-145.

● 기타 참고자료

Simpson, R. L., & Myles, B. S. (Eds.). (1998). *Educating children and youth with autism.* Austin, TX: PRO-ED.

Swiezy, N. B., & Summers, J. (1996). Parents' perceptions of the use of medication with children who are autistic. *Journal of Developmental and Physical Disabilities, 8*(4), 407-413.

Symons, F. J., Fox, N. D., & Thompson, T. (1998). Functional communications training and naltrexone treatment of self-injurious behaviour: An experimental case report. *Journal of Applied Research in Intellectual Disabilities, 11*(3), 273-292.

제 5 장

Interventions, Treatments,
and Related Agents

기타 중재, 치료, 및 관련 인자

이 책에서는 자폐 범주성 장애를 지닌 아동들을 위한 중재 및 치료의 범주를 나누어 정리하면서 각 범주에 속하지 않는 기타 중재 방법들을 모아 이 장에서 소개하였다. 이 장에서 소개한 방법들은 인간관계를 강화하는 방법이나 기술-중심의 전략이나 인지적 접근이나 신경학적 치료에 속하지 않는 방법들로 그러한 방법들과는 다른 다양한 방향의 매우 이질적인 접근 방법들이다.

미술치료 ART THERAPY

연령/능력 수준

- 대상 연령: 유치원 연령부터 성인까지
- 대상 진단명 및 관련 특성: 경도에서 중도까지의 자폐 범주성 장애(ASD), 아스퍼거 증후군, 기타 장애
- 대상 능력 수준: 중도 인지장애부터 평균 이상의 지적 기능

중재 내용

미술치료는 상호작용적 매개로 미술을 사용하는 심리치료 및 교육적 과정이다. 이 치료는 비구어적인 방법으로 자신을 표현하도록 도와주는 치료사와의 역동적 상호작용으로 구성된다(Kaplan, 1991). 훈련된 임상가에 의하여 이루어지는 임상적 해석과 중재는 다양한 개인의 목표를 성취하기 위하여 치료적으로 적용된다.

보고된 혜택 및 효과

자폐 범주성 장애를 지닌 아동들을 위한 효율적인 중재로서의 미술치료의 사용을 지지하는 실증적 문헌은 매우 빈약한 실정이다. 그러나 치료 유용성에 대한 약간의 입증 자료들이 부모나 전문가들의 보고를 통하여 제시되고 있다. 적어도 두 개의 사례 연구가 자폐 범주성 장애를 지닌 아동들에 대한 치료적 미술치료 결과로서의 긍정적인 효과를 다음의 표에서와 같이 보고하고 있다.

자폐 범주성 장애 아동에 대한 활용 결과

문화기술적 사례연구들은 자폐 범주성 장애를 지닌 사람들이 미술치료를 통하여 의사소통, 학업 기술 발달, 사회적 및 행동적 기능에 있어서 향상을 보인 것으로 보고하고 있다. 자폐 범주성 장애를 지닌 사람들은 주로 언어적 어려움을 경험하고 있으며, 이러한 사실은 미술치료가 그 효율성에 대한 과학적 입증 자료는 부족하지만 하나의 유용한 수단이 될 수 있는 가능성을 보여주는 것이다.

중재 실행 자격 및 조건

미술치료는 심리치료와 미술교육의 두 가지 영역의 훈련을 모두 받은 전문가에 의하여 실시되는 것이 바람직하다. 미술 교사와 같은 기타 전문가들도 미술을 교수 및 치료의 수단으로 사용할 수는 있다. 이를 위한 훈련은 대학 및 전문적 훈련 기관에서 받을 수 있다. 미술치료는 다양한 미술재료들에 접근하기 쉬운 작업장이나 화실에서 제공하는 것이 좋다. 미술치료는 또한 학교, 가정, 및 지역사회 환경 내에서도 이루어질 수 있다. 중재의 기간은 다양하다.

저자	N	장소	연령/성별	진단	결과	비고
Kornreich & Schimmel (1991)	1	외래환자를 위한 지역사회 중심의 아동 치료실	11세/남	자폐	불안 및 분노의 유의미한 감소, 팔 흔들기 및 "이상한 발성"의 소거, 눈 맞춤의 증가, 학업 성취의 증가, 사회적 지각의 증가.	치료 기간은 2년이었음.
Steinberger (1987)	1	지역사회의 미술 치료 화실	15세/여	자폐	자아 존중감 및 자아 정체성 증진, 이상한 행동의 감소, 의사소통의 증가, 자기 통제력 향상, 재능을 개발함으로써 일상 업무를 즐겁게 수행할 수 있게 됨.	치료 기간은 10년이었음.

중재의 잠재적 위험

미술치료 자체는 훈련된 치료사가 각 환자들의 개별적인 필요를 염두에 두고 그에 따라 반응한다면 어떠한 잠재적인 위험 요소도 지니지 않는다. 미술치료는 특정 개인을 위한 1차적인 치료 중재의 방법이 아닌 2차적이거나 3차적인 방법으로 사용되는 것이 좋다.

중재 비용

미술치료 중재의 비용은 개별 미술치료사가 치료 사례마다 부과하는 치료비에 따라서 다양하게 결정된다. 치료에 따라서는 보험에 의하여 지불되기도 한다. 학교나 병원 및 기타 정신건강 관련 기관에서 제공되는 미술치료는 종합적인 프로그램의 한 부분으로 그 비용이 계산되기도 한다.

자폐 범주성 장애 아동에 대한 효율성 평가 방법

자폐 범주성 장애를 지닌 아동들을 위한 미술치료의 효율성 평가는 나타난 문제(예: 의사소통, 학업, 사회성, 행동)를 확인하고 실제로 측정함으로써 이루어진다. 그러므로 효과적이고 적절한 평가는 미술치료 회기에서 보인 환자들의 수행이 일반화되는지를 보아야 하며, 치료 목표 성취를 향한 개인의 진도를 직접적으로 측정해야 한다.

결론

미술치료는 다양한 미술양식을 사용함으로써 창의성과 개인적인 표현을 촉진하기 위하여 고안되었다. 자폐 범주성 장애를 지닌 아동들을 위한 미술치료의 사용을 타당화 할만한 실증적인 자료가 거의 없는 것이 사실이지만, 사례연구들을 통하여 관련된 긍정적인 치료 효과가 보고되고 있다. 앞으로 자폐 범주성 장애를 지닌 아동들을 위한 실질적인 치료의 방법으로 미술치료를 촉진하기 위해서는 치료의 효과에 대한 좀 더 많은 자료가 제시되어야 할 것이다.

평가 결과: 지원 정보가 부족한 실제(Limited Supporting Information for Practice)

참고문헌 및 기타 참고자료

● 참고문헌

Kaplan, B. (1991). *Classical homeopathy: The re-emergence of holism within homeopathy*. Retrieved January 27, 2004, from www.positivehealth.com/permit/Articles/Homoeopathy/kaplan72_p.htm [note that "Homoeopathy" not "Homeopathy" is the correct spelling for this link]

Kornreich, T. Z., & Schimmel, B. F. (1991). The world is attacked by great big snowflakes: Art therapy with an autistic boy. *American Journal of Art Therapy, 29,* 77-84.

Rubin, J. A. (1984). *Child art therapy: Understanding and helping children grow through art* (2nd ed.). New York: Van Nostrand Reinhold.

Steinberger, E. (1987). Long-term art therapy with an autistic adolescent. *The American Journal of Art Therapy, 26,* 40-47.

● **기타 참고자료**

American Art Therapy Association: www.arttherapy.org

음악치료 MUSIC THERAPY

연령/능력 수준

- 대상 연령: 유아기부터 성인까지
- 대상 진단명 및 관련 특성: 경도에서 중도까지의 자폐 범주성 장애(ASD), 아스퍼거 증후군, 기타 장애
- 대상 능력 수준: 중도 인지장애부터 평균 이상의 지적 기능

중재 내용

음악치료는 청각 및 시각적 식별과 고유체위감각의 조절에 영향을 미치기 위한 의도로 독특한 감각 및 동기 유발 경험을 제공해주는 치료적 도구이다(Thaut, 1999). 음악이 지니는 다양한 속성을 고려한다면 음악은 자폐 범주성 장애를 지닌 아동들의 특별한 욕구와 능력을 다루기 위한 적합한 방법일 수 있다. 음악치료사들이 목표행동을 다루기 위하여 치료적 적용을 계획할 때에는 기능 평가 절차를 사용하고 개인의 선호도를 분석하는 것이 가장 이상적이다(Griggs-Drane & Wheeler, 1997). 자폐 범주성 장애를 지닌 아동들에 대한 음악의 치료적 사용 범위는 매우 넓다. 음악치료에서는 긴장을 완화시키기 위한 배경 음악의 사용, 긍정적 행동과 말의 형태를 증진시키기 위한 강화자로서의 음악의 사용, 적절한 정보를 전달하기 위한 노래의 사용 등의 다양한 치료 기술들이 사용된다.

보고된 혜택 및 효과

많은 연구들이 자폐 범주성 장애를 지닌 아동들에게 음악치료를 사용함으로써 다음과 같은 변화를 보고하고 있다: (1) 상호작용 기술(Brownell, 2002; Bryan, 1989; Levinge, 1990; Saperston, 1973; Stevens & Clark, 1969; Wimpory, Chadwick, &

Nash, 1995), (2) 표현 기술(Bruscia, 1982; Buday, 1995; Edgerton, 1994; Watson, 1979), (3) 비구어 의사소통(Mahlberg, 1973), (4) 행동(Gunter et al., 1984; Gunter, Fox, McEvoy, Shores, & Denny, 1993; Levinge, 1990; O'Connell, 1974; Orr, Myles, & Carlson, 1998; Schmidt, Franklin, & Edwards, 1976), (5) 지역사회 기술(Staum & Flowers, 1984). 한 연구는 음악이 포함된 중재와 그렇지 않은 중재를 비교하였는데 후자가 자폐 범주성 장애를 지닌 아동들에게 더 효과적이었음을 보고하였다 (Brownell, 2002).

자폐 범주성 장애 아동에 대한 활용 결과

자폐와 음악치료는 1940년대부터 문헌을 통하여 서로 연계되어 소개되곤 했다. 예를 들어서, Kanner는 자신이 관찰한 자폐를 지닌 아동들이 많은 노래들을 기억하고 부르는 능력을 지니고 있다는 사실을 주목하였으며, 그 예로 37개의 동요를 부를 수 있는 아동과 18개의 교향곡과 그 작곡가들을 알고 있는 아동을 소개하였다(Kanner, 1943a, 1943b). 20년 후 Rimland(1964)는 자폐와 기타 장애를 구분하는 차별적 진단의 기준으로 음악 능력을 사용하였다. Brownell(2002)에 의하면 "이들은 정교한 음악적 수준을 보이기 때문에 치료적 중재로서의 음악의 적용 가능성을 정당화해준다"(p. 121). 그러므로 자폐 범주성 장애를 지닌 아동들에게 음악이 효과적으로 사용될 수 있는 잠재적인 가능성이 있다고 할 수 있다.

중재 실행 자격 및 조건

음악 중재는 자폐 범주성 장애를 지닌 학생들과 음악을 할 수 있도록 전문적인 훈련을 받은 자격 있는 치료사나 음악교사들에 의하여 실행되어야 한다. 음악치료는 전형적으로 1:1 상황이나 소규모의 집단 상황에서 이루어진다.

중재의 잠재적 위험

음악치료는 적절한 계획과 실행이 전제된다면 중재와 관련된 위험 요소는 없는 것으로 알려져 있다.

저자	N	장소	연령/성별	진단	결과	비고
Stevens & Clark (1969)	5	음악치료 상황	5~7세/ 모두 남자	자폐	음악치료 방법들은 연구 장소에서의 대상자의 친사회적 행동을 향상시키는데 유의하게 효과적이었음.	Ruttenberg 자폐 척도의 세 하위 영역에서의 향상을 보임.
Mahlberg (1973)	1	클리닉	7세/남	자폐	약간의 긍정적인 특성과 변화를 보임.	종합적인 교육 프로그램의 한 부분으로 리듬악기와 율동 노래가 사용됨. 음악치료사는 변화를 인지하였으나 다른 프로그램의 요소로 인하여 변화한 것일 수도 있음.
Saperston (1973)	1	음악 치료회기	27세/남	소두증, 정신지체	음악 시간은 하루 중 다른 사람과 생각을 교환하는 유일한 시간이 됨. 진도는 음악치료 회기와 직접적으로 관련된 것으로 여겨짐.	키보드와 노래 부르기를 통하여 제시된 음악은 사회적 상호작용과 눈 맞춤을 증가시킴.
O' Connell (1974)	1	음악 치료실	8세/남	자폐	가정과 학교에서의 행동의 향상이 주목되기 시작할 때 음악적인 능력의 조절 및 관리에 있어서의 진도가 보고됨.	음악치료는 피아노 치기, 악보 읽기, 노래 부르기를 포함하였음.
Schmidt, Franklin, & Edwards (1976)	3	아동 신경 센터	5~7세/ 모두 남자	자폐	긍정적 행동의 증가보다는 부정적 행동이 감소된 형태로 2명의 대상자에게서 전반적인 행동의 향상이 보고됨.	리듬 동작과 노래는 적절한 행동의 향상과 부적절한 행동의 감소를 가져옴.
Watson (1979)	10	학교	7~16세/ 남 9, 여 1	자폐	음악치료사나 음악치료 전공 학생이 주도하는 음악 시간은 발성을 감소시키는데 기타 중재보다 훨씬 더 효과가 있었음.	악기, 노래 및 음악 치료나 녹음된 음악 시간과 교환할 수 있는 토큰은 발화를 증가시킴.
Bruscia (1982)	1	시설	14세/남	중도 정신지체	5~8분의 30회기 후에 구어 상호작용에서 전체 발성의 95%였던 반향어가 어떤 장소에서도 10% 이내로 감소함.	치료사는 음악을 사용하여 정교한 문장을 소개함.
Gunter et al.(1984)	2	학교 교실	10~13세	자폐	음악 형태의 대체 청각 자극이 다양한 교실 활동 중 나타나는 비정상적이고 상동행동적인 발성을 감소시키는데 효과적이었음.	중재(헤드폰으로 음악 듣기)가 적용된 활동에서 상동행동이 감소함.

〈계속〉

저자	N	장소	연령/성별	진단	결과	비고
Staum & Flowers (1984)	1	음악 수업, 식품점	9세/여	자폐	목표행동으로 식별되고 선정된 모든 부적절한 쇼핑 행동이 소거됨.	강화로 피아노 레슨이 사용됨. 타임-아웃 절차도 함께 사용됨.
Bryan (1989)	6	음악치료 회기	12~14세/ 남 3, 여 3	자폐	구성원들이 서로에 대하여 더 많이 인식하게 되었을 때 각 아동의 음악 만들기는 전체의 한 부분이 되었음.	참여자들은 악기 연주를 수단으로 삼아 집단 전체로 치료에 참여함.
Levinge (1990)	1	음악치료 회기	2세/여	자폐	1년 후 대상자의 음악 특성은 더 조용하고 덜 열광적이 되었으며, 좀 더 잦은 눈 맞춤 행동을 보임.	18개월간의 악기를 이용한 치료 후에 목표행동이 감소함.
Gunter, Fox, McEvoy, Shores, & Denny (1993)	1	장애 학생을 위한 교실	14세/남	자폐	경량 헤드폰으로 듣게 하는 비후속적 및 후속적 음악의 사용과 동시에 비정상적이고 반복적인 발성이 감소함.	부작용이 보고되지 않음. 감각 중심의 중재는 행동을 다루는데 효과적이라는 가설을 제시함.
Edgerton (1994)	11	음악치료 회기	6~9세/ 모두 남자	자폐	즉흥적인 음악치료는 의사소통의 증가를 가져온다고 보고함.	음악적인 발성 행동이 증가할 때 비음악적인 발화 행동도 증가함.
Buday (1995)	10	학교의 특수교육 프로그램	4~9세/ 남 8, 여 2	자폐	음악 훈련과 리듬 훈련 모두에서 정확한 모방 반응이 나타남.	모방된 단어 수화와 단어 발화는 말 리듬 훈련에서보다 음악 훈련에서 유의하게 더 높았음.
Wimpory, Chadwick, & Nash (1995)	1	가정	3세/여	자폐	음악 상호작용 치료(MIT)는 사회적 인식, 눈 맞춤 및 사회적 상호작용의 시작행동 사용을 증가시킴.	MIT라고 불리는 음악치료 즉흥연주 기법은 아동의 주도에 따라 음악을 이용함.
Orr, Myles, & Carlson (1998)	1	특수학급	11세/여	자폐	리듬 동조화 중재(rythmic entrainment intervention)는 대상자에게 포괄적인 것으로 나타남.	음악은 1분에 50~60박자로 사용됨.
Brownell (2002)	4	학교	6~9세/ 모두 남자	자폐	음악적으로 수정한 상황 이야기의 사용은 행동을 수정하는데 효과적이고 실행 가능한 중재임이 증명됨.	기초선 자료를 상황 이야기 및 음악 상황 이야기 자료와 비교함. 음악 상황 이야기가 더 효과적이었음.

중재 비용

음악치료와 관련된 주요 비용은 인건비이다.

자폐 범주성 장애 아동에 대한 효율성 평가 방법

음악치료의 성과는 음악 중재와 관련된 목표행동을 조작적으로 정의하고 그에 따르는 행동적인 영향을 측정함으로써 평가될 수 있다.

결론

음악치료는 자폐 범주성 장애를 지닌 아동들에 대한 잠재적이고 의도적인 효과의 오랜 역사를 지니고 있다. 음악치료의 융통성은 다양한 상황에서 다양한 행동들을 위하여 이 중재가 사용될 수 있게 해준다.

평가 결과: 지원 정보가 부족한 실제(Limited Supporting Information for Practice)

참고문헌 및 기타 참고자료

● 참고문헌

Brownell, M. D. (2002). Music adapted social stories to modify behaviors in students with autism: Four case studies. *Journal of Music Therapy, 39*, 117-124.

Bruscia, K. (1982). Music in the assessment and treatment of echolalia. *Music Therapy, 2*(1), 25-41.

Bryan, A. (1989). Autistic group case study. *British Journal of Music Therapy, 3*(1), 16-21.

Buday, E. M. (1995). The effects of signed and spoken words taught with music on sign and speech imitation by children with autism. *Journal of Music Therapy, 32*, 189-202.

Edgerton, C. L. (1994). The effect of improvisational music therapy on the communicative behaviors of autistic children. *Journal of Music Therapy. 31,* 31-62.

Griggs-Drane, E. R., & Wheeler, J. J. (1997). The use of functional assessment procedures and individualized schedules in the treatment of autism: Recommendations for music therapists. *Music Therapy Perspectives, 13,* 87-93.

Gunter, P., Brady, M. P., Shores, R. E., Fox, J. J., Owen, S., & Goldzweig, I. R. (1984). The reduction of aberrant vocalizations with auditory feedback and resulting collateral behavior change of two autistic boys. *Behavioral Disorders, 9,* 254-263.

Gunter, P L., Fox, J. J., McEvoy, M. A., Shores, R. E., & Denny, R. K. (1993). A case study of the reduction of aberrant, repetitive responses of an adolescent with autism. *Education and Treatment of Children, 16,* 187-197.

Kanner, L. (1943a). Autistic disturbances of affective contact. *Nervous Child, 2,* 217-250.

Kanner, L. (1943b). Early infantile autism. *Journal of Pediatrics, 25,* 211-217.

Levinge, A. (1990). "The use of I and me": Music therapy with an autistic child. *British Journal of Music Therapy, 4*(2), 15-18.

Mahlberg, M. (1973). Music therapy in the treatment of an autistic child. *Journal of Music Therapy, 10*(4), 189-193.

O'Connell, T. S. (1974). The musical life of an autistic boy. *Journal of Autism and Childhood Schizophrenia, 4*(3), 223-229.

Orr, T. J., Myles, B. S., & Carlson, J. K. (1998). The impact of rhythmic entrainment on a person with autism. *Focus on Autism and Other Developmental Disabilities, 13*(3), 163-166.

Rimland, B. (1964). *Infantile autism.* New York: Appleton-Century-Crofts.

Saperston, B. (1973). The use of music in establishing communication with an autistic mentally retarded child. *Journal of Music Therapy, 10*(4), 184-188.

Schmidt, D. C., Franklin, R., & Edwards, J. S. (1976). Reinforcement of autistic children's responses to music. *Psychological Reports, 39*(2), 571-577.

Staum, M. J., & Flowers, P. J. (1984). The use of simulated training and music lessons in teaching appropriate shopping skills to an autistic child. *Music Therapy Perspectives, 1*(3), 14-17.

Stevens, E., & Clark, F. (1969). Music therapy in the treatment of autistic children. *Journal of Music Therapy, 6,* 98-104.

Thaut, M. H. (1999). Music therapy with autistic children. In W. B. Davis, K. E. Geller, & M. H. Thaut (Eds.), *An introduction to music therapy: Theory and practice* (2nd ed., pp. 163-178). Dubuque, IA: McGraw-Hill.

Watson, D. (1979). Music as reinforcement in increasing spontaneous speech among autistic children. *Missouri Journal of Research in Music Education, 4,* 8-20.

Wimpory, D., Chadwick, P., & Nash, S. (1995). Brief report: Musical interaction therapy for children with autism: An evaluative case study with two-year follow-up. *Journal of Autism and Developmental Disorders, 25,* 541-552.

● 기타 참고자료

Ruttenberg, B. A. (1977). *Behavior rating instrument for autistic and atypical children.* Philadelphia: Developmental Center for Autistic Children.

수은: 백신 접종과 자폐 MERCURY: VACCINATIONS AND AUTISM

연령/능력 수준

- ● 대상 연령: 모든 연령
- ● 대상 진단명 및 관련 특성: 모든 영아 및 아동
- ● 대상 능력 수준: 모든 수준

중재 내용

1960년대와 1970년대 의학 분야는 수은(Hg) 중독(HgP로도 불림)에 의하여 야기되는 것으로 주장되는 몇 가지 질병들에 대하여 관심을 보이기 시작하였다. 이들 질병

으로는 미나마타병(Minamata disease)(수은을 함유한 생선에 의하여 발병), 선단동통증(Pink disease-acrodynia)(수은을 함유한 치약 및 기저귀 파우더에 의하여 발병), 매드해터증후군(Mad Hatter's disease)(직업상의 수은 노출에 의하여 발병) 등이 있다. 수은은 동물과 사람에게 독성이 매우 강하며, 광범위한 신체조직과 기관의 손상, 특히 두뇌 손상을 일으킨다. 수은 중독에 의한 증상은 매우 다양한데, 근육 떨림, 발작, 청각 상실, 기억 상실, 극도의 수줍음, 우울증, 불안, 증가된 공격행동, 비정상적인 반사, 불임 등이 이에 속한다(Shaw, 2002). 1970년대에는 많은 국가들이 제품 및 재료에 들어가는 수은 함유량을 제한하기 시작하였으며, 경우에 따라서는 특정 제품에 수은이 전혀 들어가지 못하도록 의무화하기도 하였다.

백신 접종에 사용되는 수은 합성물인 티메로살(thimerosal: TMS)(거의 50% 정도가 에틸-수은으로 구성됨)이 자폐를 일으키거나 자폐 발생에 관여한다는 가설이 제시되어 왔다(Bernard, Enayati, Redswood, Roger, & Binstock, 2001; Rimland, 2000; Shaw, 2002). 1999년에 식품의약청(Food and Drug Adminisration: FDA)과 미국소아과협회(American Academy of Pediatrics: AAP)에서는 "소아기 예방접종을 통하여 영아들에게 투여되는 수은의 일반적인 양이 개별 및 축적된 백신을 근거로 할 때 정부의 안전 지침을 초과하고 있다"(Bernard et al., 2001, p. 462)고 결론지었다. 2000년에 미국 정부는 2001년에 사용될 백신에서 티메로살을 제거하겠다고 발표하였다(Rimland, 2000).

자폐 범주성 장애 아동에 대한 활용 결과

자폐 범주성 장애를 지닌 것으로 진단받은 아동들 중에는 의사소통, 사회성, 놀이 기술에 있어서의 증상을 보이기 전에 1년 이상의 전형적인 발달을 보이는 경우가 있다. 오랫동안 부모와 연구자 및 의료진들은 이렇게 전형적인 발달 시기를 보인 이후에 나타나는 자폐가 홍역, 유행성 이하선염, 풍진(MMR)의 삼종 백신(티메로살을 함유한 백신)의 접종과 상관관계가 있다고 보고해 왔다. 특히 1980년대 중반에 MMR 백신 접종 후에 자폐로 진단받는 아동들이 심각하게 증가한 것으로 보고되었다(동시에 접종된 티메로살을 함유한 다른 백신들에는 B형 간염과 b형 인플루엔자호혈균

[Haemophilus influenza type b: HIB]이 있다)(Bernard et al., 2001; Rimland, 2000). 이상의 백신들에 다량의 수은이 함유되었다는 사실과 자폐 범주성 장애의 출현율이 증가했다는 사실로 인하여 전문가와 부모들은 수은 중독이 적어도 자폐 범주성 장애의 특정 사례들과 관련이 있는 것이 아닌가 하는 의문을 제기하기 시작하였다. 수은에 중독된 사람들과 자폐 범주성 장애로 진단된 사람들 간에 유사점을 보인다는 사실도 이러한 의심을 가중시켰다(Bernard et al., 2001; Rimland, 2000; Shaw, 2002).

1998년 영국의 위장학 의사인 Andrew Wakefield는 자폐 범주성 장애를 지닌 42명의 아동들을 대상으로 수행한 두 개의 연구로부터 놀라운 결과를 보고하였다. 그는 연구에 참여한 모든 아동들이 장(腸)의 이상을 보였으며, 상당히 많은 수의 아동들이 백신 접종 이후에 자폐적인 증상을 보이기 시작하였다는 사실을 발견하였다(Shaw, 2002). 그 후에 발표된 논문을 통하여 Bernard 등(2001)은 정신병적 장애, 말과 언어의 결함, 감각 이상, 운동 기능 장애, 인지 손상, 비정상적인 행동, 신체적 장애 등을 포함하는 수은 중독과 자폐의 증상 및 특성이 서로 비슷하다는 사실을 보고하였다. Bernard 등(2001)은 또한 이들의 유사한 특성으로 생물학적 이상과 생화학적 장애, 면역체계 장애, 중추신경계 장애, 신경화학적 장애, 및 비정상적인 감각 반응을 보고하였다. 마지막으로 Bernard 등(2001)은 수은이 함유된 백신 접종 이후에 나타난 자폐 범주성 장애의 발생, 유전적인 자가면역질환을 지닌 것으로 알려진 사람들이 백신 접종 후에 보이는 자폐 범주성 장애의 증상, 남아들의 자폐 범주성 장애 출현율 증가 등을 포함하는 집단 간 유사한 특성들을 제시하였다. 결론적으로 이들은 수은 중독과 자폐 간의 광범위한 유사성을 고려해 볼 때 수은은 전형적인 발달 시기 이후에 나타나는 자폐 증상 발현의 원인자로 인식되어야 하며, 그렇기 때문에 모든 백신으로부터 티메로살을 제거해야 한다고 주장하였다.

Shaw(2002)는 아동의 신체에 축적된 수은의 탐지 및 치료와 관련된 정보를 제시하였다. 수은 탐지의 가장 효과적이고 쉬운 방법은 모발 샘플을 분석하는 것이다(아동이 최근에 노출된 경우에는 수은이 머리카락에서만 발견될 수 있음). 2-3합체숙신산염(dimercaptosuccinic acid: DMSA)(Chemet) 면역성 검사는 수은 중독을 알아내는 좀 더 민감한 선별 방법으로, 아동이 얼마나 오래 전에 노출되었는가와 상관없이 수은을 탐지해낼 수 있다. 이 검사는 아동에게 일정 양의 DMSA(수은에 결합됨)를 투약한 뒤 소변검사를 통하여 수은의 정도를 측정하는 것이다. DMSA 약물의 사용과 관련된 부작용이 보고되기도 한다(구역질, 두통, 설사, 복부 통증 등). 그러나 이러한 증상은 대체로 일시적인 것으로 아동의 혈액 내의 수은이 활발해짐으로 인하여 발생한다(Shaw, 2002).

수은 중독을 위한 가장 보편적인 치료 방법은 킬레이트화합물 치료(chelation therapy)이다(Bernard et al., 2000; Shaw, 2002). 치료의 첫 번째 단계는 아동의 환경에서 수은이 포함된 모든 근원을 제거하는 것이다(예: 수은이나 납이 함유된 페인트, 연소 반응 지연제, 우라늄이나 비소가 함유된 물, 수은이 함유된 백신). 두 번째 단계로는 아동에게 칼슘, 마그네슘, 셀렌, 및 아연 보충제와 함께 DMSA를 투약한다. 복용의 양과 일정은 아동의 약에 대한 반응에 따라 달라진다. 일반적으로 나이가 어릴수록 킬레이트화합물 작용이 더 빨리 종료된다. 이상의 전 과정은 1년에서 2년 정도의 시간이 걸린다.

Shaw(2002)는 부모들이 자녀의 백신 접종을 결정할 때 다음과 같은 경우에 백신 접종의 부정적인 영향이 발생하기 더 쉽다는 사실을 주목하도록 권하였다: (1) 경련 장애나 기타 신경학적 장애 발병 가족력 또는 개인 병력, (2) 심각한 알레르기 발병 가족력 또는 개인 병력, (3) 백신의 보편적인 재료들(예: 계란, 젤라틴, 카세인, 또는 티메로살)에 대한 알레르기 발병 가족력 또는 개인 병력, (4) 조산 또는 출생 시 저체중, (5) 만성적인 질병이나 최근의 심각한 질병, (6) 백신 접종에 대한 부작용을 일으킨 가족 구성원, (7) 이전의 백신 부작용 경험, (8) 최근 또는 현재 예방 항생제의 복용. Shaw(2002)는 보편적인 백신 접종 및 그 일정에 대한 대안을 제시하였다. Shaw는 만일 앞에서 설명한 조건들 중 한 가지 이상이 해당된다면 다음과 같은 대안을 따르도록 권장하고 있다.

- 2세 또는 3세까지 예방접종을 지연시킴.
- 백신 접종 전에 적절한 비타민을 복용시킴(특히 비타민 A와 C).
- 수은을 함유하지 않은 DaPT(무세포성 디프테리아, 백일해, 파상풍) 백신만 접

종함.

- 아동이 락토오스(우유) 과민증을 보인다면 백신 접종 전에 카세인 알레르기가 있는지 검사함.
- 수은이 함유되지 않은 백신만 접종함.
- 삼중 또는 복합 백신(예: DaPT)을 접종하는 대신 수개월 정도의 간격을 두고 단일 백신을 접종함. 단일 백신 접종이 선호되고 있으며, 복합 백신의 경우에는 DaPT가 DPT(디프테리아, 백일해, 파상풍)보다는 안전함.
- 아동이 이전에 백신 접종으로 인한 부정적인 경험을 했거나 위에서 설명한 조건들 중 몇 가지가 해당된다면 백신 접종 면제를 신청함.
- B형 간염 백신은 제3세계 국가들을 여행하거나, 성생활이 문란하거나, 또는 다른 사람들의 체액에 자주 노출되는 성인이나 아동들에게만 접종함.
- 불필요하게 백신 접종을 피하지 않음.

Christopher Kent(1983)는 부모들에게 "의무적인" 백신 접종을 규정하는 보건 당국의 정보에만 의존하지 말고 백신 접종과 관련된 법령과 그에 따른 예외 규정 등을 읽을 것을 제안하였다. 이러한 정책들은 공공 도서관이나 공공 보건소 등에서 구할 수 있다.

중재의 잠재적 위험

수은 중독, 백신 접종, 및 자폐 범주성 장애 간의 관계는 아직까지 분명하게 밝혀지지 않고 있다. 그러므로 부모들은 백신 접종을 보류하거나 지체하는 것에 대하여 의사와 상담하는 것이 바람직하다.

결론

수은 중독과 백신 접종이 자폐 범주성 장애의 출현과 확실하게 관련된다는 과학적인 증거는 부족한 실정이다. 그러나 일시적인 관련성이 보고된 바 있다. 1980년대 중반에 시작된 전형적인 발달 시기를 보인 후 발생하는 자폐 범주성 장애(late-onset ASD)의 출현율 증가는 새로운 백신의 종류 및 양에 있어서의 증가와 상관된다. 수은

이 사람에게 독성을 지닌다는 사실은 상식이며, 그러므로 수은이 함유되지 않은 백신을 요구하는 것은 논리적이라고 할 수 있다(미국 정부가 인식했던 것과 같이). 그러나 MMR 백신에 함유된 수은(또는 특정 양의 수은)이 실제로 자폐를 일으키는지에 대해서는 아직까지 입증되지 않고 있다. 또 다른 가능성은 MMR 백신을 특정 시기에, 그리고 어린 나이에 접종하는 것이 아동에 따라서는 백신에 함유된 수은의 내용과는 아무런 상관없이 부정적인 영향을 미칠 수도 있다는 것이다. 분명한 사실은 이 분야에 대한 좀더 많은 연구들이 이루어져야 한다는 것이다.

> 평가 결과: 지원 정보가 부족한 실제(Limited Supporting Information for Practice)

참고문헌 및 기타 참고자료

● 참고문헌

Bernard, S., Enayati, A., Redwood, L., Roger, H., & Binstock, T. (2001). Autism: A novel form of mercury poisoning. *Medical Hypotheses 56*(4), 462-471.

Kent, C. (1983, January). Drugs, bugs and shots in the dark. *Health Freedom News.* Monrovia, CA: National Health Federation.

Rimland, B. (2000). The autism epidemic, vaccinations and mercury. *Journal of Nutritional and Environmental Medicine, 10,* 261-266.

Shaw, W. (Ed.). (2002). *The biological treatments for autism and PDD.* Lenexa, KS: Great Plains Laboratory, Inc.

● 기타 참고자료

백신에 포함된 수은과 관련된 정보:

Food and Drug Administration: www.fda.gov/cber/vaccine/thimerosal. htm

백신의 부정적인 영향을 보고하거나 특정 백신의 해로움에 대한 정보:

National Vaccine Information Center: 421-E Church Street, Vienna, VA 22180;

phone: (703) 938-0342; fax: (703) 938-5768; website: www.909shot.com

수은 중독에 관한 책, 테이프, 논문, 의사의뢰, 변호사 등의 관련정보 및 백신이 없는 카탈로그 주문:

New Atlantean Press newsletter, *The Vaccine Reaction*: P. O. Box 9638, Santa Fe, NM 87504; phone: (505) 983-1856

칸디다: 자폐와의 관계 CANDIDA: AUTISM CONNECTION

연령/능력 수준

- 대상 연령: 모든 연령
- 대상 진단명 및 관련 특성: 경도에서 중도까지의 자폐 범주성 장애(ASD), 아스퍼거 증후군, 기타 발달장애
- 대상 능력 수준: 모든 수준

중재 내용

칸디다 알비칸스(Candida albicans)는 사람에게서 발견되는 질병을 일으키는 효모균의 보편적인 종류이다. 이 세균은 위험한 박테리아를 파괴하고 신체의 영양 흡수를 돕는 등 다른 유기체와 균형을 이루면서 정상적으로 존재한다. 이렇게 함으로써 숙주가 건강하도록 도와준다. 그러나 이러한 균형이 깨질 때 칸디다 알비칸스는 비정상적인 수준으로 증가하여 생리학적 체계에 부정적인 영향을 미치게 된다. 극단적인 경우에는 칸디다증(candidiasis)이 면역 체계에 장기적인 영향을 미쳐 감염 발생을 증가시킨다(MacFarland, 1992; Shaw, 2002). 칸디다증의 가장 보편적인 유형은 질 효모균 감염 및 아구창, 영아에게서 흔히 나타나는 입과 혀의 백효모균 감염이다. 이러한 상태들이 정확하게 진단되지 않으면 항생제를 잘못 처방함으로써 체내 칸디다와 경쟁하는 미생물을 죽여 해로운 유기체는 계속 성장하고 칸디다증은 실제로 악화되게 만들 수도 있다(Shaw, 2002).

칸디다증을 치료하는 두 가지 치료법이 소개되고 있다. 그 첫 번째는 항진균성 약물인 니스타틴(Nystatin)을 가장 자주 사용하는 약물치료 방법이다. 이 약물은 칸디다가 파괴될 때 발생하는 독소로 인하여 무기력, 열, 상동행동의 증가, 부어오름, 구역질, 구토, 습진, 통증, 경직 등의 부작용을 일으킬 수도 있다(Shaw, 2002). Rimland(1988a)와 Shaw(2002)가 이 약물은 심각한 부작용 없이 비교적 안전하다고 주장하였음에도 불구하고 많은 의사들이 아직까지 이 약물의 처방을 주저하고 있다. 더 부정적인 부작용을 일으키는 강력한 약물인 케토코나롤(Nizerol)이 좀 더 강력한 칸디다의 치료를 위하여 사용되고 있다. 호산성 물질(acidophilus) 및 카프릴산(caprylic acid)과 같이 처방전 없이도 구입이 가능한 항진균성 물질은 이러한 장애를 치료하는데 있어서 적어도 몇몇 사례의 경우 효과적인 것으로 보고되었다(Rimland, 1988a; Shaw, 2002). 그러나 이와 같은 자연산 물질들은 그 복용량에 대한 정보가 제공되지 않고 있으며, 따라서 처방된 제품들과 마찬가지로 효모균 멸종 부작용을 일으킬 수도 있다. 그러므로 이러한 치료 방법은 보건 관련 전문가들의 감독 하에 사용되어야 한다.

칸디다증을 치료하기 위하여 식이요법 중재가 사용될 수도 있다. 대부분의 경우 이러한 종류의 중재는 설탕을 감소시키거나 제거하는데 그 이유는 설탕이 효모균 성장에 자극적인 영향을 미치기 때문이다(Crook, 1996). Rimland가 소장으로 일하고 있는 미국 캘리포니아주 샌디애고시에 있는 자폐연구소(Autism Research Institute)에서도 훈제, 염장, 발효, 건조식품을 피하고 음식물(밀, 귀리, 호밀, 보리, 녹말을 함유한 야채, 꿀, 당밀, 치즈, 유제품, 식초 및 식초가 함유된 제품, 과일)로부터 효모, 곰팡이, 탄수화물을 제거할 것을 주장하고 있다. 이러한 식단은 주로 신선한 단백질과 녹말이 없는 야채만을 포함해야 하기 때문에 이렇게 제한된 식이요법을 따르기는 어렵다. 실험적으로 확인되지는 않았지만 자폐 범주성 장애를 지닌 아동들이 글루텐과 카세인을 제거한 식이요법(이 장의 뒷부분에서 논의된 것과 같은 식이요법)으로 향상되었다는 수많은 보고들이 제시되고 있다.

자폐 범주성 장애 아동에 대한 활용 결과

Rimland(1988b)는 칸디다증이 극단적인 경우에 전통적인 치료 방법으로 치료할 수 없는 정신분열증이나 자폐와 같은 심각한 장애를 일으킬 수 있다고 주장하였다. 이 외에도 몇몇 연구자들은 장기간 항생제 치료를 받은 후에 문제가 시작되었거나 어머니가 임신 중에 만성적인 효모균 감염을 보였던 나중에 발생한 자폐 범주성 장애 (late-onset ASD) 를 지닌 아동들에 대한 일화적 설명을 통하여 이러한 주장을 지지하였다(Adams & Conn, 1997; Shaw, 2002). 가장 폭넓게 알려진 사례는 Duffy Mayo의 사례이다. Duffy는 만성적인 중이염으로 인하여 다량의 항생제 치료를 받은 후 1981년인 3.5세에 자폐를 지닌 것으로 진단되었다. 이전에 Duffy는 두 개의 언어를 학습하고 있었던 전형적인 발달을 보이는 아동이었던 것으로 보고되었다. Duffy는 칸디다증에 대한 약물과 식이요법 치료를 받은 후에 자폐의 몇몇 증상이 남아 있기는 하지만 극적인 향상을 보였다.

연구들에 의하면 자폐 범주성 장애를 지닌 많은 아동들이 특정 형태의 면역 체계 이상을 보이며(Warren, 1986), 면역 체계 내에 효모균을 유발하는 합성물질을 다량 함유하고 있고(Shaw, 2002), 감염을 경험하고 있는 것으로 보고되고 있다(Kontstantareas & Homatidis, 1987; Shaw, 2002). 이러한 이상은 칸디다증의 증상과 일치하기 때문에 연구자들 중에는 이 두 가지가 직접적인 인과관계를 지닌 것으로 가정하기도 한다. 그러나 자폐 범주성 장애에 있어서 칸디다가 원인이 되었다거나 칸디다 치료에 의하여 자폐범주성 장애가 성공적으로 향상되거나 제거된 사례는 과학적이고 권위 있는 학술지에 게재된 바 없다. 그럼에도 불구하고 Rimland(1988b)는 자폐로 진단된 소수의 아동들이 칸디다를 지니고 있으며 치료를 받게 되면 향상을 보일 것이라고 주장한다.

자폐연구소(Autism Research Institute)는 아동이 칸디다증의 증상을 보이는지를 결정하는데 사용할 수 있는 부모용 질문지를 출간하였다. 이 질문지에 의하면 그 증상들은 다음과 같은 내용을 포함한다.

- 잦은 기저귀 발진
- 습기나 곰팡이에 노출된 후 증가된 행동 문제
- 주기적으로 발생하거나 지속적으로 나타나는 피부나 손톱의 세균 감염
- 기타 재발성 피부 문제(예: 두드러기, 습진, 발진)

- 소화 문제
- 향기나 강한 냄새에 대한 행동적 반응
- 설탕과 녹말 섭취 욕구
- 술에 취한 사람과 유사한 이상한 행동(예: 행복감, 빈약한 협응이나 균형감각, 부적절한 웃음)

칸디다증은 진단하기 어렵다. 장(腸) 전체에 일정한 형태로 존재하기보다는 형식이 없는 집단을 형성하고 있기 때문에 내시경 검사로도 이러한 유기체의 비정상적인 수준을 탐지하지 못할 수도 있다(Shaw, 2002). Shaw(2002)는 이러한 상태를 진단하기 위한 세 가지 방법을 제안하였다: (1) 대변 검사, (2) 유기산(organic acid) 검사, (3) 혈액 배양. 칸디다는 거의 모든 사람들의 대변에 존재한다. 그러나 배양 조직 분석은 특정 유기체의 비정상적인 양을 탐지하는 동시에 효과적인 치료 방법을 알려준다. 아직까지 신뢰할만한 증거가 없는 것은 사실이지만 유기산 검사는 장에서 생성된 효모균과 곰팡이균의 부산물을 탐지하기 위한 소변검사에 사용될 수 있는 동시에 많은 유전적 질병을 선별하는데 사용될 수 있다. 혈액 배양은 부적 오류(false negatives)의 발생률이 높음에도 불구하고 칸디다증을 검사하기 위한 가장 신뢰할만한 검사 방법이다.

중재의 잠재적 위험

아동의 식단을 변화시키기 전에 칸디다증의 진단과 치료를 위한 보건 관련 전문가의 상담을 받는 것이 바람직하다.

결론

자폐 범주성 장애의 몇몇 사례들이 칸디다증에 의하여 발생한다는 주장은 과학적인 지지나 전문가들의 동의를 거의 받지 못하고 있다. 그러므로 신뢰할만한 과학적인 결론을 내리기 위해서는 좀 더 많은 연구들이 이루어져야 한다. 그러나 몇몇 개별 사례에서 보고된 기대할만한 성과로 인하여 자폐를 지닌 사람들의 가족들이 치료 방법에 대하여 관심을 가지는 것은 이해할만한다. 이러한 점을 고려하여 이 책에서는 칸 디다증과 관련된 유용한 자원에 대한 정보, 관련 지식이 있는 의료진을 접촉할 수 있 는 정보, 자폐 범주성 장애와 칸디다증과의 관련 가능성 등에 대한 정보를 제공하였 다. 부모들은 이러한 치료 방법을 사용할 것인지를 결정할 때 치료와 관련된 부작용, 비용, 및 기타 관련 요소들에 대한 정보를 반드시 제공받아야 한다.

> 평가 결과: 지원 정보가 부족한 실제(Limited Supporting Information for Practice)

참고문헌

Adams, L., & Conn, S. (1997). Nutrition and its relationship to autism. *Focus on Autism and Other Developmental Disabilities, 12*(1), 53-58.

Crook, W. (1996). *The yeast connection handbook.* Jackson, TN: Professional Books.

Kontstantareas, M., & Homatidis, S. (1987). Ear infections in autistic and normal children. *Journal of Autism and Developmental Disorders, 17,* 585.

MacFarland, B. R. (1992). *Dr. MacFarland's candida program.* Retrieved January 25, 2004, from www.candidaprogram.com/html/the_candida_program_book.htm

Rimland, B. (1988a). *Candida-caused autism?* Retrieved January 27, 2004, from www.autism.com/ari/editorial/candida.html

Rimland, B. (1988b). Controversies in the treatment of autistic children: Vitamin and drug therapy. *Journal of Child Neurology, 3,* 68-72.

Shaw, W. (2002). *Biological treatments for autism and PDD.* Lenexa, KS: The Great Plains Laboratory, Inc.

Warren, R. (1986). Immune abnormalities in patients with autism. *Journal of Autism and Developmental Disabilities, 16,* 189-197.

글루텐-카세인 저항 GLUTEN-CASEIN INTOLERANCE

연령/능력 수준

- 대상 연령: 모든 연령
- 대상 진단명 및 관련 특성: 경도에서 중도까지의 자폐 범주성 장애(ASD), 아스퍼거 증후군, 기타 장애
- 대상 능력 수준: 모든 수준

중재 내용

글루텐은 목초류에 속하는 식물에서 발견되는 단백질이다. 이러한 식물들에는 밀, 보리, 귀리, 호밀과 이들에게서 생산된 물질들(맥아, 곡물 녹말, 분해된 채소/식물 단백질, 곡물 식초, 간장, 콩으로 만든 인공육, 곡주, 다양한 향신료, 요리에 들어가는 속 재료, 비타민과 약물에서 발견되는 고착제)이 있다(Lewis, 2002). 카세인 역시 글루텐과 매우 유사한 구조를 지닌 단백질(인단백인산효소[phospho-protein])로 우유에서 발견된다. 이 두 가지 단백질은 그 구조가 매우 유사하므로 한 가지에 민감한 경우에는 다른 한 가지에도 민감할 것이라고 가정된다(Knivsberg, Reichelt, Noland, & Hoien, 1995; Knivsberg, Wilg, Lind, Noland, & Reichelt, 1990; Reichelt, Knivsberg, Lind, & Noland, 1991, 1994; Reichelt, Sagedal, Landmark, Sangvik, Eggen, & Scott, 1990). 사람에게서 나타나는 글루텐과 카세인 저항과 관련된 연구들은 만성소화장애증(글루텐을 소화시키지 못함)의 연구와 모르핀 및 엔돌핀 종류의 약물에 대한 동물 실험으로부터 시작되었다.

앞에서 설명한 단백질들을 적절하게 소화시키지 못하게 되면 펩티드(peptide)(아미노산 화합물)를 생성하게 된다. 일반적으로 장(腸)에서 발견되는 효소들은 아미노산의 연결을 끊어뜨림으로써 펩티드를 소화시킨다. 만일 DNA 내에서 유전자 변형이 일어나게 되면 효소의 결합 위치를 변경시켜 효소가 펩티드에 결합해서 연결을 끊을 수 없게(소화를 시킬 수 없게) 만든다. 이때 펩티드가 소화되지 않고 남아있게 되면 인체 내에서 아편유사제(opioid)(엔돌핀과 같은 물질)로 기능하게 된다. 이들 중 어느

정도는 소변을 통하여 배설되는 대신 혈관으로 들어가 혈액뇌장벽(blood-brain barrier)을 통과하게 된다. 이러한 과정은 심각한 신경학적 문제를 일으킬 수 있다 (Knivsberg et al., 1990, 1995; Lewis, 2002; Reichelt et al., 1990, 1991, 1994; Shattock & Lowdon, 1991).

글루텐 단백질에 만성적인 반응을 보이는 사람들은 소장(小腸)의 융모를 파괴시키는 만성소화장애증을 일으킬 수도 있으며, 이로 인하여 영양소를 흡수하지 못하는 결과를 초래하게 된다. 이러한 질병은 가계의 유전적 요인과 관련이 있으며, 질병이 발병되기 위해서는 유전적인 소인 및 질병을 유발하는 사건(환경적, 상황적, 신체적, 또는 병리학적)이 함께 있어야 한다(Jones, Elkus, Lyles, Lewis, & Hunt, 1999). 글루텐 저항을 보이는 사람들은 또한 팔, 다리, 엉덩이가 부어오르고 가려운 포진성 피부염 (dermatitis herpetiformes; DH)으로 불리는 피부 질환을 일으키기도 한다.

글루텐과 카세인 과민반응을 보이는 사람들을 치료하기 위한 두 가지 주요 방법이 있다. 한 가지 방법은 날트렉손이란 항아편유사제(anti-opioid) 약물의 사용이며, 다른 한 가지는 식단에서 밀, 보리, 귀리, 호밀과 유제품을 제거함으로써 글루텐과 카세인을 섭취하지 않게 하는 식이요법이다.

자폐 범주성 장애 아동에 대한 활용 결과

1980년대 초반에 두 명의 과학자 Panksepp과 Gillberg는 각각 자폐 범주성 장애의 증상들이 이 장애를 지닌 사람들의 신경학적 기능을 손상시키는 과다한 양의 아편유사제에 의해서 야기된다는 가설을 세우도록 도와주는 정보들을 발견하였다(Lewis, 2002). 연구자들은 자폐 범주성 장애를 지닌 사람들의 뇌척수액에서 많은 양의 아편유사제를 발견하였다. 이들은 또한 자폐를 지닌 사람들이 모르핀의 영향을 받고 있는 동물들과 유사한 행동 특성을 보인다는 사실을 발견하였다. 1990년대 초반 Reichelt는 몇 개의 연구를 수행하였으며, 그 결과 자폐 범주성 장애를 지닌 사람들의 소변에서 비정상적인 양의 펩티드를 발견하였다(Reichelt et al., 1990, 1991, 1994). 그 이후로 다른 연구자들도 동일한 결과를 보고하였다(Knivsberg et al., 1990, 1995; Whiteley, Rodgers, Savery, & Shattock, 1999).

자폐 범주성 장애를 지닌 사람들을 대상으로 펩티드의 과도한 양에 관하여 수행한 몇몇 연구들을 살펴보면, 대다수의 연구 참여자들이 만성소화장애증을 지니지 않고 있었다는 사실에 주목할 필요가 있다(예: 한 연구에서는 148명의 대상자 중 3명만 만성소화장애증을 보였음). 그러므로 만성소화장애증 검사는 과다한 펩티드를 지닌 사람을 발견하는데 효과적인 방법이 아닐 수 있다(Lewis, 2002; Reichelt et al., 1991; Whiteley et al., 1999). 부모들 또한 자녀들이 우유나 밀에 알레르기 반응을 보이지 않는다고 보고하기도 하였다(Lewis, 2002). 그 대신 이들은 우유나 밀을 섭취했을 때 인체 시스템을 중독시키는 결과를 초래하는 시스템 내의 다른 기능 이상에 의하여 글루텐-카세인 저항을 보였다.

Shattock과 Lowdon(1991)은 과다한 아편유사제가 개인의 두뇌와 신체 기능에 미치는 몇 가지 영향에 대하여 논의하였다: (1) 면역 체계의 약화 또는 자극, (2) 신경 발달의 차단, (3) 고통에 대한 무감각 야기, (4) 감각 여과 작용에 대한 억제 및 방해, (5) 반복적이고 상동적인 움직임 촉진, (6) 정상적인 사건에 대한 과소하거나 과민한 반응 야기, (7) 생체 시계의 기능 이상 유발, (8) 외적 강화의 효과 감소.

이미 설명한 바와 같이 사람의 인체 내의 펩티드의 양이 과도한지를 알기 위한 가장 효과적인 검사는 소변검사이다. 만성소화장애증을 발견하기 위한 혈액검사와 장 투과검사가 사용될 수도 있다.

앞 부분에서 설명하였듯이 글루텐과 카세인 저항을 보이는 사람들을 치료하기 위한 두 가지 주요 방법은 항아편유사제 약물인 날트렉손을 사용하는 것과 글루텐 및 카세인을 제거한 식이요법이다. 첫 번째 전략은 방법 자체가 가지고 있는 문제(아동을 위한 적절하고 가장 효과적인 복용량을 결정하기 어려움, 날트렉손은 그 맛이 쓰기 때문에 아동에게 복용시키기 어려움)로 인하여 거의 연구된 바가 없다. 그러므로 이 책에서는 아동의 식단으로부터 글루텐과 카세인을 제거하는 방법의 효과를 알아본 기대할만한 성과를 제시한 몇 개의 주요 연구들에 대하여 설명하고자 한다. 이 방법의 중재는 청소년 전기의 아동들에게 가장 효과적인 것으로 알려져 있다(Lewis, 2002; Reichelt et al., 1991).

Reichelt 등(1991)과 Knivsberg 등(1990, 1995)은 자폐를 지닌 74명의 아동들의 식

단에서 글루텐과 카세인을 제거한 효과에 대하여 연구하였다. 이들은 치료의 결과로 행동, 언어기술, 문제해결 기술, 놀이 및 사회적 기술, 및 의사소통이 향상된 것으로 보고하였다.

Whiteley 등(1999)과 Reichelt 등(1990)은 22명의 자폐 범주성 장애를 보이는 아동과 11명의 정신분열증을 지닌 아동들의 식단에서 글루텐만 제거하는 연구를 수행하였다. 이들은 사전·사후검사로 소변에 포함된 펩티드의 양을 기록하였으며, 부모 면담, 표준화된 관찰 척도, 심리측정 검사, 부모 만족도 척도, 및 심리학적 검사들을 실시하였다. 펩티드 양을 분석한 소변검사에서는 실험집단과 통제집단 간의 유의한 차이가 나타나지 않았지만 사전·사후검사를 통하여 행동 및 기술의 유의한 향상이 있는 것으로 나타났다.

Knivsberg 등(1995)은 글루텐이 제거된 식사를 한 네 명의 아동들에 대한 추적 조사를 통하여 이들이 식이요법을 지속했을 때에는 진보를 보였지만 그렇지 않은 경우에는 퇴보하였음을 보고하였다. Reichelt 등(1991)도 글루텐을 제거한 식이요법을 제공한 두 명의 아동들을 2년간 추적 조사한 결과 유사한 결과를 발견하였다. 연구자들은 일반적으로 긍정적인 결과가 나타나기까지 약 3개월 정도가 걸리며, 가장 신뢰로운 결과를 위해서는 1년 이상의 식이요법을 필요로 한다는 사실에 동의하고 있다(Knivsberg et al., 1990; Reichelt et al., 1990; Whiteley et al., 1999).

중재의 잠재적 위험

아동의 식단을 변경하기 위해서는 의사와 상담하는 것이 바람직하다. 소변검사, 혈액검사, 장 투과검사 등의 적절한 검사와 평가가 이루어져야 한다. 특히 이 책에서는 부모들이 자폐 범주성 장애를 지닌 아동에게 글루텐 및 카세인이 제거된 식단을 제공하는 성급한 결정을 내리지 않도록 신중을 기할 것을 권장한다. 이와 같은 식이요법의 실행은 쉬운 일이 아니며 가족의 삶 전체에 심각한 변화를 가져올 수도 있다.

결론

아동의 인체에서 발견되는 과도한 양의 펩티드(아편유사제)와 자폐 범주성 장애 중상의 발현을 연결시키기 위한 결정적인 증거는 불충분하다. 그러나 자폐 범주성 장애를 지닌 아동들 중에는 글루텐과 카세인에 대한 저항이나 과민반응을 보이는 아동들이 있으며, 이러한 사실이 단순히 자폐 범주성 장애의 특성일 가능성도 있다. 이 주제와 관련해서 모두들 동의하고 있는 분명한 한 가지 사실은 과도한 양의 펩티드가 자폐 범주성 장애를 지닌 사람들에게 미치는 영향에 대하여 좀더 많은 연구를 필요로 한다는 것이다.

만일 부모, 교사, 의료진이 자폐 범주성 장애를 지닌 아동들에 대한 글루텐 및 카세인 제거 식이요법의 잠재적인 영향을 무시하거나 고려하지 않는다면 자신의 의무에 태만한 것일 수도 있다. 자폐 범주성 장애를 지닌 사람들에게서 나타나는 과도한 양의 펩티드를 차단하기 위한 글루텐 및 카세인 식이요법이 행동, 의사소통, 놀이, 및 사회적 기술에 최소한의 긍정적인 영향을 미칠 수 있다는 충분한 증거 자료가 제시되고 있다.

평가 결과: 지원 정보가 부족한 실제(Limited Supporting Information for Practice)

참고문헌 및 기타 참고자료

● 참고문헌

Jones, M., Elkus, B., Lyles, J., Lewis, L., & Hunt, E. (1999). *The celiac FAQ*. Celiac Listserv: St. John's University. New York. [Archived at www.enabling.org/ia/celiac/faq.html]

Knivsberg, A., Reichelt, K., Noland, M., & Hoien, T. (1995). Autistic syndrome and diet: A follow-up study. *Scandinavian Journal of Education Research, 39*(3), 223-236.

Knivsberg, A., Wilg, K., Lind, G., Noland, M., & Reichelt, K. (1990). Dietary intervention in autistic syndromes. *Brain Dysfunction, 3,* 315-327.

Lewis, L. (2002) Dietary intervention for the treatment of autism: Why implement a gluten and casein free diet? In W. Shaw (Ed.), *The biological treatments for autism and PDD*. Lenexa, KS: Great Plains Laboratory, Inc.

Reichelt, K., Knivsberg, A., Lind, G., & Noland, M. (1991). Probable etiology and possible treatment of childhood autism. *Brain Dysfunction, 4*, 308-319.

Reichelt, K., Knivsberg, A., Lind, G., & Noland, M. (1994). Nature and consequences of hyperpeptiduria and bovine casmorphins found in autistic syndromes. *Brain Dysfunction, 7*, 71-85.

Reichelt, K., Sagedal, E., Landmark, J., Sangvik, B., Eggen, O., & Scott, H. (1990). The effect of gluten-free diet on urinary peptide excretion and clinical state in schizophrenia. *Journal of Orthomolecular Medicine, 5*(4), 223-239.

Shattock, P., & Lowdon, G. (1991). Proteins, peptides and autism. *Brain Dysfunction, 4*, 323-334.

Whiteley, P., Rodgers, J., Savery, D., & Shattock, P. (1999). A gluten-free diet as an intervention for autism and associated spectrum disorders: Preliminary findings. *Autism: The International Journal of Research and Practice, 3*(1), 45-65.

● 기타 참고자료

Autism Network for Dietary Intervention (ANDI)-ANDI News: www.autism-ndi.com/preview.htm

Leonard, S. J. (1996). *The gluten-free baker newsletter* (Suite A, 361 Cherrywood Drive, Fairborn, OH 45324—4012): www.globalgourmet.com/food/egg/egg 0496/gluten.html

Lewis, L. (1999). *Special diets to aid in the treatment of autism and related developmental disorders*. London: Jessica Kingsley.

인명별 찾아보기

용어별 찾아보기(국문)

용어별 찾아보기(영문)

B

C

저자 소개

**Richard L. Simpson**은 캔사스 대학(University of Kansas)에서 특수 교육을 가르치는 교수로 현재 캔사스 대학 병원의 특수교육 프로그램의 소장과 특수교육과의 과장으로 일하고 있다. 특수교사, 학교 심리사, 임상 심리사 등으로 일한 경험을 가지고 있으며, 현재는 전문 논문집인 *Focus on Autism and Other Developmental Disabilities*의 편집위원장으로 일하고 있다. 자폐 범주성 장애와 관련된 수많은 저서와 논문을 집필하였으며, 2002년에 국제 특수교육협회 연구 공로상(International Council for Exceptional Children Research Award)과 행동장애 리더십 중서부 심포지엄의 우수 전문 리더십 상(Midwest Symposium for Leadership in Behavior Disorders Outstanding Professional Leadership Award)을 수상하였다.

Sonja R. de Boer-Ott는 행동분석 전문가(Board Certified Behavior Analyst: B.C.B.A.)로 현재 캔사스 대학에서 박사학위(Ph.D.) 과정을 이수하고 있다. 자폐 범주성 장애를 지닌 학생들을 위한 중재와 관련해서 상담가로 일하고 있으며, 특수교육 프로그램 관련 교육청으로부터 받은 자폐 범주성 장애 훈련 연구비 과제의 진행 책임자로 일하고 있다. 조기 개입 영역에서 일한 경험(자폐 범주성 장애를 지닌 어린 아동들을 위한 응용행동분석 프로그램의 개발)과 자폐 범주성 장애를 지닌 아동들의 통합 촉진자로 일한 경험(캘리포니아 주의 교육청에서 자폐 범주성 장애를 지닌 학생들을 위한

통합교육 프로그램 개발)이 있다. 현재 채프만 대학(Chapman University)의 조교수직을 겸임하고 있다.

Deborah E. Griswold는 캔사스 대학 특수교육과의 프로젝트 책임자이다. 연구 및 관심 영역은 자폐 범주성 장애, 정서 및 행동장애, 장애와 청소년 비행 및 성인 범죄 등이다. 캔사스 대학에서 박사학위를 취득하였다.

Brenda Smith Myles는 캔사스 대학 특수교육과의 조교수로 아스퍼거 증후군과 자폐 전공 대학원 과정의 협동 책임자로 일하고 있다. *Asperger Syndrome and Difficult Moments: Practical Solutions for Tantrums, Rage, and Meltdowns*와 *Asperger Syndrome and Adolescence: Practical Solution for School Success*를 포함한 수많은 논문과 저서를 집필하였으며, 2002년 미국자폐협회(Autism Society of America)의 우수 저술상을 수상하였다. 자폐연구협회(Organization for Autism Research)와 MAAP Services, Inc. 등을 포함하는 몇몇 협회의 이사로 일하고 있다.

Sara E. Byrd는 캔사스 대학 학습 연구소(Center for Research on Learning)의 연구 교수로 일하고 있다. 캔사스 대학에서 특수교육 전공으로 박사학위를 취득하였다. 박사학위를 취득하기 전에는 중앙 미시간 대학(Central Michigan University)에서 강사로 일하였으며, 미시간과 캘리포니아 주에서 교사로 일한 경력이 있다.

Jennifer B. Ganz는 San Antonio에 있는 텍사스 대학(University of Texas) 특수교육과의 조교수이다. 일반교사, 특수교사, 교육 상담가로 일한 경력이 있다. 연구 관심 영역은 자폐 범주성 장애를 지닌 사람들의 사회성 및 의사소통 기술을 향상시키기 위한 전략들을 포함한다.

Katherine Tapscott Cook는 서부 미주리 주립대학(Missouri Western State College) 특수교육과 조교수이다. 캔사스 대학에서 자폐, 아스퍼거 증후군, 행동장애 전공의 특수교육학 박사학위(Ph.D.)를 취득하였다. 자폐 범주성 장애에 있어서의 주요 연구 관심 영역은 감각통합과 사회적 기술 교수이다. *Asperger Syndrome and Sensory Issues*의 공동 저자이다.

Kaye L. Otten은 캔사스 시의 비영리 기관인 자폐 아스퍼거 센터(Autism Asperger Resource Center)의 프로그램 소장이다. 정서, 행동, 자폐 범주성 장애로 특화된 특수교육학 박사학위를 취득하였다. 공립학교와 사설 기관에서 9년간 가르친 경험이 있다.

Josefa Ben-Arieh는 1978년에 이스라엘의 벤-거리온 대학(Ben-Gurion University)에서 영문학 전공의 학사학위를 취득하였으며, 캔사스 대학에서 1998년에 특수교육 전공 교육학 석사(M.S.Ed.)를, 2003년에 특수교육 전공 박사학위(Ph.D.)를 취득하였다. 전공 영역은 자폐와 행동장애이다.

Sue Ann Kline은 캔사스 대학 병원의 자폐 아스퍼거 센터(Autism Asperger Resource Center)의 소장이다. 캔사스 대학에서 특수교육 전공으로 박사학위를 취득하였다. 10년 이상 농촌과 도시 외곽 지역에서 학습장애와 정서 및 행동장애를 지닌 학생들을 가르친 경력이 있으며, 대학에서도 강의를 하였다. 캔사스 주 전역의 특수교육 상담가로 일해오고 있다. 미주리와 캔사스의 여러 공립 및 사립학교를 위한 상담가로 일하고 있다. 또한 많은 논문과 저서들을 단독 및 공동 집필하였다. 전문 학회에서 75회 이상 발표하였으며, 특수교육 대상자들과 관련된 다양한 주제의 교사 연수 및 워크숍에서 200회 이상 강의하였다.

Lisa Garriott Adams는 캔사스 시에 있는 자폐 아스퍼거 센터(Autism Asperger Resource Center)의 임상 소장(clinical director)이다. 2003년에 캔사스 대학에서 특수교육 전공 박사학위를 취득하였다. 관심 영역은 자폐 범주성 장애와 정서 및 행동장애를 지닌 아동들의 놀이 및 사회성 기술을 증진시키는 것이다.

역자 소개

이소현(李素賢)

이화여자대학교 사범대학 특수교육과 졸업

San Francisco State University(M.Ed.)

Vanderbilt University(Ph.D.)

Princeton Child Development Center 근무

현재 이화여자대학교 사범대학 특수교육과 교수

〈주요 저 · 역서 및 논문〉

『장애 영유아를 위한 교육』(1995)

『특수아동교육』(1998)

「자폐 장애의 일탈적 특성 고찰을 통한 특수교육적 접근」(1999)

『단일대상연구』(2000)

『장애유아 통합유치원 교육과정』(2001)

「자폐아 조기교육의 개념 및 방향 재정립」(2002)

『유아특수교육』(2003) 外 다수